东北财经大学国家级一流本科专业建设系列教材·财务管理专业

Fundamentals of
Python Financial Data Analysis

财务大数据基础
Python数据分析

◉ 甄阜铭 编著

东北财经大学出版社 大连
Dongbei University of Finance & Economics Press

图书在版编目（CIP）数据

财务大数据基础：Python数据分析 / 甄阜铭编著. —大连：东北财经大学出版社，2024.3（2025.1重印）

（东北财经大学国家级一流本科专业建设系列教材·财务管理专业）

ISBN 978-7-5654-5158-4

Ⅰ. 财⋯　Ⅱ. 甄⋯　Ⅲ. 软件工具–程序设计–应用–财务管理–数据处理　Ⅳ. F275

中国国家版本馆CIP数据核字（2024）第049919号

东北财经大学出版社出版

（大连市黑石礁尖山街217号　邮政编码　116025）

网　　　址：http://www.dufep.cn

读者信箱：dufep@dufe.edu.cn

大连雪莲彩印有限公司印刷　　东北财经大学出版社发行

幅面尺寸：185mm×260mm　字数：364千字　印张：15.5　插页：1

2024年3月第1版　　　　　　　2025年1月第2次印刷

责任编辑：王　丽　王　玲　赵宏洋　　责任校对：一　心

封面设计：原　皓　　　　　　　　　　版式设计：原　皓

定价：45.00元

教学支持　售后服务　　联系电话：（0411）84710309

版权所有　侵权必究　　举报电话：（0411）84710523

如有印装质量问题，请联系营销部：（0411）84710711

东北财经大学国家级一流本科专业建设系列教材编审委员会

总序

近年来，"人工智能""大数据"和不断变化的国际政治经济格局，都对财务管理理论、财务管理实践和财务管理人才培养提出了更高的要求。"人工智能"和"大数据"的引入，从根本上改变了企业财务环境，对于财务管理实践产生了根本性的影响，也对财务管理人才培养提出了更高要求。经济社会环境的剧烈变化，既向财务管理人才培养提出了挑战，又提供了前所未有的机遇。

东北财经大学首套财务管理系列教材出版于2005年，由东北财经大学会计学院财务管理系组织骨干师资力量，由本团队资深教授担纲，包括《财务管理基础》《企业财务管理》《高级财务管理》《投资管理》《资产评估》五部教材，并多次进行修订再版。财务管理专业首套系列教材自第一版以来，得到了广大读者的厚爱，为许多高等院校所广泛选用，并针对本套教材的体系结构、知识组合和内容界定提出了许多富有建设性的意见。这也坚定了我们进一步完善财务管理专业系列教材的信心与决心。同时，根据学科发展的需要和专业设置调整的要求，"财务管理"专业下设的"资产评估专门化"方向已经于2013年独立成为"资产评估"专业。对于财务管理系列教材进行全面的修订，及时地吸纳最新的学术研究成果，充分地体现财务管理实践的中国特色，已经成为财务管理人才培养亟待解决的问题。

鉴于此，我们对原有的财务管理专业系列教材进行了全面修订，并以新版的形式呈现在读者面前，包括《财务管理基础》《财务管理》《公司理财》《高级财务管理》《证券投资》等五部教材；同时，新编了《国际财务管理》《风险管理》《财务大数据基础——Python数据分析》三部教材，并将《财务分析》纳入教材体系。与现有财务管理专业系列教材相比，本套教材呈现以下几个特点：

1. 强化课程思政对于人才培养的引领。"坚定学生理想信念，教育学生爱党、爱国、爱社会主义、爱人民、爱集体"是本次教材修订的主线，教材设置了思政相关教学栏目或内容，注重价值塑造、知识传授与能力培养相统一，将思政教育有机融入课程教学，通过教材内容引导学生建立核心价值取向，以达到润物无声的育人效果。确保学生既能掌握专业技能，又能树立正确的世界观、人生观、价值观，把握准确看待问题的正确角度。

2. 体现新技术对于财务管理教学的影响。为了适应教学环境的变化，本次修订过程通过"二维码"等新技术，丰富教材资源的使用方法，从而拓展教材的应用场景。利用新技术能够摆脱传统的课堂教学对于教学空间和教学条件的约束，在更为广阔的空间内开展教学活动。同时，新技术的引入也提升了教材资源体系的更新速度和更新频率，通过及时更新配套的网络教学资源，避免教材与实务脱节，实现教学与实践更为紧密的结合。

3. 更加突出财务管理实践的中国特色。财务管理专业的实践性较强，部分本科生走向社会从事实务工作。本次修订继承了原有教材重视案例的传统，进一步加大了本土案例的比重，以增强财务管理专业学生对于中国国情和实践的了解，从而更为有效地利用专业技能解决中国问题。

4. 教材体系更加合理。一方面，本套教材根据专业方向的调整，将《资产评估》《企业价值评估》《资产评估原理》《房地产评估》等教材剥离，作为"资产评估专业系列教材"单独出版；另一方面，根据财务管理人才培养的需求，增加《国际财务管理》和《风险管理》，并引入《财务分析》，从而提升财务管理系列教材的完整性和针对性。

5. 体例更加完善。每一部教材不仅列出了本章学习目标、学习要点和主要概念，归纳和总结了主要知识点之间的相互联系，而且大幅度地更新习题与案例，供教师教学和学生自学使用。

东北财经大学财务管理专业系列教材是国家级教学团队——东北财经大学会计学院财务管理系全体教师共同劳动的结晶，尤其凝聚了众多资深教授和专家多年的经验和心血。当然，由于我们的经验与人力有限，教材中难免存在不足乃至缺陷，恳请广大读者批评指正。

我们的工作尚处于一个开端，本次推出的教材仅仅是一个新的起点，而不是终点。随着社会的进步、经济的发展和环境的变化，我们将不断修订，使东北财经大学财务管理专业系列教材与时俱进，及时跟踪反映学科的最新进展。

东北财经大学国家级一流本科专业建设系列教材
编审委员会

前言

在大数据和人工智能渗透到各个领域的大背景下，财务与会计更应注重数据分析。传统的财务与会计知识和技能本身就属于数据处理范畴。数据处理是数据分析的基础，是为数据分析服务的；而数据分析是数据处理的目的，是更有价值的工作。财经类专业学生学好基于现代信息技术的数据分析是必需的，也是必要的。

当把数据处理与数据分析连接成一个职业链条时，我们发现需要一个完整的信息技术知识框架支撑。因此，编者尝试以 Python+Pandas 搭建这一知识框架，满足专业人才培养数字化、智能化转型的需求。

本书共 9 章，第 1 章主要介绍数据分析内容和数据分析的平台 Jupytor Notebook；第 2~3 章为 Python 编程，从基础到进阶，使读者掌握数据分析所需的程序设计能力；第 4~9 章为数据处理和数据分析的融合；第 4 章介绍 NumPy 和 Pandas，为数据分析打好基础；第 5 章介绍 Pandas 如何处理数据集；第 6 章内容为数据可视化，主要介绍 Matplotlib；第 7 章内容为文本数据处理，主要是正则表达式及文本数据处理；第 8 章内容为时间序列数据分析，主要介绍时间序列的 3 个对象应用；第 9 章从理论到实践系统介绍机器学习应用于回归、分类和聚类，并使用 sklearn 具体实现。本书的内容构造了财经类数据分析的完整内容线条。

编者在写作过程中，坚持以下原则：

1. 落实立德树人的根本任务，强化课程思政对于人才培养的引领。全面贯彻党的二十大精神，落实立德树人根本任务，"坚定学生理想信念，教育学生爱党、爱国、爱社会主义、爱人民、爱集体"是本套教材编写的指导精神，强调职业伦理道德，注重价值塑造、知识传授与能力培养相统一，通过教材内容引导学生建立核心价值取向，坚定文化自信，建立正确的执业操守，树立正确的世界观、人生观、价值观。

2. 理论阐述通俗易懂，尽可能避开计算机专业术语，但同时追求知识的完整性。

3. 示例、习题、实操内容丰富且真实具体。使用的数据集始终围绕 A 股上市公司基本信息和财务指标，实务与理论有机结合，由浅入深，难度逐步提升。

4. 知识讲解内容既避开计算机专业抽象的概念，又避免较深入的会计和财务专业知识，聚焦数据分析。

本书适合会计学与财务管理本科专业基于 Python 和 Pandas 组织教学内容的数据分析课程。本书前 3 章重点介绍了 Python 编程基础与 Python 编程进阶的相关知识；第 4~9 章按照数据分析的过程，介绍了 Pandas 数据分析基础、Pandas 数据集处理、数据可视化、文本数据处理、时间序列数据处理、数据分析与机器学习等内容。

学习完本书，读者可以使用 Python 和 Pandas 应对大部分财经业务场景下的数据处理和分析工作。在内容组织方面，本书理论部分阐述全面，且通俗易懂，能够满足财经专业读者对数据分析的需求；实践操作部分案例丰富，且真实具体，案例始终围绕资本市场上市公司的基本信息和财务数据，体现专业实务与数据分析的有机结合。

本书可作为高等院校会计学、财务管理等专业的教材，也可作为财经领域的工作人员学习数据分析基础的参考用书。

在使用本书时，有以下两种教学方案可供选择：

方案 1：读者具有 Python 基础，建议教学方案为本书第 1 章第 1 节、第 4~9 章，根据读者学业情况安排 36~54 个学时；

方案 2：读者不具有 Python 基础，建议教学方案为本书第 1~9 章，根据读者学业情况安排 54~72 个学时。

本书配有教学资源包，其中包括教学课件、示例代码文件及数据文件、习题的参考答案及代码等，用书教师可登录东北财经大学出版社的网站（www.dufep.cn）免费下载。

本书示例和习题的数据集部分来源于中国财经数据科学平台（CEDS），我们对数据进行了必要的编辑处理。

在本书的编写过程中，编者借鉴了国内外优秀教材和网络资源，向这些作品的作者表示感谢。由于编者水平有限，书中难免有不当之处，敬请批评指正。

编　者

2024 年春于大连

目录

第 1 章
数据分析与软件工具概述

数据分析的目的是从描述事物的数据中获取信息。因此数据分析是一系列数据处理的过程。本章的目的在于揭示数据分析的步骤和方法，从理论上阐述数据分析的目的和分类，从而建立数据分析的理论框架和应用范式。数据分析的软件工具众多，Python 作为数据分析最常用的工具之一，我们应了解该工具环境的搭建，为详细深入学习做好准备。

本章学习目标

（1）了解数据分析的基本概念与分类，各类数据分析的相互关系；
（2）掌握数据分析的基本流程；
（3）了解数据分析与 Python 的关系，初步了解 Python 字符编码；
（4）实现数据分析工具包 Anaconda 的安装，以及掌握基本命令的使用；
（5）掌握 Jupyter Notebook 的使用，熟悉其编辑菜单和快捷键。

1.1　数据分析概述

本节我们从整体认识数据分析，建立数据分析的逻辑框架，为数据分析打好基础。

1.1.1　数据分析的含义

数据分析是从数据中提取有价值的信息，并形成结论的过程。数据分析的本质是通过揭示数据的规律，解决具体问题，以帮助实践者做出判断和决策。

随着信息技术的进步，大数据和人工智能技术日趋成熟，数据分析无处不在。因此，我们无论从事哪种行业或任职何种岗位，数据分析都是基本能力，也是未来从事会计与财务工作的必备技能。

1.1.2　数据分析的分类

数据分析分为四类：描述性分析、诊断性分析、预测性分析和规范性分析，如图 1-1 所示，这四类分析复杂性越来越高，实用价值也越来越高。

1）描述性分析

描述性分析用于回答"发生了什么？"这一基本问题。例如，公司会计师通过计算财务指标分析企业经营绩效。

一般来说，描述性分析使用探索性数据分析技术。探索性数据分析是一种不使用特定的模型或假设而探索数据的方法，包括描述数据的中心趋势、数据的分布、数据中的相关性、数据的分散度等。探索性数据分析技术往往需要数据可视化展示。数据的任何视觉表示，如图形、图表或动画，都被称为可视化。可视化数据可以快速解释，易于理解，并且揭示需要进一步探索的领域。

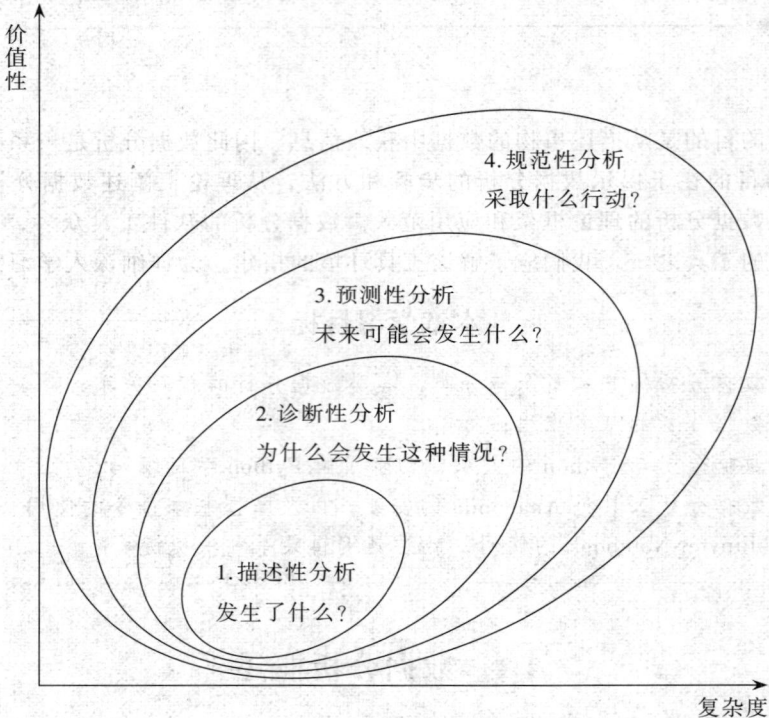

图1-1　数据分析类型

2）诊断性分析

诊断性分析不只是检查发生了什么，还要试图回答"为什么会发生这种情况"。诊断性分析建立在描述性分析的基础上，包括使用逻辑或基于验证模型来试图揭示数据中的关系，以解释为什么会发生这种情况。

首先，诊断性分析可以使用一般逻辑分析（非结构化分析）。其用事实证据去回答为什么事件发生，直到找到发生的原因。例如，如果公司上个季度的整体毛利率有所下降（描述性分析），我们分析是否有过多（或过少）低（或高）毛利率的产品销售，或发现市场部在上个季度打了大量的广告。从一个侧面找到了原因，也可以再继续深入下去，从而更深层解释为什么会发生"整体毛利率有所下降"。

其次，诊断性分析可以采用验证性数据分析技术（结构化分析）。验证性分析是检验某一个假设，并提供证据（数据）反驳或支持这一假设的可能性的统计测量方法。统计检验超出了本书的范围，大家可以后在更高级的课程学习。

3）预测性分析

预测性分析要能回答"未来可能会发生什么"，使用历史数据对未来可能发生的事件进行估计。一般来说，历史数据越真实、充分，估计接近真实发生的可能性就越大。

预测性分析的第一步是确定要预测的要素。这个要素被称为目标变量、结果变量或因变量。目标变量可以是分类值或连续值，对应分类问题或回归问题。分类问题采用有限数量的分配值来代表不同的类（组）。例如，预测公司是否会发生债务违约，如果是分类问题，可能的目标变量值有"有可能""很有可能""不可能"等；如果是回归问题，目标变量是债务违约发生的概率值，为 0-1 之间的连续数值。我们会在第 9 章详细介绍机器学习用于分类和回归的内容。

4）规范性分析

规范性分析回答"采取什么行动"，即"应该做什么"这一问题。规范性分析在前面 3 种分析的基础之上，给出可供采纳的建议或方案。例如，快递公司每日有数以万计的邮件，运送邮件的方式有很多，可选择的派送路径也有多种。业务人员最初根据他们的经验设计方式和路线，以节省时间、减少驾驶距离、减少排放等。现在快递公司以提高安全为目标，设计一个动态规划的解决方案，可实时给出运送方式和路径选择建议。

规范性分析可以使用人工智能、机器学习及其他统计方法等自动生成行动方案。比如，机器学习开发一个初始预测模型，然后应用适当的学习算法，以使模型随着时间的推移持续改进，直到给出用户满意的结果。

1.1.3　数据分析的基本流程

数据分析没有一定之规，但是具有一般性的基本流程，如图 1-2 所示。

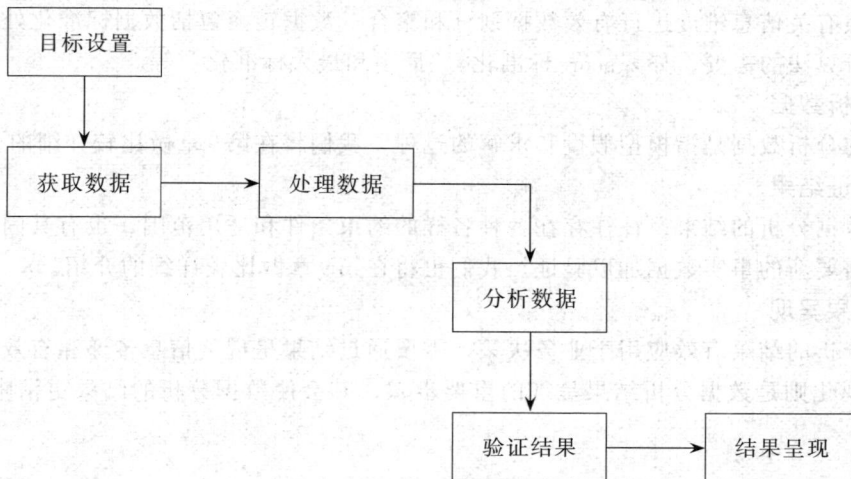

图1-2　数据分析的基本流程

1）目标设置

明确目标是数据分析的重要环节，就是确定为什么要进行数据分析。分析者首先要花大量的时间确定：为什么要做数据分析？分析什么？想要达到什么目的？只有明确了分析目标，才能恰当地进行其他步骤，找到适合的分析方法，最终得到有意义的结论，并应用到实践中。

2）获取数据

数据的本质是事实的表示，数据的来源多且广泛。我们获取的数据对象需要与具体的问题关联，如会计数据往往是企业经营业务的记录，它们是在企业经营过程中形成，来源于业务的 Excel 表单、业务数据库中的记录、原始凭证、实时交易数据等。

获取数据之前，我们要清楚需要什么时间或时段的数据，数据来自哪些数据载体，数据是什么结构，以及如何获得，是下载、复制，还是爬取等。

3）处理数据

分析者取得了数据，但是数据未必满足分析设定的目标。从数据分析的视角看，事物属性与特征不同，只有能够满足分析目标的属性才有价值，我们称这些属性为特征。因此，从数据属性转化为面向目标问题的特征，这一过程叫作特征工程。

特征工程对大量、杂乱无章、难以理解、缺失的数据进行加工，抽取并推导出对解决问题有价值、有意义的特征，包括数据规约、数据清洗、数据加工等过程。我们简单了解一下这些概念。

（1）数据规约：在保持或接近保持原数据完整性的同时，将数据集规模减小，以提高数据处理的速度。例如，我们会选取部分财务指标来评价企业盈利能力，降低数据的维度。又比如，几十年的上市公司数据中，我们选取近三年的数据子集，这样做的目的是减小数据规模，提高数据处理速度。

（2）数据清洗：取得原始数据后，其中可能有很多数据不符合数据分析的要求，需要进一步清洗处理，一般的清洗包括缺失处理、异常值处理、重复数据处理、脱敏处理等。

（3）数据加工：包括数据抽取、数据计算、数据分组和数据转换等。数据抽取是选取数据中的部分内容；数据计算是进行各种算术和逻辑运算，以便得到进一步的信息；数据分组是按照有关信息维度进行有效数据划分和聚合；数据转换包括数据标准化处理，以适应数据分析算法的需要，如 z-score 标准化、"最小和最大标准化"等。

4）分析数据

这里的分析数据是指模型假设和求解的过程，我们将在第9章做比较详细的介绍。

5）验证结果

各类数据分析的结果，往往存在各种各样的约束条件和适用范围，也有其固有的偏差和误差，需要新的事实数据加以验证。我们也将在第9章做比较详细的介绍。

6）结果呈现

数据分析的结果有效应用于业务决策，需要通过结果呈现（信息传递和有效沟通）来实现。可视化则是数据分析结果呈现的重要步骤，其会使数据分析的结果更清晰、直观，容易理解。

1.1.4 数据分析的常见问题

数据分析可以有巨大的价值，但是如果不重视分析中的相关问题，可能导致糟糕甚至错误的后果。

1）"垃圾输入，垃圾输出"

"垃圾输入，垃圾输出"（garbage in，garbage out，GIGO）指的是如果底层数据不是高质量的，数据分析就没有价值，即数据本身没有被正确地设计、维护和记录时，也不会得到有益的数据分析结果。真实和完整的数据反映事物的本质，因此我们才坚持实事求是原则。

2）过拟合问题

即便有了高质量的数据，我们创建的数据分析模型也可能会有问题，如得到过拟合模型，会使分析模型与一组数据过于精确对应。当模型用于新的数据时，其不能可靠地预测未来的观察结果。因此在确定正确的模型时，需要使用测试数据集进行测试和评估。

3）超出数据范围的外推

数据分析不及预期可能与误用模型有关。假设正在预测一个 1 000 平方米房屋的价格，使用的模型是基于 100~200 平方米房屋数据创建的。该模型可能无法准确预测如此大面积房屋的价格。

4）模型固有缺陷

数据分析没有考虑到模型中固有的缺陷，也会带来问题。例如，在利用数据来预测公司经营业绩时，忽略了突发事件的影响，可能会得出相反的结论。

1.2 数据分析工具 Python

掌握一款数据分析工具至关重要。好的工具能够帮助我们快速解决问题，提高工作效率，做到数据分析事半功倍。常用的数据分析工具有 Excel、Power BI、SPSS、SAS、R 语言、Python 语言等。本书重点讲述 Python 语言，以及第三方模块 Pandas。我们需要借助计算机软件进行数据分析，计算机软件越是通用、容易掌握、扩展性强越好，Python 就是这样一款数据分析工具软件。本节主要介绍作为编程语言的 Python 的应用和特点。

1.2.1 编程语言的内涵

编程语言是用来控制计算机的一系列指令。计算机编程语言有固定的格式和词汇，以及必须遵守的语法规则，否则会出错，不能运行。

不同编程语言的格式和词汇不一样，学习一门编程语言，本质上就是学习如何使用这些词汇和格式。我们将这一条条指令称为代码，这些代码共同组成一段计算机程序，而用编程语言来编写程序的过程称为编码。

编程语言可分为三类：机器语言、汇编语言和高级语言。计算机只能理解一种非常低级的编程语言，也就是机器语言。机器语言由机器指令集构成，能够直接被机器执行。但是，使用机器语言写的程序存在不便于阅读、难以记忆等问题。汇编语言本质上也是直接对硬件操作，其采用了助记符取代机器指令，较机器语言方便书写和阅读。高级语言将多条汇编程序语句合并成更简洁的编程语句，更加方便程序员使用。

将高级语言翻译成计算机可以执行的机器语言，有两种方法可以实现，分别是编译和解释。

使用编译器将自身转换成机器语言的高级语言，称为编译型语言。编译型语言必须提前将所有源代码一次性转换成二进制指令，也就是生成一个可执行程序（比如 Windows 下的 .exe 文件），如 C 语言、汇编语言等。

使用解释器将自身转换成机器语言的高级语言，称为解释型语言。解释型语言可以一边执行一边转换，需要哪些源代码就转换哪些源代码，不会生成可执行程序，比如Python、JavaScript、PHP等语言。

1.2.2　Python的应用

Python是一种解释型编程语言，1991年发行了第一个版本。随着大数据和人工智能的兴起，其应用日益广泛。Python主要应用于网站开发、数据分析、人工智能、云计算等技术领域。

Python推崇"极简主义"，已成为当今使用最广泛的编程语言之一。在数据科学领域，Python具有广泛的库支持。这些库各自具有独特的功能，包含数学运算、工程运算、数据挖掘、数据可视化和神经网络等。在解决数据分析任务时，分析师、工程师和科学家等可以利用Python库的强大功能，来协助完成各自领域的工作。

1.2.3　Python的特点

Python的主要特点包括：

（1）Python易于学习和使用，即便是非软件专业的初学者，也很容易上手；

（2）Python跨平台兼容，各平台可安装不同的解释器，用户不用担心任何兼容性问题；

（3）Python拥有庞大的开发社区和丰富的生态系统，标准库和第三库众多，功能强大，既可以开发小型工具，也可以开发企业级应用；

（4）Python应用广泛，适用多个应用领域，例如Web应用程序、科学计算、数据分析、自动化和游戏开发等。

我们利用Python学习数据分析，上手容易，但是要想深度掌握和应用，还需按部就班勤学熟练。首先，牢记Python语法和编码规则。Python语法包括关键字、内置函数、标准库等。Python编码规则指的是编写代码时应遵守的变量命名规则、变量作用域、关键字、缩进等规范。只有在Python程序编写之中严格遵守这些规则才能开发出合格的Python程序。其次，要边学边练。Python函数可能有多个不同的参数来实现不同的功能，而关键字的语法也是有多种写法。只有多编写代码，积累代码量，才能真正地理解并且掌握这些知识。最后，要使用Python进行数据分析，需要积累丰富的程序开发经验，培养自身解决问题的能力。

1.3　数据分析工具包Anaconda

对于程序开发的初学者而言，编程环境往往是难以把握的问题，因此借助一个友好的Python编程平台非常重要，Anaconda就是这样的专门为数据分析搭建的简易平台。

1.3.1　Anaconda简介

Anaconda在英文中是"蟒蛇"的意思。Anaconda是一个安装、管理Python相关包的软件。Conda作为其管理工具，管理Python在内的超过180个科学包及其依赖项，其主要内容如图1-3所示。Anaconda还自带IPython、Jupyter Notebook、Spyder等编辑器。Anaconda具有开源、安装过程简单、可高性能使用Python和R语言、有免费的社区支持等特点。

图1-3　Anaconda软件包主要模块

Anaconda3对应的就是Python3.x的版本，默认编码方式是UTF-8。

1.3.2　Anaconda的安装

1）访问Anaconda开源网站

Anaconda官方网站可以便捷获取安装包，Anaconda开源网站的下载界面如图1-4所示。点击对应下载链接，即可得到Anaconda的安装包。

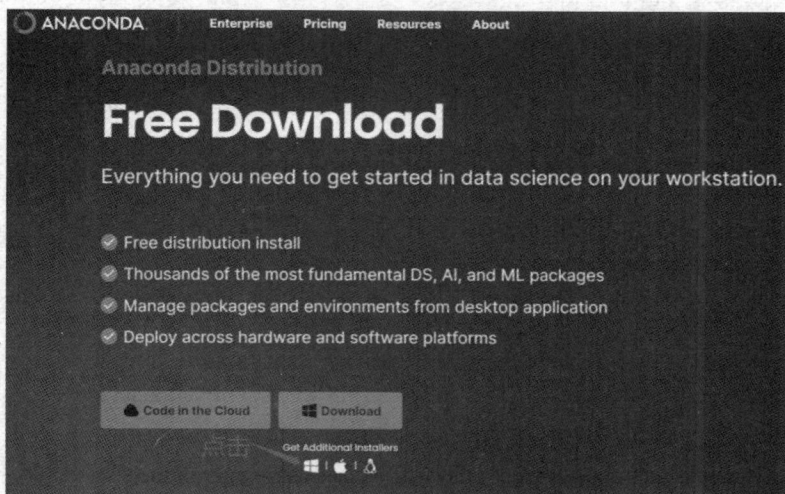

图1-4　Anaconda开源网站

2）访问清华大学开源软件镜像站

清华大学开源软件镜像站，由清华大学信息化技术中心支持创办，为国内用户提供开源软件镜像，方便用户获取开源软件。我们可以从镜像网站"Index of/anaconda/archive/"目录选择要安装的版本下载。注意，Anaconda针对不同的操作系统、不同操作系统版本、不同位数的计算机，有不同的安装包。

3）Anaconda安装

Anaconda的安装非常简单，主要步骤如下：

（1）执行下载的安装文件，显示安装版本信息，点击Next按钮；

（2）显示软件许可等信息，点击I Agree；

（3）选择用户类型：该用户自己或所有用户。如在此选择All Users（所有用户均可用）之后点击Next；

（4）选择安装路径，尽量不要装入系统盘。输入文件路径后点击Next；

（5）高级选项配置，建议两个框框均打勾之后点击Install，如图1-5所示；接下来系统会按照用户的选项进行简单配置，最后显示安装成功。

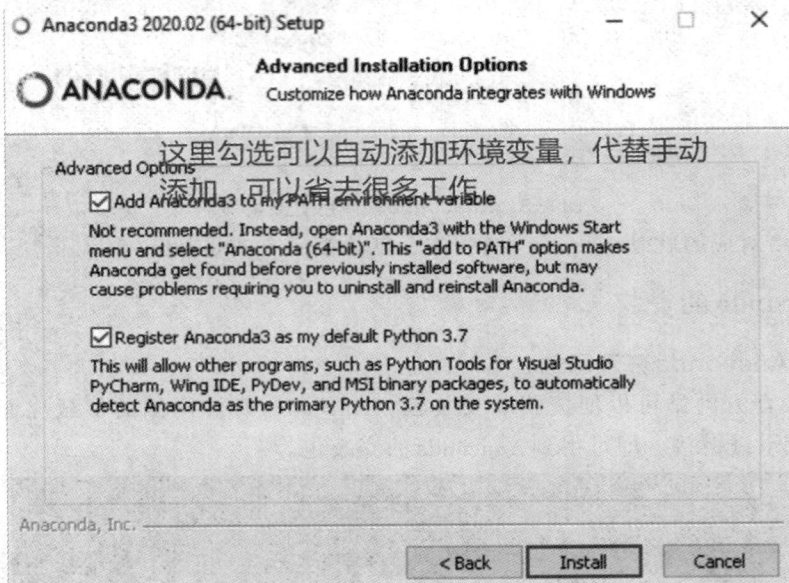

图1-5　Anaconda自动配置环境变量

4）conda命令

conda常见操作命令主要可以分为以下几种：

（1）查看当前环境下的包信息

conda list　　#使用list命令可以获取当前环境中已经安装的包信息

（2）查找包

conda search --full-name　　#使用search命令可以查找可供安装的包

（3）安装包

conda install　package_name　　#在当前环境下安装package_name

若包文件无法使用conda install命令进行安装，则可以使用pip命令进行安装。

pip install package_name

（4）更新包

```
conda update-all    #更新当前环境下所有的包
```

如果只想更新某个包或某些包：

```
conda update numpy    #更新 numpy 包
```

1.3.3　Anaconda 数据科学包

Anaconda 数据科学包非常庞大，我们主要使用其中常用于数据分析的部分。

1）NumPy

NumPy 是 Numerical Python 的简写，是 Python 数值计算的基石，可用于处理大型多维数组和矩阵。NumPy 通常与 SciPy（Scientific Python）和 Matplotlib（绘图库）一起使用，这种组合广泛用于替代 MatLab。在这里，我们只需知道：NumPy 是一个强大的科学计算工具，用于数据科学或者机器学习。我们将在第 4 章做详细讲解。

2）Pandas

Pandas 是基于 NumPy 的一种工具，是专门为数据分析任务而创建的。Pandas 的名称来自面板数据（Panel Data）和 Python 数据分析（Data Analysis）。Pandas 纳入大量数据模型，提供了高效地操作大型数据集所需的工具。Pandas 的功能主要是数据清洗、转换和分析，其能够简单、直观地处理关系型数据和标记型数据，广泛用于财经领域。其主要功能：

（1）与 SQL 或 Excel 表类似的功能；

（2）有序和无序的时间序列数据处理；

（3）带行列标签的矩阵数据处理，包括同构或异构型数据；

（4）任意形式数据转入 Pandas 接口管理。

我们将在第 4~9 章详细讲述 Pandas 的应用。

3）Scikit-Learn

Scikit-Learn（sklearn）是基于 Python 语言的机器学习工具。sklearn 实际上是 Python 的本地机器学习库，它提供以下算法：支持向量机、随机森林、K-means 聚类、光谱聚类、均值偏移、交叉验证等。我们可以很方便地使用 sklearn 进行数据预处理、分类、回归、降维、模型选择等。我们将在第 9 章详细介绍 sklearn。

4）Matplotlib

数据呈现是数据分析的关键流程，其重要方法就是可视化。Matplotlib 是 Python 的绘图库，它能让使用者很轻松地将数据图形化。

Matplotlib 可以绘制静态、动态、交互式的图表，并提供多样化的输出格式，包括线图、散点图、等高线图、条形图、柱状图、3D 图形，甚至图形动画等。

Seaborn 是 Python 中的另一个数据可视化库。使用 Seaborn 使可视化水平提高档次，可以用更少的资源创建各种复杂的可视化图形。我们将在第 6 章详细介绍 Matplotlib 和 Seaborn。

1.4　Python数据分析编程

Anaconda提供了一个整合的Python环境，要编写具体的Python代码，我们需要编程工具，同时了解Python的简单编程规则。Jupyter Notebook是众多工具中的一种，适合用于数据分析。

1.4.1　Jupyter Notebook

集成开发环境（Integrated Development Environment，IDE）是用于提供程序开发环境的应用程序，一般包括代码编辑器、编译器、调试器和图形用户界面等。较常用的Python IDE有Sublime、Spyder、Atom、Visual Studio Code、PyCharm、Jupyter Notebook等。

Jupyter Notebook是基于网页的用于交互计算的应用程序。其是以网页的形式打开，直接编写代码和运行代码，且代码的运行结果也会直接在代码块下显示。用户在编程过程中如果需要编写说明，可在同一个页面中直接编写，便于及时说明和解释。

Jupyter Notebook编辑的文档保存为后缀名为 .ipynb 的 JSON 格式文件，便于版本控制和共享。文档还可以导出 HTML、LaTeX、PDF、PY 等格式。

1）Jupyter Notebook的安装

安装 Anaconda 时已经自动安装了 Jupyter Notebook。也可以在"Anaconda Prompt"中输入以下命令安装：

```
conda install jupyter notebook
```

或

```
pip install jupyter
```

2）Jupyter Notebook的运行

在 Anaconda 包文件中执行 Jupyter Notebook，在终端中将会显示一系列 notebook 的服务器信息，同时浏览器将会自动启动 Jupyter Notebook。

3）Jupyter Notebook的基本使用

Jupyter Notebook 的操作分为两种模式：命令模式和编辑模式。

（1）命令模式

命令模式将键盘命令与 Jupyter Notebook 菜单命令相结合，且多数菜单命令可以通过键盘不同键的组合完成。操作中，按 Esc 键进入命令模式。该模式下，单元格边框为灰色，且左侧边框线为蓝色粗线条，如图1-6所示。

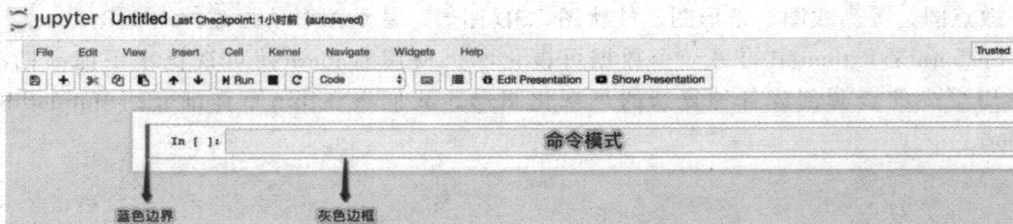

图1-6　Jupyter Notebook命令模式

（2）编辑模式

操作中，按Enter键进入编辑模式。该模式下，单元格边框和左侧边框线均为绿色，如图1-7所示。在编辑模式下，用户可以在单元格内编辑代码或文档。

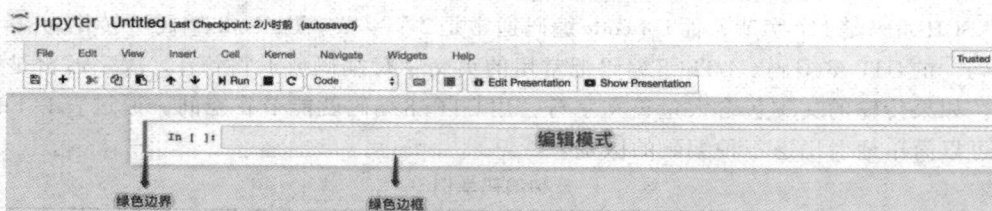

图1-7 Jupyter Notebook编辑模式

有关Jupyter Notebook的具体使用，请查阅帮助文档有关资料，并勤于练习。

1.4.2 Python程序编码

1）UTF-8字符编码

计算机是以二进制的形式来存储数据的，它只认识0和1两个数字。屏幕上看到的文字，都会被转换成二进制（0和1序列）存储，在显示时也要根据二进制数找到对应的字符。因此文字字符必然对应着固定的二进制编码，否则在转换时将发生混乱。将字符与二进制数对应起来的规范，称为字符集（Character Set）或者字符编码（Character Encoding）。我们可以将字符集理解成一个很大的表格，列出了所有字符和二进制数的对应关系，计算机显示文字或者存储文字，就是一个查表的过程。

（1）ASCII编码

ASCII是"American Standard Code for Information Interchange"的缩写，其共收录了128个字符，包含了基本的拉丁字母（英文字母）、阿拉伯数字（也就是1234567890）、标点符号（，.! 等）、特殊符号（@#$%^&等）以及一些具有控制功能的字符（往往是非显示字符），用一个字节中较低的7个比特位（Bit）表示（$2^7=128$）。

（2）Unicode字符集

Unicode是计算机的一项标准，是为解决传统的字符编码方案的局限而产生的。它为每种语言中的每个字符设定了统一并且唯一的二进制编码。Unicode字符集规定了字符的二进制代码编号，但是没规定字符如何进行存储。所以最后也出现了Unicode的多种存储方式，也就是说有许多种不同的二进制格式来表示Unicode编码。随着互联网的普及，业界强烈渴望出现一种统一的编码方式。UTF-8就是在互联网上使用最广的一种Unicode的编码方式，同时也存在UTF-16以及UTF-32等。

（3）UTF-8

UTF-8是Unicode的编码方式之一。UTF-8是一种变长的编码方法，字符长度从1个字节到4个字节不等。越是常用的字符，字节越短，最前面的128个字符，只使用1个字节表示，与ASCII码完全相同。

UTF-8的编码规则很简单，只有两个规则：

① 对于单字节的符号，字节的第一位设为0，后面7位为这个符号的Unicode码。因此对于英语字母，UTF-8编码和ASCII码是相同的。

② 对于 n（n>1）字节的符号，第一个字节的前 n 位都设为 1，第 n+1 位设为 0，后面字节的前两位一律设为 10。剩下的没有提及的二进制位，全部为这个符号的 Unicode 码。

ASCII 编码是 1 个字节，而 Unicode 编码通常是 2 个字节。Unicode 编码可转化为"可变长编码"的 UTF-8 编码。UTF-8 编码把常用的英文字母编码成 1 个字节，汉字通常是 3 个字节。如果传输的文本包含大量英文字符，用 UTF-8 编码就能节省空间。通过表 1-1 的举例，可以简单地看出这三种编码的区别。

表1-1　　　　　　　　　　　　　三种编码举例

字符	ASCII	Unicode	UTF-8
A	01000001	00000000 01000001	01000001
中		01001110 00101101	11100100 10111000 10101101

Unicode 为所有字符提供唯一的编号，然后 UTF-8、UTF-16 将字符的 Unicode 编号编码成相应的二进制代码进行存储或运算，所以相同 Unicode 编号若用不同的编码方式进行编码，最后会产生不同的二进制代码，这就是有时候文件出现乱码的原因。

2）Python代码

Python3.x 将 UTF-8 作为默认的源文件编码，所以建议使用专业的文本编辑器编写 Python 代码，比如 Sublime、VS Code、PyCharm、Jupyter Notebook 等，它们都默认支持 UTF-8 编码。

Python 是一种解释型的脚本编程语言，这样的编程语言一般支持两种运行方式：交互式执行和源文件执行。

（1）交互式执行

在命令行窗口中直接输入代码，如在 Jupyter Notebook 中按 Shift+Enter 键就可以运行代码，并立即看到输出结果；执行完该段落代码，还可以继续输入下一单元代码，再次运行并查看结果……整个过程就好像在和计算机对话，所以称为交互式编程。

（2）源文件执行

任何编程语言的源文件都有特定的后缀，Python 源文件的后缀为 .py。后缀只是用来区分不同的编程语言，并不会导致源文件的内部格式发生变化。Python 源文件是纯文本文件。

源文件执行是将所有代码放在源文件中，让解释器逐行读取并执行源文件中的代码，直到文件末尾，也就是批量执行代码。

3）Python交互式编程

Jupyter Notebook 以网页的形式打开，可以在网页页面中直接编写和运行代码，代码的运行结果也会直接在代码块下显示，因此其使用简单方便；如在编程过程中需要编写说明文档，可在同一个页面中直接编写，便于及时做出说明和解释。

利用 Jupyter Notebook 编写数据分析的代码，可以在交互式编程环境中输入任何复杂的表达式（包括数学计算、逻辑运算、循环语句、函数调用等），交互性得到运行结果。从这个角度来看，Python 的交互式编程环境相当于一个功能无比强大的"计算器"，并能随时随地记笔记。

4）Python编码规范

Python的编码规范被称为PEP8（Python Enhancement Proposal）。下面介绍PEP8中的一些简单规则。

（1）缩进：使用4个空格进行缩进，不建议使用制表符，制表符在不同的开发编辑器可能会有不同的解析。

（2）行长：每行代码的长度不应该太长。如果一行代码太长，可以使用括号、反斜杠（\）或字符串连接来拆分为多行。

（3）命名规则：变量名应该使用小写字母，可以使用下划线进行分隔。这条规则在第2章会详细讲述。

（4）注释：对于复杂的代码，应该添加注释来解释代码的功能和实现。注释应该在代码之上，也可在一行代码之后。

这些规则旨在使Python代码易于阅读、易于维护，并与其他开发人员的代码保持一致。

【财务应用与实践】

熟悉财经数据分析工具

下面我们通过一个简单财务问题的程序设计，熟悉Jupyter Notebook的交互编辑操作，以及Python的程序编码规则。

某公司租用X机器设备，每年年末需要支付租金210 000元，年利率为10%，问5年内应支付的租金总额的现值是多少？

现值的计算公式为：

$$P(A,i,n) = A \times \frac{1 - \frac{1}{(1 + i)^n}}{i}$$

其中：A=210 000元，i=10%，n=5

1.打开Jupyter Notebook编辑器

在Windows的程序组中找到Anaconda3软件列表，点击快捷方式【Jupyter Notebook】。或是在Anaconda Prompt提示符下执行命令：

```
jupyter notebook
```

启动网页：http：//localhost：8888。其中，"localhost"指的是本机，"8888"则是端口号。同时打开默认"Home"目录（读者可自己查阅资料，学习如何修改默认目录，不建议初学者做此项工作）。打开Notebook，可以看到主面板。

在菜单栏中有【Files】、【Running】、【Clusters】3个选项：

（1）Files：列出了所有的文件；

（2）Running：显示当前已经打开的终端和正在执行的Notebooks文件；

（3）Clusters：由IPython parallel包提供的集群操作，用于并行计算。

使用最多的是【Files】菜单选项，我们可以完成浏览和新建文件等操作。

2.创建"ipynb"格式的Notebook文件

选定或创建一个文件夹，之后在主面板（Notebook Dashboard）的右上方，点击工具栏【New】并选择【Python3（ipykernel）】选项，则新建了一个 Notebook 文件，默认的名称为【Untitled】，文件的扩展名为 .ipynb。我们点击上方的【Untitled】将文件名修改为 The_First_Module。这样我们就创建好了一个 Notebook 文件——The_First_Module.ipynb，我们可以在文件夹下看到这个文件，在编辑的过程中 Jupyter Notebook 会对其进行动态更新。

3.熟悉 Cell Type 编辑操作

在 The_First_Module 编辑界面，点击菜单【Help】→【Keyboard Shortcuts】，得到快捷键列表。我们快速熟悉一下这些快捷键和具体含义。在 1.4 节学过 Notebook 的 Cell 的两种模式，表 1-2、表 1-3 为这两种模式下常用的快捷键。

表1-2　　　　　命令模式（Command Mode）（按Esc切换）

组合键	功能	组合键	功能
Enter	切换到编辑模式	Y	Cell 变为 code 模式
Shift+Enter	运行 Cell，并进入下一 Cell	M	Cell 变为 markdown 模式
Ctrl+Enter	运行所选的 Cell	A	在上方插入 Cell
Alt+Enter	运行 Cell，并插入新 Cell	B	在下方插入 Cell

表1-3　　　　　编辑模式（Edit Mode）（按Enter切换）

组合键	功能	组合键	功能
Tab	代码填补或缩进	Ctrl+M	进入命令状态
Shift+Tab	提示条	Esc	进入命令状态
Ctrl+]	缩进	Shift+Enter	同命令模式
Ctrl+[	取消缩进	Ctrl+Shift+Minus	在光标位置拆分 Cell
Ctrl+/	注释	Ctrl+S	保存文件和检查点

4.输入 Markdown 格式的笔记内容

在命令模式键入 M，再键入 Enter 进入编辑模式，在编辑 Markdown Cell 中输入如下代码，并键入 Shift+Enter 运行。

```
<div align='center'>
    <font size="5" face="黑体">交互式数据分析</font>
</div>
```

按 Esc 键，进入命令行依次键入 B、M 和 Enter，进入一个新的 Markdown 的编辑 Cell，输入如下代码，并键入 Shift+Enter 运行。

```
"编写一个简单的程序,解决一个简单的财务问题:
>某公司租用某设备,每年年末需要支付租金210 000元,年利率为10%,问5年内应支付的租金总额的现值是多少?"
**方案:**
\begin{equation}
P(A,i,n)=A × \frac{1 - \frac{1}{(1+i)^n}}{i}
\end{equation}
```

其中：A=210000元，I=10%，n=5

分别在对应的 Cell 键入 Shift+Enter 运行，得到 Markdown Cell 的结果，如图 1-8 所示。

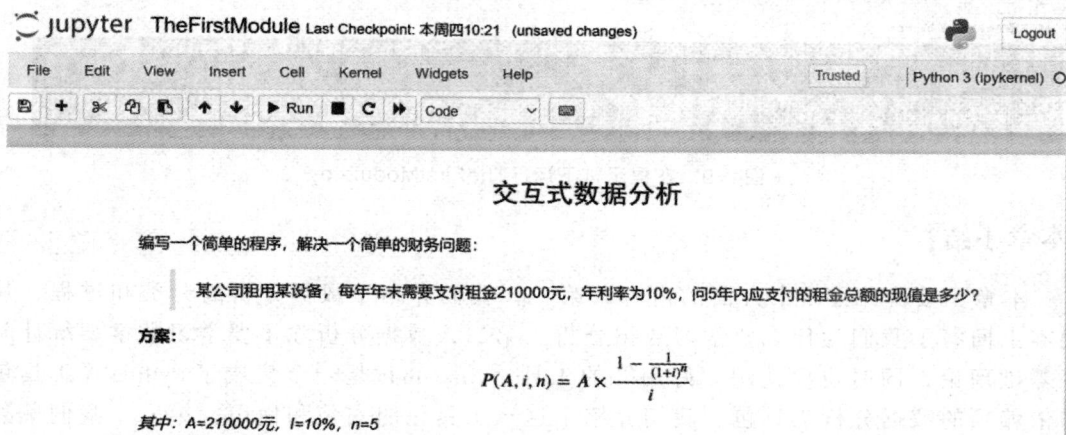

图 1-8　Markdown代码运行的结果

5. 输入 Python 代码并运行

在命令行状态键入 B ，插入一个新的 Cell，按 Enter 进入 Python 代码的编辑状态。输入如下代码并运行，得到程序运行结果。

```
[in]  class Annuity():
          """年金现值计算
          参数：A 年末支付金额, i 年利率, n 年限"""
          def presentvalue(self, A,i,n):
              p = A * (1 - 1/((1 + i) ** n)) / i
              p = round(p,2)          #保留小数点小数
              return p
      if __name__ == '__main__':          #主函数
          年金 = Annuity()
          支付金额 = 10000
          年利率 = 0.10
          年限 = 5
          print("5年内应支付的租金总额的现值：",\
                年金 .presentvalue(支付金额,年利率,年限))
[out]5年内应支付的租金总额的现值：37907.87
```

输入代码时请注意缩进，英文标点和符号，并观察字符的颜色。

6. 下载 Python 代码为 TheFirstModule.py

进入【File】菜单，选择【Download as】→【Python（.py）】，下载当前模块为TheFirstModule.py。

7. 在 Anaconda Prompt 下运行 TheFirstModule.py

我们把 TheFirstModule.py 拷贝到 Anaconda 的当前目录下，启动 Anaconda Prompt，键入并运行命令：

python TheFirstModule.py

得到运行结果，如图1-9所示。

图1-9 在提示符下运行TheFirstModule.py

【本章小结】

本章主要介绍了3个方面的内容。第一，我们介绍了数据分析的分类和过程，从根本上回答了我们为什么要学习数据分析。第二，数据分析除了要学习数学、统计学等基础理论，同时也要使用"好用"的工具，Anaconda是一个集成了Python等工具包和依赖项的数据分析工具包。我们介绍了这一工具包的安装和使用。第三，我们单独介绍了Python程序的编码，在以后的学习中会理解其重要性。最后，我们结合一个财务数据分析实例，初步掌握利用Jupyter Notebook进行Python数据分析编程的过程，为进一步学习打下实践基础。

【本章习题】

一、单项选择题

即测即评1

1.下列有关数据分析的说法中，错误的是（　　　）。

A.数据分析是从数据中提取有价值的信息

B.数据分析的本质是揭示数据的规律

C.数据分析是决策者应具有的基本能力

D.数据分析是大数据和人工智能的结合技术

2.一般来说，4类数据分析的复杂度从低到高为（　　　）。

A.诊断性分析→预测性分析→描述性分析→规范性分析

B.预测性分析→描述性分析→诊断性分析→规范性分析

C.描述性分析→诊断性分析→预测性分析→规范性分析

D.规范性分析→预测性分析→诊断性分析→描述性分析

3.规范性分析需要回答的问题是（　　　）。

A."应该做什么？"

B."发生了什么？"

C."为什么会发生这种情况？"

D."未来可能会发生什么？"

4.下列有关数据分析的基本流程的说法中，错误的是（　　　）。

A. 数据分析的重要环节是明确目的，即为什么要进行数据分析

B. 数据的本质是事实的表示，获取的数据对象需要与具体的问题关联

C. 特征工程的目的是使数据满足设定的分析目标要求

D. 数据分析要为业务决策带来有效应用，必须经过可视化呈现

5. 数据分析可能导致糟糕甚至错误的结果，不可能的原因是（　　　）。

A. 底层数据质量太好

B. 分析模型过拟合或欠拟合

C. 数据分析没有考虑到模型中固有的缺陷

D. 不同的问题使用了相同的数据分析模型

6. Python 模块的文件扩展名是（　　　）。

A. .ipynb　　　　　　　　　　　　　B. .py

C. .txt　　　　　　　　　　　　　　D. .csv

7. 下列有关 Python 语言特点的说法中，错误的是（　　　）。

A. 机器语言　　　　　　　　　　　　B. 高级语言

C. 面向对象　　　　　　　　　　　　D. 跨平台

8. Anaconda 科学包及其依赖项中，不包括（　　　）。

A. Python　　　　　　　　　　　　　B. Pandas

C. NumPy　　　　　　　　　　　　　D. jieba

9. Python 3.x 默认的源文件编码格式是（　　　）。

A. ASCII　　　　　　　　　　　　　B. gbk

C. UTF-16　　　　　　　　　　　　D. UTF-8

10. 下列有关 Jupyter Notebook 的说法中，正确的是（　　　）。

A. Jupyter Notebook 命令模式和编辑模式不能切换

B. Jupyter Notebook 编程过程不能编写说明文档

C. Jupyter Notebook 可以在网页页面中直接编写代码，但是不能运行

D. Jupyter Notebook 相当于一个功能无比强大的"计算器"

二、判断题

1. 预测性分析用于回答"发生了什么"这一基本问题。　　　　　　　　　　　　（　　　）

2. 探索性数据分析是一种使用特定的模型或假设来探索数据的方法。　　　　　（　　　）

3. 数据清洗是在保持或接近保持原数据完整性的同时将数据集规模减小，以提高数据处理的速度。　　　　　　　　　　　　　　　　　　　　　　　　　　　　　　　　（　　　）

4. Jupyter Notebook 编辑模式（Edit Mode）按 Esc 键切换到命令模式（Command Mode）。　　　　　　　　　　　　　　　　　　　　　　　　　　　　　　　　（　　　）

5. Python 每行代码的长度没有限制，不能拆解成多行。　　　　　　　　　　（　　　）

三、程序题

1. 使用 Jupyter Notebook，在 Cell Type 在 Markdown 模式下，模仿【财务应用与实践】节的课程内容，编辑输入适当的格式文本，并得到如图 1-10 所示的运行结果。

永续年金现值

永续年金是因为无限期收付，其计算公式：

$$P(A, i) = \frac{A}{i}$$

> 请编写一段代码，计算1000000元专项永续年金的现值。

注：年利率为5%

图1-10　Markdown代码运行结果

2. 使用 Jupyter Notebook，在 Cell Type 的 Code 模式下，编写（程序题1）"永续年金现值"代码并运行，得到运行的结果输出：现值——20000000，尝试下载该 Python 代码为 .py 文件，并在提示符下运行。

第 2 章

Python 编程基础

Python 虽然是较为易学的解释性计算机语言，但其有完整的面向对象的程序设计体系。在学习数据分析之前，我们要从基本的问题出发，打好基础。本章主要讲解基本的编程规则、Python 常用关键词、简单类型、序列数据类型、程序流程与控制，以及迭代器、推导式、生成器的概念等。

本章学习目标

（1）理解 Python 基础编程的基本概念和原理；

（2）熟悉 Python 基本数据类型的属性和方法；

（3）掌握 Python 序列和容器数据类型的属性和方法；

（4）掌握 Python 程序流程与控制；

（5）利用 Python 基础知识编写简单的会计和财务应用。

2.1 Python 的标识符与关键词

在学习计算机编程语言时，我们首先要了解存储中实体命名规则，要区分系统命名和用户命名。

2.1.1 标识符

标识符（identifier）是一个名字，用来标识某个实体的一个符号，可以作为变量、函数、类、模块等对象的名称。对象是 Python 虚拟环境中管理的所有实体，也就是在计算机内存中的所有可识别的"东西"。对象的相关内容将在以后章节详细介绍。

1）标识符命名规则

Python 语言的标识符命名不是随意的，要遵守下列规则：

（1）标识符是由字符、下划线和数字组成，但第一个字符不能是数字；

（2）标识符不能与 Python 中的保留字相同；

（3）Python 语句中的标识符，不能包含空格、@、%以及$等特殊字符；

（4）Python 标识符严格区分大小写字母；

（5）汉字可以作为 Python 标识符，但是在程序开发中应尽量避免。由于我们的焦点是数据分析，有时用汉字作为标识符能增加可读性。

2）特殊的标识符

Python语言中以下划线开头的标识符有特殊含义。只有在特殊的场景下使用下划线开头的标识符，一般应避免使用。我们会在第3章说明使用下划线开头的私有成员和专用标识符。

2.1.2　关键词（保留字）

关键词是Python语言中一些已经被赋予特定意义的标识符，这就要求用户在开发程序时，不能用这些被保留的关键词作为标识符给用户自己定义的变量、函数、类、模块等对象命名。

执行help("keywords")，我们会得到Python包含的关键词：

False、None、True、and、as、assert、async、await、break、class、continue、def、del、elif、else、except、finally、for、from、global、if、import、in、is、lambda、nonlocal、not、or、pass、raise、return、try、while、with、yield。

这些关键词中含大写字母的只有True、False、None，其他全为小写字母。由于Python区分大小写，in和IN是不一样的，IN不是关键词。实际开发中如果使用Python中的关键词作为标识符，解释器会报"SyntaxError：invalid syntax"错误。

2.2　Python的对象与变量

Python是面向对象的编程，一切实体都是对象，变量是对象的标识引用。

2.2.1　Python的对象

Python中，所有的实体都是对象。这样表述比较抽象，可想象成现实中的所有"东西"映射到计算机系统中都是对象。对象的本质是分配的一块内存，有足够的空间去表示其所代表的值。或者说，一块内存空间拥有特定的"东西"，这"东西"支持特定类型的相关操作。

Python中，一个对象具有3个要素：标识（identity）、类型（type）、值（value），如图2-1所示。

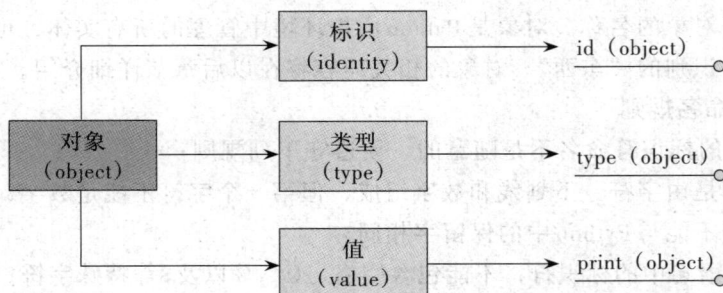

图2-1　对象的地址、类型和值

1）标识

标识是对象的唯一身份标志，用于唯一标识对象，对应对象在计算机内存中的地址。使用内置函数 id(object)返回对象唯一标识。我们在 Python 中使用的对象，都是存储于计算机的内存空间中，每个对象都会被分配一个内存地址（可理解为门牌号）。

有字符串对象"财务数据分析"，其在内存中的标识为 2778974176064，示例代码如下。

```
[in] "财务数据分析"
     id("财务数据分析")
[out]2778974176064
```

2）类型

type 的中文意思是类型。type()函数是较为复杂和抽象的元类，是类的类，我们这里不做深入介绍。type()函数可以查询括号中的对象的类型，确定该对象的取值范围及合法操作。通过 type("财务数据分析")，得到"财务数据分析"这一对象的类型为 str，即字符串类型，示例代码如下。

```
[in] type("财务数据分析")
[out]str
```

3）值

值是对象本身，是具体的内容。使用内置函数 print(object)可以直接打印值，示例代码如下。

```
[in] print("财务数据分析")
[out]财务数据分析
[in] print(lambda x:x+1)
[out]<function <lambda> at 0x0000028707C3E040>
```

上述代码第一个语句非常简单。第二个语句中"lambda x：x+1"我们不知道是什么，打印输出告诉我们，它是一个 function<lambda>在 0x0000028707C3E040 这个地址，是后面我们要学习的 lambda 函数。

2.2.2　**Python** 的变量

1）变量的命名

变量用标识符表示，其命名规则参考标识符命名。变量是对象的引用，其通过地址引用了"对象"，变量存储的就是对象的地址或标识。我们对变量的操作，实际上是对引用对象的操作。随着深入学习，我们会逐步体会到变量的深层含义。

2）变量的赋值

变量必须经过赋值引用对象，存储对象的标识（id）。在 Python 管理的内存，可以理解为两个区，一个区存储变量，另一个区存储对象。赋值就是用一个变量来标识某个对象，其语法格式：

```
变量 = 表达式
```

示例代码如下。

```
a = '财务数据分析'
b = a
a = 1000
```

以上代码执行的过程解析见表2-1。表中"Global frame"表示全域变量，我们将在第3章详细讨论。

表2-1   变量赋值的Python解析

语句	说明	执行结果
a = '财务数据分析'	字符串'财务数据分析'的标识传递给变量a，则a变量成为该字符串的引用	Global frame a → str "财务数据分析"
b = a	b=a赋值，使b变量也成了a同样的引用	Global frame a b → str "财务数据分析"
a = 1000	a变量进行了2次赋值，则引用新的对象，与原来的引用对象不再关联	Global frame a b → str "财务数据分析" int 1000

变量可以重复赋值，且Python是动态类型语言，其解释器会根据变量的赋值，自动确定其数据类型。一个对象赋值两个变量，is和==这两个操作符可以得到两个变量之间的关系。

判断两个变量是否指向同一个对象，我们使用关键词is，示例代码如下。

```
[in]  a = 100
      b = a
      a is b
[out]True
```

is比较两个引用是否代表内存中同一个地址，是否指向同一块内存空间。通过id（object）返回值判断，示例代码如下。

```
[in]  print(id(a),id(b))
      140715428295568 140715428295568
```

通过打印输出，我们知道a和b两个变量，指向的是同一个对象。当id相同时，is为True，两者的类型和值肯定相同，==比较两个对象的本身内容（类型和值）是否一致（默认会调用对象的__eq__方法），示例代码如下。

```
[in]  a = ['资产','负债','所有者权益']
      b = ['资产','负债','所有者权益']
      a == b
[out]True
```

a 和 b 的赋值是一个列表（列表概念我们后面介绍），类型和值完全相同。我们考察一下是不是同一个对象（指向同一个地址），示例代码如下。

```
[in]  a is b
[out]False
```

用 is 我们可知不是同一个对象，我们看看他们的 id，示例代码如下。

```
[in]  print(id(a),id(b))
      2778973954688 2778973957248
```

由此，type 与 value 相同时，== 为 True，但两者的 id 不一定相同。理解这一点对我们后面的学习很重要。

2.3　Python 的表达式与运算符

程序由语句构成，而语句是由关键词和表达式组成。表达式经过解析会得到一个值或者一个对象。

2.3.1　Python 的表达式

Python 语句是由解释器负责执行，语句中的表达式被解析"计算"，而得到一个值。表达式（expression）是运算符和操作数进行有意义排列所得的组合，其语法规则包括：

（1）操作数可以是值、变量、或其他标识符等；

（2）变量是对象的引用，在表达式中代表对象的值属性；

（3）操作符前后均有操作数，此类操作符是双目运算符，例如加法、减法、取模等；

（4）如果操作符后边有操作数，前边没有，操作符为单目运算符，如负数、取反等；

（5）运算符和操作数的组合必须符合语法，并且有意义，否则会返回错误。

单独的表达式是一段可以被求值的代码，以下都是具体的 Python 表达式：

a，5 + 3，-1，b == c，c in a，a+b+c

这些表达式的有意义组合也是表达式。

2.3.2　Python 的运算符

运算符（operator）用于执行程序代码运算，会针对一个以上操作数项目来进行运算。

1）算数运算符

+、-、*、/、%、**、//分别为加、减、乘、除、取余、幂次和商整，示例代码如下。

```
[in]  a, b = 3,4
      a % b
[out]3
```

2）比较运算符

==、! =、>、<、>=、<=分别为等值比较、不等值比较、大于、小于、大于等于、小于等于，示例代码如下。

```
[in]  a, b = 3,4
      a == b
[out]False
```

字符串与字符串使用ASCII进行比较，当第一个字符比较成功以后就结束，即比较第一个，若第一个做不出比较结果，就接着比较第二个，以此类推，只要比较结束就出结果，不再考虑后面的字符。

3）位运算符

Python位运算按照数据在内存中的二进制位（Bit）进行操作，它一般用于底层开发，这里不详细讨论。符号&、|、^、~分别表示与、或、异或、取反。我们用于集合运算，以及Pandas的关系运算。

4）逻辑运算符

and等价于数学中的"且"，a and b当a和b两个表达式都为真时，结果才为真。or等价于数学中的"或"，a or b当a和b两个表达式都为假时，结果才是假。not为逻辑非运算，相当于取反，示例代码如下。

```
[in]  a, b = 3,4
      (a == b) or (a != b)
[out]True
```

5）成员运算符

in与not in是Python独有的运算符，用于判断对象是否是某个集合的元素之一。返回True或者False，示例代码如下。

```
[in]  c = a, b = 3, 4
      a in c
[out]True
```

6）身份运算符

身份运算符包括is和is not，判断两个对象的内存地址是否一致，示例代码如下。

```
[in]  a, b = 3, 4
      a is b
[out]False
```

2.3.3 Python表达式解析

1）用表达式赋值

一般表达式可以写在赋值语句"="的右边，表示一个对象被某一个变量引用。

2）三目表达式

Python中三目运算符的表示方法，语法格式：

```
exp1 if condition else exp2
```

exp1和exp2是两个表达式，condition是判断条件。如果condition成立，就解析exp1，并把 exp1 的结果作为整个表达式的结果；如果不成立，则解析 exp2 作为整个表达式的结果，示例代码如下。

```
[in]   a, b, c, d = 2,3,4,5
       a if a>b else c if c>d else d    #应该理解成：a if a>b else ( c if c>d else d )
[out]5
```

3）表达式运算符优先级

所谓优先级，是指优先计算的顺序。表达式中存在优先级高的运算符优先计算或处理，同级别的按从左往右的顺序计算（赋值是按从右往左的顺序）。

函数调用、寻址、下标（这部分内容后续会讨论）优先级最高，其他运算与我们所学的数学运算大致相同。可以用括号来设置新的计算顺序，示例代码如下。

```
[in]  3 + 2 ** 2 – 3 % 2 * (1+2)
[out] 4
```

4）表达式解析

eval() 属于 Python 的内置函数，可以执行一个字符串形式的 Python 代码，相当于一个 Python 的解释器。eval() 执行完要返回解析的结果。exec() 是类似的函数，执行完不返回结果。示例代码如下。

```
[in]  a = '3 + 2 ** 2 – 3 % 2 * (1+2) '
      eval(a)
[out]4
```

2.4　Python 的数据类型

在 Python 中，有多种内置的数据类型，每种数据类型都有其特定的用途和特点。整数（int）、浮点型（float）、布尔型（bool）等为简单类型。由若干简单数据类型对象组成的对象类型，为容器类数据类型，包括字符串（str）、列表（list）、元组（tuple）、字典（dict）与集合（set）等。其中字符串、列表、元组为序列，是指按特定顺序依次排列的一组对象，字典（dict）、集合（set）为没有特定顺序排列的一组对象。

2.4.1　简单类型

现代计算机是处理数据的，数据是描述事物的符号或符号组合。数据有各种形式，如文本、图形、音频、视频、网页等，与此对应，计算机处理的数据有各种不同的类型。在 Python 中，能够直接处理的数据类型有以下几种：

1）整数

整数就是没有小数部分的数字，Python 中的整数包括正整数、0 和负整数。对于很大的数，例如 10000000000，很难数清楚 0 的个数。Python 允许在数字中间以 _ 分隔，因此，写成 10_000_000_000 和 10000000000 是完全一样的，示例代码如下。

```
[in]  n = 10_000_000_000
      print(n)                    #打印输出 n
      print( type(n) )            #打印输出 n 的类型
[out]10000000000
      <class 'int'>
```

2）浮点数

浮点数可以参考数学写法，如3.14，-1.0051等。整数和浮点数在计算机内部存储的方式不同，整数运算永远是精确的，而浮点数运算则可能会有四舍五入的误差，示例代码如下。

```
[in]  Pi = 3.14
      print("Pi_value: ", Pi)
      print("Pi_type: ", type(Pi))
      f = 12e4
      print("f_value: ", f)
      print("f_type: ", type(f))
      foo = Pi * 2**2
      print("foo_value: ", foo)
      print("foo_type: ", type(foo))
[out]Pi_value:  3.14
      Pi_type:  <class 'float'>
      f_value:  120000.0
      f_type:  <class 'float'>
      foo_value:  12.56
      foo_type:  <class 'float'>
```

3）布尔值

Python中，布尔值只有True、False两个值，要么是True，要么是False。布尔值可以用and、or和not运算。

bool是int的子类（继承int），所以 True ==1和False==0 会返回True，示例代码如下。

```
[in]  print(2 > 1 and 3 > 2)
[out] True
[in]  print((2 > 1) + (3 > 2))
[out] 2
```

4）空值

空值（类型为NoneType）是Python里一个特殊的值，用None表示。None不能理解为0，因为0是有意义的，而None是一个特殊的值。

2.4.2　字符串

1）字符串表示

Python中的字符串是引号括起来的任意文本，引号可以是单引号' '、双引号" "、三引号''' '''或""" """。

（1）使用不同的引号将字符串括起来，例如使用双引号表示字符串时，字符串内部可以有单引号出现。反之亦然。

（2）对引号进行转义，使用反斜线（\）将字符串中的特殊字符进行转义，示例代码如下。

```
str1 = "It's a code block."              # 字符串中含有单引号
str2 = 'Python is a "easy" language'      # 字符串含有双引号
str3 = 'Python\'s a "friendly" language'   # 使用反斜线转义字符串中的单引号
str4 = """'Python's a "slow" language"""   # 使用三引号表示字符串
```

2）字符串拼接

首先是在同一行进行赋值拼接，示例代码如下。

```
str5 = 'Hello,' "World"    # 同一行中两个紧挨着的字符串,自动拼接
```

Python 中真正用于拼接字符串的运算符是加号（+），示例代码如下。

```
s1 = 'Hello'
s2 = ' World '
print(s1 + ',' + s2)        # 使用+号拼接,输出是:Hello, World
```

还可以使用字符串的 join 方法拼接，示例代码如下。

```
print(",".join((s1, s2)))    # 使用 join 拼接,输出是:Hello, World
```

3）str 和 repr 函数

Python 不允许直接拼接字符串和数值，字符串和数值直接拼接会产生 TypeError 错误，示例代码如下。

```
2+"1"   # TypeError: unsupported operand type(s) for +: 'int' and 'str'
```

但是可先将数值转换成字符串后再拼接。可使用 str()或 repr()函数将数值转换成字符串，示例代码如下。

```
s= "该企业资产:"
value= 25_000.00
print(s + str(value))       # 输出,该企业资产:25000.0
print(s + repr(value))      # 输出,该企业资产:25000.0
```

str 是 Python 的内置类型，repr()只是一个内置函数，其功能是以 Python 表达式的形式来表示值，示例代码如下。

```
a="1+2"
eval(str(a))                # 输出 3
eval(a)                     # 输出 3
eval(repr(a))               # 输出 '1+2'
```

用 repr()对字符串进行转换时，输出的结果中字符串在引号内，是字符串的 Python 表达式形式。

4）转义字符

转义字符是在给定的字母表条件下，使得被转义字符具有不同于该字符在字母表中的新的语义。在字符串中使用反斜线（\）进行转义。如果字符串中本身含有反斜线，需要

使用双反斜线转义（\\）。常见的转义字符及含义见表2-2。

表2-2 常见的转义字符及含义

转义字符	含义	转义字符	含义
\b	退格符	\t	制表符
\n	换行符	\"	双引号
\r	回车符	\'	单引号

示例代码如下。

```
[in]  print('Hello,\nworld!')          # 在字符串中加入换行符 \n
      print('名称\t\t价格\t\t数量')       # 在字符串加入制表符
[out] Hello,
      world!
      名称       价格       数量
```

5）原始字符串

反斜线（\）在字符串中有特殊的作用，但是要表示反斜线的本义时，就要对反斜线转义（\\）。这样写免不了有些麻烦，尤其是在表示文件路径的字符串中。这时可在字符串前面加上字母"r"，表示原始字符串。原始字符串不会把反斜线当成特殊字符，示例代码如下。

```
[in]  print(r'c:\Python\python39\Scripts\math.py')
[out] c:\Python\python39\Scripts\math.py
```

需要注意的是，原始字符串中的反斜线会对引号进行转义，在字符串的结尾处不能有反斜线，否则字符串不能正确结束，示例代码如下。

```
print(r'Hello \nWorld!\')        # SyntaxError: incomplete input
print(r'Hello \n\'World!\'')     # 输出是：Hello \n\'World!\'
print(r'Hello \nWorld!\\')       # 输出是：Hello \nWorld!\\
```

6）字节串

字节串（bytes）由多个字节组成，以字节为单位进行操作。字节（bytes）以二进制格式序列来记录数据。采用合适的字符集，字符串可以转换成字节串；反之，字节串也可以恢复成对应的字符串。我们称字符串为bytes对象，可用于存储各种二进制格式的文件，如图片、音乐等。

字符串转换成bytes对象，有下面3种方式：

（1）字符串内容全是ASCII字符时，可直接在字符串前加字母b来构建字节串值；

（2）调用bytes()函数将字符串按指定字符集转换成字节串，如果不指定字符集，默认使用UTF-8字符集；

（3）调用字符串本身的encode()方法将字符串按指定字符集转换成字节串，如果不指定字符集，默认使用UTF-8字符集，示例代码如下。

```
[in]  b1 = b'Python'
```

```
    b2 = bytes('财务数据分析','utf-8')
    b3 = '财务数据分析'.encode()
    print(b1)
    print(b2)
    print(b2)
[out]b'Python'
    b'\xe6\x95\xb0\xe6\x8d\xae\xe5\x88\x86\xe6\x9e\x90'
    b'\xe6\x95\xb0\xe6\x8d\xae\xe5\x88\x86\xe6\x9e\x90'
```

字节串中每个数据单元是一个字节，其中每4位可以用一个十六进制数（0~f）来表示，因此每个字节可以用2个十六进制数来表示。

输出时可使用decode()方法按指定字符集解码，此时输出字符串的内容，示例代码如下。

```
[in]  print(b2.decode('utf-8') )
[out]财务数据分析
```

我们在第 1 章讲过 UTF-8、UTF-16 等都属于 Unicode 字符集。GB2312、GBK、GB18030 是我国的字符集和编码格式，而且是向下兼容的。但是 GB18030 与 UTF-8 并不兼容。图 2-2 说明 GB2312 等和 UTF-8 之间的关系。

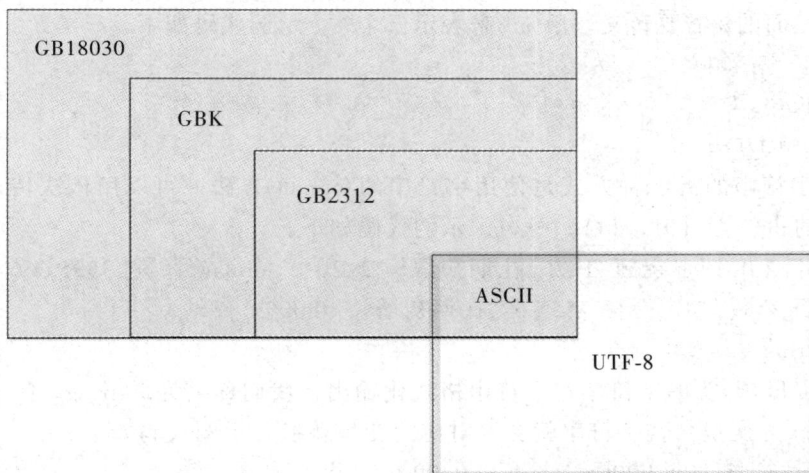

图 2-2　GB2312等与UTF-8的关系

GB18030 既是字符集又是编码格式，也就是说字符在字符集中的编号以及存储的二进制编码是完全相同的，而 Unicode 仅仅是字符集，它只规定了字符的唯一编号，它的存储是用其他的编码格式的，比如 UTF-8、UTF-16 等，示例代码如下。

```
b1 = bytes('数据分析', encoding='utf-8')     # 定义一个字节串,编码为 utf-8
print(b1.decode('gbk'))              # 输出乱码,不能用 GBK 解码 utf-8 字符串
print(b1.decode('GB2312'))           # 报错或不能用 GB2312 解码 utf-8 字符串
print(b1.decode())                   # 输出:数据分析
print(b1.decode('utf-8'))            # 输出:数据分析
```

由于 Python 源代码也是一个文本文件，所以，源代码中包含中文的时候，在保存源代

码时，就需要指定保存为 UTF-8 编码。当 Python 解释器读取源代码时，为了让它按 UTF-8 编码读取，我们通常在文件开头写上这两行注释，示例代码如下。

```
#!/usr/bin/env python3
# -*- coding: utf-8 -*-
```

第一行注释是为了告诉 Linux/OS X 系统，这是一个 Python 可执行程序，Windows 系统会忽略这个注释；第二行注释是为了告诉 Python 解释器，按照 UTF-8 编码读取源代码，否则，源代码中的中文输出可能会有乱码。

7）字符串格式化

字符串的格式化输出有多种方式，这里我们简略介绍 3 种。

（1）% 占位符

格式化字符串使用 "%" 作为转换说明符（Conversion Specifier），其是一个占位符，会被后面的变量表达式的值替换，示例代码如下。

```
[in] '该企业%s,借方余额为￥%d.' % ('应收账款', 1_000_000)
[out]'该企业应收账款,借方余额为￥1000000.'
```

上例中第一部分是格式化字符串（字符串模板），在格式化字符串中的 "%s" 为占位符，表示这个位置会被第三部分的变量或表达式的值代替；第二部分是固定使用的分隔符 "%"；第三部分用于替换第一部分的占位符的内容。

字符串里面的 % 需要转义，用 %% 来表示一个 %，示例代码如下。

```
[in] '增长率:%d %%' % 8
[out]'增长率: 8 %'
```

（2）format() 方法

格式化字符串的另一种方式是使用字符串的 format() 方法，可以用依次传入的参数替换字符串内的占位符 {0}，{1}，……，示例代码如下。

```
[in] '科目,{0},期末余额 {1:.2f},比期初增长{2:.2f}%'.format('存货',3555.666,40)
[out]'科目,存货,期末余额 3555.67,比期初增长 40.00%'
```

（3）f-string

使用以字母 f 开头的字符串对字符串格式化输出，我们称之为 f-string。f-string 如果包含 {xxx}，xxx 为变量名，字符串就会以对应的变量替换，示例代码如下。

```
[in] income = 5_000_000; cost = 4_000_000
     GrossProfit = income - cost
     print(f'公司营业收入 {income},营业成本{cost},毛利润{ GrossProfit:.2f}')
[out]公司营业收入 5000000,营业成本 4000000,毛利润 1000000.00
```

代码中，{income } 被变量 income 的值替换，{GrossProfit：.2f} 被变量 GrossProfit 的值替换，后面的 .2f 指定了格式化参数（即保留两位小数浮点数）。

8）split()和join()方法

在讲述字符串拼接时，我们初识了 join() 方法。请观察其他的不同用法：

（1）split() 将字符串按指定分割符分割成多个字符串，示例代码如下。

```
[in] s = "Python,一种解释性语言,用于数据分析,应用于财务领域!"
     print(s.split(sep=',')) #使用逗号对字符串分隔
```

[out]['Python', '一种解释性语言', '用于数据分析', '应用于财务领域!']

（2）join()将多个字符串连接成一个字符串，接上例代码。

[in]　alist = s.split(sep=',')

　　　print(','.join(alist))　　　　　　# 使用逗号作为连接符

[out]Python,一种解释性语言,用于数据分析,应用于财务领域!

由上面示例可知，split()和join()方法互为逆操作，split()方法是将字符串分割成多个子串；join()是将多个子串连接成一个字符串。

2.4.3　列表与元组

1）列表

列表（list）是放在一对中括号[ ]内的对象序列，是 Python 中使用最频繁的数据类型。从形式上看，[ ]内相邻元素之间用逗号分隔，如下所示：

[元素 1, 元素 2, 元素 3, ……, 元素 n]

其中，元素 1~元素 n 表示列表中的对象，其个数没有限制。从内容上看，列表可以存储整数、浮点数、字符串、列表、元组等任何类型的对象，并且同一个列表中元素的类型也可以不同，示例代码如下。

["http://ceds.pub/python/", 100, [2,'a',4] , 3.0]

（1）创建列表

在 Python 中，创建列表的方法可分为两种：

① 使用[ ]直接创建列表。

使用[ ]创建列表后，可以使用=将它赋值给某个变量，语法格式：

listname = [元素 1, 元素 2, 元素 3, ……, 元素 n]　　　　# listname 为变量名

使用此方式创建列表时，列表中元素可以有多个，也可以一个都没有。如创建一个空列表，示例代码如下。

emptylist = [ ]

② 使用 list()函数创建列表。

Python 还提供了一个内置的list()函数，可以将其他数据类型转换为列表类型，示例代码如下。

```
[in]  print(list("Hello"))                    #将字符串转换成列表
      print(list(('Python', 'Java', 'C++')))   #将元组转换成列表
      print(list({'a':100, 'b':42, 'c':9}))    #将字典转换成列表
      print(list(range(1, 10)))                #将区间转换成列表
      print(list())                            #创建空列表
[out]['H', 'e', 'l', 'l', 'o']
      ['Python', 'Java', 'C++']
      ['a', 'b', 'c']
      [1, 2, 3, 4, 5, 6, 7, 8, 9]
      []
```

这里也要注意，list(1，2，3)会返回TypeError错误。

（2）列表的方法

列表操作包含以下方法：

①list.append(obj)：在列表末尾添加新的对象obj，示例代码如下。

```
[in]  inv= ['原材料','库存商品','在产品','发出商品']
      inv.append('委托加工物资')
      print(inv)
[out]['原材料','库存商品','在产品','发出商品','委托加工物资']
```

②list.count(obj)：统计某个元素obj在列表中出现的次数，示例代码如下。

```
[in]  balance= [1000,2000, 1000,100]
      balance. count (1000)
[out]2
```

③list.extend(seq)：在列表末尾一次性追加另一个序列seq中的多个值，示例代码如下。

```
[in]  inv= ['原材料','库存商品']
      inv.extend(['在产品','发出商品','委托加工物资'])
      print(inv)
[out]['原材料','库存商品','在产品','发出商品','委托加工物资']
```

④list.index(obj)：从列表中找出某个值obj的第一个匹配项的索引位置。

⑤list.insert(index, obj)：将对象obj插入列表某一个位置。

⑥list.pop(obj=list[-1])：移除列表中的一个元素（默认最后一个元素），并返回该元素的值，示例代码如下。

```
[in]  inv = ['原材料','库存商品','在产品','发出商品','委托加工物资']
      p = inv.pop()
      print(inv)
      print(p)
[out]['原材料','库存商品','在产品','发出商品']
      委托加工物资
```

⑦list.remove(obj)：移除列表中某个值obj的第一个匹配项，接上例代码。

```
[in]  inv.remove('原材料')
      print(inv)
[out]['库存商品','在产品','发出商品','委托加工物资']
```

⑧list.reverse()：反向反转列表中元素，接上例代码。

```
[in]  inv. reverse()
      print(inv)
[out] ['委托加工物资','发出商品','在产品','库存商品']
```

⑨list.sort([func])：对原列表按照函数func进行排序，接上例代码。

```
[in]  inv. sort ()
      print(inv)
[out] ['发出商品','在产品','委托加工物资','库存商品']
```

2）元组

元组（tuple）是 Python 中另一个重要的序列结构数据类型。与列表类似，元组也是由一系列按特定顺序排序的元素组成的。通常情况下，元组用于保存无须修改的内容。

元组与列表的不同之处在于：列表是可变序列，列表的元素是可以更改的，包括修改元素值，删除和插入元素等；元组一旦被创建，它的元素就不可更改了，所以元组是不可变序列。

元组的所有元素放在一对小括号( )中，并用逗号分隔，如下所示：

(元素 1，元素 2，…… , 元素 n)

其中元素 1~元素 n 表示元组中的各个元素，同样没有个数和类型限制。并且在同一个元组中，元素的类型可以不同，示例代码如下。

("http://ceds.pub/python/", 100, [2,'a',4] , 3.0)

（1）创建元组

创建元组的方式与列表类似，只不过把 [ ] 改成（ ），把 list 换成 tuple 这里不再赘述。需要注意的是单元素元组比较特殊，示例代码如下。

```
t1 = (1,)
t2 = ("1",)
```

因为 t1 =(1)会被认为是 t1 = 1。所以单个元素的元组需要在元素末尾添加一个逗号。

（2）元组的方法

元组是不可变序列，没有 append、extend、pop、remove 等方法，只有 count 和 index 方法。

3）range()函数

在 Python 程序开发或者科学计算之中，经常需要创建一个数字列表来组成数组。因此，在内置函数中给出了一个简便方法，即利用 range()函数。

range()函数的作用很简单，就是根据参数的不同生成不同数字的整数列表，示例代码如下。

```
[in]  a=range(10)        #等价于 range(0, 10)
      list(a)            #输出[0, 1, 2, 3, 4, 5, 6, 7, 8, 9]
      tuple(a)           #输出(0, 1, 2, 3, 4, 5, 6, 7, 8, 9)
```

range()函数需要传递 3 个参数，完整地设置数组的生成范围，语法格式：

range(start, stop[, step])

start 表示了数字生成从哪里开始，stop 则表示停下来的数字，所生成的数字元素不包括 stop 位置的参数数字，而 step 为可选参数，其作用是每隔几个数字才生成新的数字，示例代码如下。

```
[in]  list(range(0, 100, 10))
[out][0, 10, 20, 30, 40, 50, 60, 70, 80, 90]
```

range()函数虽然看起来是列表形式，但是它实际上的数据类型为迭代器对象，前面可以看到需要 list()函数将其转换为列表。

4）序列的索引与切片

（1）序列的索引

字符串、列表、元组是按一定顺序排列的，可通过每个元素所在位置的编号（索引）访问。如图2-3所示，序列中每个元素都有属于自己的编号。从起始元素开始，索引值从0开始递增。

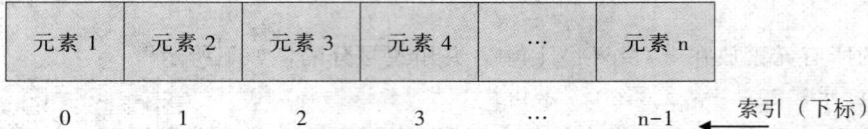

元素 1	元素 2	元素 3	元素 4	…	元素 n
0	1	2	3	…	n-1

索引（下标）

图2-3　序列索引值（正向）示意图

除此之外，Python还支持索引值是负数，此类索引是从右向左计数，从最后一个元素开始计数，从索引值-1开始，如图2-4所示。

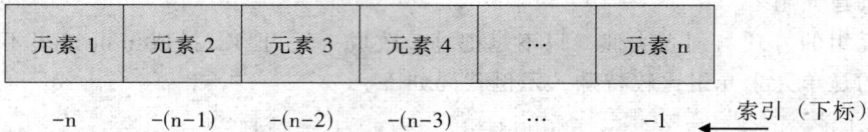

元素 1	元素 2	元素 3	元素 4	…	元素 n
-n	-(n-1)	-(n-2)	-(n-3)	…	-1

索引（下标）

图2-4　序列索引值（逆向）示意图

（2）序列的切片

切片操作是访问序列中元素的一种方法，它可以访问一定范围内的元素，通过切片操作，也可以生成一个新的序列。序列切片操作的语法格式：

```
sname[start : end : step]
```

其中：

● sname：表示序列的名称；

● start：表示切片的开始索引位置（包括该位置），默认为0；

● end：表示切片的结束索引位置（不包括该位置），默认为序列的长度；

● step：表示在切片过程中，隔几个存储位置取一次元素，默认为1。

示例代码如下。

```
[in]  str1 = "Python一种解释性语言,用于财务数据分析。"
      list1 = ['库存商品','在产品','发出商品','委托加工物资']
      tuple1 = (0, 1, 2, 3, [1.0,2.0,3.0],5, 6, 7, 8, 9)
      print(str1[:10:2])          #从头开始,到10(不包含),步长为2
      print(list1[1::2])          #从1开始,到结尾,步长为2
      print(tuple1[4][1:])        #取索引为4元素,从1开始,到结尾
[out] Pto一解
      ['在产品','委托加工物资']
      [2.0, 3.0]
```

也可以从右到左切片，这时我们需要用到负索引值，接上例代码。

```
[in]  print(str1[::-1])           #把字符串逆向排列
      print(list1[-1:-3:-1])      #从结尾开始,到-3,步长为-1
      print(tuple1[-2:-8:-2])     #从-2开始,到-8,步长-2
```

[out]。用于分析财务数据,一种言语性释解 nohtyP

　　['委托加工物资', '发出商品']

　　(8, 6, [1.0, 2.0, 3.0])

另外,Python 提供一个切片(slice)类型对象,主要用在切片操作函数里的参数传递,示例代码如下。

```
[in]  a=range(10)
      s1,s2,s3,s4,s5 = slice(4),slice(4,9),slice(4,9,2),slice(-2,-9,-2),slice(None)
      print(list(a[s1]))
      print(list(a[s2]))
      print(list(a[s3]))
      print(list(a[s4]))
      print(list(a[s5]))
[out] [0, 1, 2, 3]
      [4, 5, 6, 7, 8]
      [4, 6, 8]
      [8, 6, 4, 2]
      [0, 1, 2, 3, 4, 5, 6, 7, 8, 9]
```

2.4.4　字典与集合

字典(dict)与集合(set)是没有排列顺序的数据组合体,没有整数索引和切片操作。

1)字典

字典是 Python 映射数据类型。简单地理解,字典指的是单项一对一的数据关系,通过一个元素,可以找到唯一的另一个元素。字典中,习惯将各元素对应的索引称为键(key),各个键对应的元素称为值(value),键及其关联的值合称为"键值对"(key: value),如图 2-5 所示。

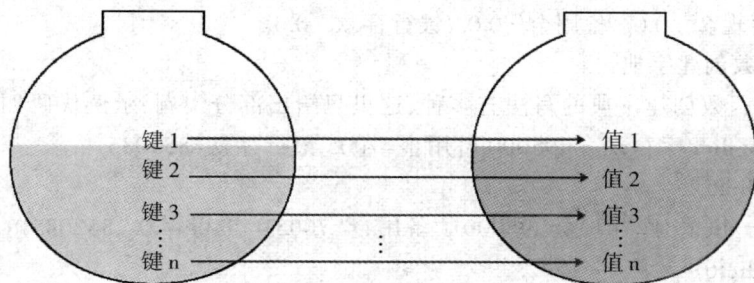

图2-5　字典键值映射关系示意图

字典有如下特点:

● 通过键而不是通过整数索引来读取元素;

● 字典是任意数据类型的无序集合;

● 字典是可变的,并且可以任意嵌套;

●字典中的键必须唯一，键不可改变数据类型。

（1）创建字典

①使用{ }创建字典。

在创建字典时，键和值之间使用冒号分隔，相邻元素之间使用逗号分隔，所有元素放在大括号{ }中。使用{ }创建字典的语法格式：

dictname = {键1:值1, 键2:值2, ……, 键n:值n}

其中dictname表示变量名，"键n：值n"表示各个元素的键值对，示例代码如下。

```
[in]  dict1 = { }            #创建空字典
      print(dict1)
      dict2 = {'库存现金': 95_000, '备用金': 7_005, '银行存款': 852_085}
      print(dict2)
      dict3 = {(4, 5): 'great', (3,): 'normal', (1,2): 'low'}  #使用元组作为key
      print(dict3)
[out]{ }
      {'库存现金': 95000, '备用金': 7005, '银行存款': 852085}
      {(4, 5): 'great', (3,): 'normal', (1, 2): 'low'}
```

可以看到，字典的键可以是整数、字符串或者元组，只要符合唯一和不可变的特性就行，而字典的值可以是Python支持的任意数据类型。

②fromkeys()方法创建字典。

可以使用dict类型提供的fromkeys()方法创建带有默认值的字典，具体语法格式：

dictname = dict.fromkeys(list, value=None)

其中，list参数表示字典中所有键的列表；value参数表示默认值，如果不传递，则为空值None，示例代码如下。

```
[in]  names = ['库存现金', '备用金', '银行存款']
      dict4 = dict.fromkeys(names,0.0)
      print(dict4)
[out]{'库存现金': 0.0, '备用金': 0.0, '银行存款': 0.0}
```

③dict()函数创建字典。

通过dict()函数创建字典的写法有多种，这里只给出部分实例，示例代码如下。

```
[in]  dict5 = dict(库存现金=95000,备用金=7005,银行存款=852085)
      print(dict5)
      dict6 = dict((('库存现金',95000),('备用金',7005),('银行存款',852085)))
      print(dict6)
      names = ['库存现金', '备用金', '银行存款']
      balance = [95000, 7005, 852085]
      dict7 = dict(zip(names, balance)) #zip的用法我们后续讲解
[out]{'库存现金': 95000, '备用金': 7005, '银行存款': 852085}
      {'库存现金': 95000, '备用金': 7005, '银行存款': 852085}
      {'库存现金': 95000, '备用金': 7005, '银行存款': 852085}
```

（2）字典的方法

①get()方法。

不同于列表和元组通过下标来访问元素，字典通过键来访问对应的值，其不能用于切片操作。Python 访问字典元素的语法格式：

dictname[key]

其中，dictname 表示字典变量的名字，key 表示键名。如果键不存在，会抛出异常，示例代码如下。

```
dict8 ={'库存现金': 95000, '备用金': 7005, '银行存款': 852085}
print(dict8['备用金'])  #键存在,输出:7005
print(dict8['原材料'])  #键不存在,抛出异常:KeyError:'原材料'
```

Python 推荐使用 dict 提供的 get()方法来获取指定键对应的值。当指定的键不存在时，get()方法不会抛出异常，语法格式：

dictname.get(key[,default])

其中，dictname 表示字典变量的名字，key 表示指定的键，default 用于指定要查询的键不存在时，此方法返回默认值，如果不指定，会返回 None。接上例代码。

```
print(dict8.get('银行存款', '该键不存在'))  #键存在,输出:852085
print(dict8.get('原材料', '该键不存在'))    #键不存在,输出:该键不存在
```

②keys()、values()和 items()方法。

keys()、values()和 items()方法都用于获取字典中的特定数据。

● keys()方法用于返回字典中的所有键（key）。

● values()方法用于返回字典中所有键对应的值（value）。

● items()用于返回字典中所有的键值对（key: value）。

示例代码如下。

```
[in] dic ={'库存现金': 95000, '备用金': 7005, '银行存款': 852085}
     print(dic.keys())
     print(dic.values())
     print(dic.items())
[out]dict_keys(['库存现金', '备用金', '银行存款'])
     dict_values([95000, 7005, 852085])
     dict_items([('库存现金', 95000), ('备用金', 7005), ('银行存款', 852085)])
```

观察以上代码的输出结果，keys()、values()和 items()返回值的类型分别为 dict_keys、dict_values 和 dict_items。可以使用 list()函数，将返回的数据转换成列表。另外这些返回值的类型都可用于迭代。

③update()方法。

update()方法可以使用一个字典所包含的键值对来更新已有的字典，如果被更新的字典中已包含对应的键值对，原值会被覆盖；如果被更新的字典中不包含对应的键值对，则该键值对被添加，示例代码如下。

```
[in] dic ={'库存现金': 95000, '备用金': 7005, '银行存款': 852085}
     dic.update({'库存现金': 100000, '原材料': 8000})
```

```
        print(dic)
```
[out]{'库存现金': 100000, '备用金': 7005, '银行存款': 852085, '原材料': 8000}

上例可以看出，'库存现金'键的值被更新，并且又新加入了'原材料'键值对。

④pop()和popitem()方法。

pop()和popitem()用来删除字典中的键值对，前者用来删除指定的键值对，而popitem()用来随机删除一个键值对。由于比较简单，我们这里不再举例。

⑤setdefault()方法。

setdefault()方法用来设置某个key对应的value，其语法格式：

dictname.setdefault(key, defaultvalue)

dictname为字典名称，key表示键，defaultvalue表示默认值（不指定，则为None），示例代码如下。

```
[in]  dic ={'库存现金': 95000, '备用金': 7005, '银行存款': 852085}
      dic.setdefault('原材料', 8000)              #key不存在,指定默认值
      dic.setdefault('固定资产')                  #key不存在,不指定默认值
      dic.setdefault('库存现金', 100000)          #key存在,指定默认值
      print(dic)
```
[out]{'库存现金': 95000, '备用金': 7005, '银行存款': 852085, '原材料': 8000, '固定资产': None}

（3）字典与字符串格式化。

字典可以用于字符串格式化输出等操作，示例代码如下。

```
[in]  temp = '上市公司:%(name)s, 股票代码:%(code)s, 股本:%(share)010.2f,\
         注册地:%(zone)s'              # 字符串模板中使用key
      comp1 = {'name':'白云山', 'code':'600332','share':16.2, 'zone':'广东省'}
      comp2 = {'name':'上海医药', 'code':'601607','share':37.03, 'zone':'上海市'}
      print(temp % comp1)             # 使用字典为字符串模板中的key传入值
      print(temp % comp2)
```
[out]上市公司:白云山, 股票代码:600332, 股本:0000016.20, 注册地:广东省
     上市公司:上海医药, 股票代码:601607, 股本:0000037.03, 注册地:上海市

2）集合

集合（set）与字典类似，也是一组key的集合，但不存储value。由于key不能重复，所以在set中没有重复的元素。从形式上看，集合将所有元素放在一对大括号 { } 中，相邻元素之间用逗号分隔，形式如下：

{元素1, 元素2, ……, 元素n}   #元素n表示集合中的元素

从内容上看，集合中只能存储不可变的数据类型，包括整形、浮点型、字符串、元组等，无法存储列表、字典、集合等可变的数据类型，否则Python解释器会抛出TypeError错误。集合中元素必须唯一，对于重复数据元素只会保留一份。

（1）创建集合

Python提供了2种创建set集合的方法，分别是使用{}创建和使用set()函数将列表、元组等类型数据转换为集合。

① 使用{ }创建。

创建 set 集合可以像列表、元素和字典一样，直接将集合赋值给变量，从而实现集合创建，示例代码如下。

```
[in] set1={'600332','600737','000089','301067'}
     print(set1)
[out]{'600737', '301067', '600332', '000089'}
```

② 使用 set()函数创建。

set()内置函数将字符串、列表、元组、range 对象等可迭代对象转换成集合，示例代码如下。

```
set1 = set("PythonPython")
set2 = set(['600332','600737','000089','301067'])
set3 = set(range(0,-100,-10))
set4 = set((12.3,12.3,1,0,0,0))
```

注意，因为 Python 解释器会将{ }视为一个空字典，空集合只能使用 set()函数实现。

（2）访问集合元素

由于集合中的元素是无序的，因此无法向列表那样使用索引访问元素。访问集合元素最常用的方法是使用迭代（一种循环结构），我们后续学习。

（3）set 集合基本操作

set 集合最常用的操作是向集合中添加、删除元素，以及集合之间的交集、并集、差集等运算。

① 添加元素。

set 集合中添加元素，可以使用 set 类型提供的 add()方法实现，添加元素只能是数字、字符串、元组或者布尔值，示例代码如下。

```
a_set = set(['600332','600737','000089','301067'])
a_set.add('000999')        #输出{'000089', '000999', '301067', '600332', '600737'}
a_set.add(['000999'])      #抛出错误 TypeError
```

② 删除元素。

删除 set 集合中的指定元素，可以使用 remove()方法。使用此方法删除集合中元素，如果被删除元素本就不包含在集合中，则此方法会抛出 KeyError 错误。

③ 集合交集、并集、差集运算。

集合运算包括交集、并集、差集以及对称差集运算，这些运算与数学集合论的知识一致。我们通过简单的例子，掌握其用法，示例代码如下。

```
set1 = {'a','b','c'}
set2 = {'b','c','d'}
set1 & set2   #交集,取两集合公共的元素,结果:{'b', 'c'}
set1 | set2    #并集,取两集合全部的元素,结果:{'a', 'b', 'c', 'd'}
set1 - set2   #差集,取一个集合中另一集合没有的元素 结果:{'a'}
set1 ^ set2    #对称差集,取两集合不属于交集的元素 结果:{'a', 'd'}
```

3）可变与不可变序列

至此，我们学习的 Python 数据类型有整数 int、浮点数 float、布尔值 bool、字符串 string、元组 tuple、列表 list、字典 dict、集合 set 等。前面提到了可变数据类型和不可变数据类型，这里我们详细说明。

Python 代码中的变量实际上都是存储在计算机内存中，通过内置函数 id() 可以用于获取内存标识。借此我们给出可变数据类型与不可变数据类型概念。

● 可变数据类型：当某数据类型对应的变量的值发生了变化时，如果它对应的 id 不发生改变，那么这个数据类型就是可变数据类型。

● 不可变数据类型：当某数据类型对应的变量的值发生了变化时，如果它对应的 id 必须发生改变，那么这个数据类型就是不可变数据类型。

（1）可变数据类型

可变数据类型包括：列表，集合，字典。

① 一个列表及通过变量赋值的列表操作，示例代码如下。

```
[in] list1 = ['现金', '备用金']
     list2 = list1
     list2[0] = '库存现金'
     list1.apend('银行存款')
     print(list1,list2)
[out]['库存现金', '备用金', '银行存款']['库存现金', '备用金', '银行存款']
```

我们通过表 2-3 解析一下以上代码的执行过程。

表2-3　　　　　　　　　　　　　　　列表与不同变量引用操作解析

语句	说明	内存示意图
list1 = ['现金', '备用金']	创建一个列表，list1 存储并索引的 id，索引指向列表对象	
list2 = list1	变量 list1 与 list2 同时存储列表对象的 id，并没有创建新的列表对象	

语句	说明	内存示意图
list2[0] = '库存现金'	变量 list2 的第 1 个元素内容由"现金"改变为"库存现金"，list1 也会随之改变	
list1.append('银行存款')	变量 list1 引用的列表对象添加一个元素，list2 当然也发生改变	

② 同一个列表内容，赋值给不同的变量，示例代码如下。

```
[in] list1 = ['现金','备用金']
     list2 = ['现金','备用金']
     list2[0] = '库存现金'
     list1.append('银行存款')
     print(list1,list2)
[out]['现金','备用金','银行存款'] ['库存现金','备用金']
```

我们通过表 2-4 解析一下以上代码的执行过程。

表2-4　　　　　　　　　　列表内容分别赋值不同变量引用操作解析

语句	说明	内存示意图
list1 = ['现金','备用金'] list2 = ['现金','备用金']	变量 list1 与 list2 引用的内容相同，但是不同 id，两个列表对象	

续表

语句	说明	内存示意图
list2[0] = '库存现金'	变量 list2 的第 1 个元素内容由"现金"改变为"库存现金"，list1 并不会随之改变	
list1.append('银行存款')	变量 list1 引用的列表对象添加一个元素，list2 当然也不会发生改变	

③使用赋值语句改变其值，实际上是重新创建了一个变量，赋予新的内存地址，示例代码如下。

```
[in]  list1 = ['现金', '备用金']
      list1 = list1.append('银行存款')
      print(list1)
[out] None
```

我们通过表2-5解析一下以上代码的执行过程。

表2-5　　　　　　　　　使用赋值语句改变变量引用对象代码解析

语句	说明	内存示意图
list1 = ['现金', '备用金']	创建一个列表，list1 存储并索引的 id，索引指向列表对象	Global frame list1 str "现金" str "备用金" list 0 1
list1 = list1.append('银行存款')	变量 list1 引用列表对象的 append()方法，没有返回值，默认为 None	Global frame list1 NoneType None

　　现在不好理解表2-5第二个语句的结果，在我们讲过函数后，就能够明白这里为什么 list1 变成 None。

（2）不可变数据类型

不可变数据类型包括整数、浮点数、布尔值、字符串和元组等，示例代码如下。

```
[in] str1= "上市公司:白云山,股票代码:600332 "
     list1 = str1.split(",")
     str1 = ",".join(list1)
     print(str1)
[out]上市公司:白云山, 股票代码:600332
```

我们通过表2-6解析一下以上代码的执行过程。

表2-6　　　　　　　字符串对象方法改变对象内容与创建新的对象代码解析

语句	说明	内存示意图
str1= "上市公司:白云山,股票代码:600332 "	创建一个字符串，str1 存储其 id	Global frame str1 str "上市公司：白云山，股票代码：600332"
list1 = str1.split(",")	变量 str1 引用字符串对象的 split ()方法，创建新的字符串对象，并组成列表序列，list1 存储索引序列	Global frame str1 list1 str "上市公司：白云山，股票代码：600332" str "上市公司：白云山" str "股票代码：600332" list 0 1

续表

语句	说明	内存示意图
str1 = ",".join(list1)	对 list1 引用的列表使用 join() 方法,产生一个新的字符串,并赋值给 str1。str1 原有的引用失效	Global frame str1 list1 list 0　1 str "上市公司：白云山" str "股票代码：600332" str "上市公司：白云山,股票代码：600332"

总之，对于不可变对象来说，调用对象自身的任何方法，都不会改变该对象自身的内容。这些方法会创建新的对象并返回，这样就保证了不可变对象本身永远是不可变的。可变对象刚好相反。

2.5　Python程序流程控制

Python 语句一般按照次序从上到下逐行运行，不重复执行任何代码，也不跳过任何代码。但是顺序运行的程序遇到程序流程控制关键词，会进入流程执行分支或重复执行某段代码。这种由关键词开头的语句叫作控制流程语句。控制流程语句以冒号结尾，会产生一个新的代码段或块，代码段使用不同的缩进，Python 自动检测代码块的边界。

2.5.1　Python选择结构

选择结构也称分支结构，就是让程序"拐弯"，即有选择性地执行代码，跳过部分代码，执行另一部分代码。

if else 语句对条件进行判断，然后根据不同的结果执行不同的代码，从而达到程序执行选择或者分支目的。Python 中的 if else 语句可以细分为 3 种形式，分别是 if 语句、if else 语句和 if elif else 语句，其语法和执行流程见表 2-7。

还有一个重要的知识点需要注意。if 和 elif 等后面表达式判定 True 或 False 并不是布尔值的结果，而是一个特殊的逻辑。表达式的形式不限于逻辑表达式，只要表达式返回一个值，不限于布尔值，Python 都能判断条件是 True 或 False，依据的特殊逻辑是：

● 表达式的值为布尔值，则依据其真实结果判定 True 或 False；
● 表达式的值为数字，则会把 0 和 0.0 当作 False，把其他值视为 True；
● 表达式的值为其他类型，对象为空或者为 None 视为 False，其他视为 True。
我们举一个简单的例子，示例代码如下。

表2-7　　　　　　　　　　if else分支语句形式与执行流程

语法格式	说明	执行流程
if 表达式: 代码段	代码段只有在表达式为 True 才执行，为 False 则跳过代码段	

if 表达式:
代码段 1
else:
代码段 2
	如果表达式为 True，就执行代码段 1；如果表达式为 False，就执行 else 后面紧跟的代码段 2	

if 表达式 1:
代码段 1
elif 表达式 2:
代码段 2
…//# 其他
elif
else:
代码段 n
	从上到下逐个判断表达式是否成立，某个表达式为 True，就执行后面紧跟的代码段；剩下的代码就不再执行了。如果所有的表达式都不为 True，就执行 else 后面的代码段	

```
[in]  str1 = "Python"
      if str1:
          print(str1)
[out]Python
```

2.5.2 while循环结构

while循环和if条件分支语句类似，遵循的是同样的逻辑。不同之处在于，只要条件为True，while就会一直重复执行这一代码段。while语句的语法格式：

while 条件表达式：
  代码段

这里的代码段，在循环结构中，也称为循环体。while语句执行的具体流程为：首先判断条件表达式的值，其值为True时，则执行代码段中的语句，当执行完毕后，再回过头来重新判断条件表达式的值，仍为True则重新执行代码段……如此循环反复，直到条件表达式的值为False，才终止循环体的执行。while循环结构执行流程如图2-6（左）所示。

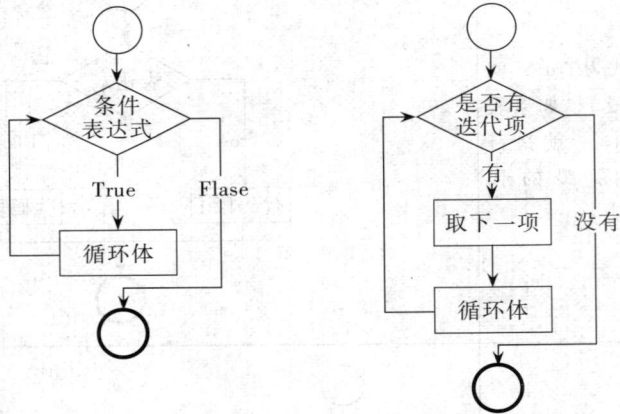

图2-6 循环语句执行流程示意图

2.5.3 for循环结构

Python中的另一个循环结构是for循环，常用于遍历字符串、列表、元组、字典、集合等类型对象，逐个获取对象中的各个元素。for循环的语法格式：

for 迭代变量 in 字符串|列表|元组|字典|集合等:#可迭代对象
  代码段

格式中，迭代变量用于获取对象（可迭代）类型变量中读取出来的元素。for循环语句的执行流程如图2-6（右）所示。

2.5.4 特殊流程控制

while循环或者for循环在执行中，只要循环条件满足，程序将会一直执行循环体，直到条件不满足为止。但在某些场景，我们希望在循环结束前就强制结束，Python给出了2

种强制离开循环体的方法：

● 使用 continue 语句，可以跳过执行本次循环体中剩余的代码，转而执行下一次的循环；

● 使用 break 语句，终止当前循环。

我们举例说明。有列表['600332','00525','600332','000999','600305','300112','中铁特快','000747']，要把列表中 A 股上市公司提取出来，如果列表中有不能识别的编码，则判定该列表未清洗干净，需要提示提取失败。无论成功还是失败都需要给出已提取的列表。示例代码如下。

```
[in] list1 = ['600332','00525','600332','000999','600305','300112','中铁','000747']
     list_new = set()
     for i in list1:
         if i.isdigit() and len(i)==6:
             list_new.add(i)
         elif  not i.isdigit():
             print('列表数据未清洗！')
             break
         else:
             continue
     print(f"已提取的公司代码:\n{list_new}")
[out]列表数据未清洗！
     已提取的公司代码：
     {'000999', '600305', '600332', '300112'}
```

上述代码执行，首先进入 for 迭代循环，取出 list1 中的元素，判断该元素首位是否为数字并且长度为 6。'600332'项满足条件，则把该元素加入 list_new 集合中。第 2 次迭代，'00525'位数为 5，不满足条件。进而程序 elif 判断其是否为数字，'00525'是数字（该编码为港股），不满足 elif 条件，从而进入 else 代码块，执行 continue，进入下一次循环。循环迭代'600332'，'000999'，'600305'，'300112'项，与'600332'项一样，直到'中铁'项，其不是数字，满足 elif 条件，则打印输出 "列表数据未清洗！"，并退出循环。最后打印输出已提取的公司编码集合。

2.6　可迭代对象、推导式与生成器

本节从存储空间和代码效率角度，深入讨论序列和容器类型数据的特征。

2.6.1　可迭代对象

for 循环是重复反馈的过程，每一次重复称为一次迭代，一次迭代的结果会作为下一次迭代的反馈初值。Python 提供一种迭代器数据类型，迭代器是可遍历的对象，访问迭代器对象中各个元素，又不必暴露容器内部细节。我们不讨论迭代器的构建，只需了解其是可迭代对象，可用于for循环和推导式。

Python中基础序列基本都是可迭代对象，如列表、元组、字典、字符串和集合都是可迭代对象（Iterable）。

2.6.2　推导式

推导式是一种独特的数据处理方式，可以从一个数据序列构建另一个新的数据序列的结构体。

1）列表推导式

列表推导式格式为：

[表达式 for 变量 in 可迭代对象] 或者

[表达式 for 变量 in 可迭代对象 if 条件]

其中，"表达式"为列表生成元素表达式，可以是有返回值的函数。"for 变量 in 可迭代对象"是一个迭代过程：将可迭代对象的元素逐项传入"表达式"，并依次将结果加入生成的列表中。附加"if 条件"子句，可以过滤列表中不符合条件的值，示例代码如下。

```
[in]  names = ('万科 A','中国平安','st新梅','St獐子岛','东风汽车','海螺水泥')
      new_names = [name for name in names if name.strip().lower()[:2] !='st']
      print(new_names)
[out]['万科 A', '中国平安', '东风汽车', '海螺水泥']
```

2）其他推导式

字典推导基本格式：

{键表达式:值表达式 for 变量 in 可迭代对象 if 条件}

集合推导式基本格式：

{表达式 for 变量 in 可迭代对象 if 条件 }

元组推导式基本格式：

(表达式 for 变量 in 可迭代对象 if 条件)

我们可以使用下面的代码生成一个包含数字 0~20 的偶数元组，示例代码如下。

```
[in]  a = (x for x in range(0,21,2))
      print(a)
[out]<generator object <genexpr> at 0x7faf6ee20a50> #返回的是生成器对象
[in]  tuple(a)      #使用tuple()函数，可以直接将生成器对象转换成元组
[out](0, 2, 4, 6, 8, 10, 12, 14, 16, 18, 20)
```

2.6.3　生成器

如果列表元素可以按照某种算法推算出来，那我们是否可以在循环的过程中不断推算出后续的元素呢？这样就不必创建完整的 list，从而节省大量的空间。在 Python 中，这种一边循环一边计算的机制，称为生成器（generator）。

要创建一个 generator，有很多种方法。一个很简单的方法是把一个列表生成式的[]改

成()，就创建了一个 generator，示例代码如下。

```
[in]   a = [x * x for x in range(10)]
       print(a)
[out][0, 1, 4, 9, 16, 25, 36, 49, 64, 81]
[in]   t = (x * x for x in range(10))
       print(t)
[out] <generator object <genexpr> at 0x000002081CAC43C0>
```

创建 a 和 t 的区别仅在于最外层的[]和()，a 是一个 list，而 t 是一个 generator。可以直接打印出 list 的每一个元素。但如果要把 generator 一个个打印出来，需要通过 next()函数获得下一个返回值。接上例代码。

```
[in]  next(t)
[out]0
[in]  next(t)
[out]1
      ……
[in]  next(t)
[out]81
[in]  next(t)
[out]Traceback (most recent call last):  File "<stdin>", line 1, in <module>
      StopIteration
```

generator 保存的是算法，每次调用 next(t)，就计算出 t 的下一个元素的值，直到计算到最后一个元素，没有更多的元素时，抛出 StopIteration 的错误。

【财务应用与实践】

熟练掌握 Python 数据类型和程序流程

我们通过一个实例逐步深入学习 Python 基础知识。

1.掌握数据类型和分支结构

政策规定：行业门类为"农、林、牧、渔业"的企业，年营业收入 20 000 万元以下的为中小微型企业。其中，年营业收入 500 万元及以上的为中型企业，年营业收入 50 万元及以上的为小型企业，年营业收入 50 万元以下的为微型企业。某牧业企业 PyFean 的年营业收入为 60 万元，编写程序判断其企业规模类型，代码如下。

```
[in] 企业行业 = ('农','林','牧','渔')
     企业类型 = ('大','中','小','微')
     企业 a ={'企业名称':'PyFean','企业行业':'牧','年营业收入':60}
     if 企业 a['企业行业'] in 企业行业:
         if 企业 a['年营业收入'] > 20000:
             print(企业 a['企业名称']+"是%s 型企业"%企业类型[0])
         elif 企业 a['年营业收入'] > 500:
             print(企业 a['企业名称']+"是%s 型企业"%企业类型[1])
```

```
        elif 企业 a['年营业收入'] > 50:
                print(企业 a['企业名称']+"是%s型企业"%企业类型[2])
        else:
                print(企业 a['企业名称']+"是%s型企业"%企业类型[3])
    else:
        print("无法判定%s企业类型!"%企业 a['企业名称'])
```
[out]PyFean 是小型企业

执行以上程序得出：PyFean 是小型企业。

2.熟悉序列操作和循环结构

上例中，牧业企业 PyFean 当前的年营业收入为 60 万元。我们设计程序，考察该企业营业收入以年均20%增长，10年后能否成为大型企业，代码如下。

```
[in] 企业 a = {'企业名称':'PyFean','企业行业':'牧','年营业收入':60}
    年 = 1
    年营业收入 = 企业 a['年营业收入']
    年增长率 = 0.20
    while 年 <= 10:
        年营业收入 = 年营业收入 * (1 + 年增长率)
        年 += 1
    print("企业 a经过10年年均20%的成长,年营业收入为%d万元"%年营业收入)
```
[out]企业 PyFean 经过10年年均20%的成长,年营业收入为371万元

以上程序执行的结果显示，PyFean 企业10年后年营业收入为371万元，不会成为大型企业。

注意，在使用 while 循环时，一定要保证循环条件表达式有变成 False 的情况，否则这个循环将成为一个死循环。所谓死循环，指的是无法结束循环的循环结构，上例中 while 循环中如果没有"年 += 1"语句，就会变成死循环，程序一直会运行，除非我们强制关闭解释器。

3.掌握字典操作和遍历循环

上例中，我们知道 PyFean 企业年增长率20%，经过10年并不能成长为一个大型企业。那么经过10年，PyFean 企业以多大的营业收入增长率才能成为大型企业？

我们先给出一个增长率列表：

年均增长率 = [0.10，0.20，0.30，0.40，0.50，0.60，0.70，0.80，0.90，1.00]

按这个增长率序列，给出企业年营业收入的变化，代码如下。

```
[in] 企业 a = {'企业名称':'PyFean','企业行业':'牧','年营业收入':60}
    年均增长 = [0.10,0.20,0.30,0.40,0.50,0.60,0.70,0.80,0.90,1.0]
    收入预测 = {0:企业 a['年营业收入']}
    for i in 年均增长:
        年 = 1
        年营业收入 = 收入预测[0]
        while 年 <= 10:
```

```
        年营业收入 = 年营业收入 * (1 + i)
        年营业收入 = round(年营业收入)
        年 += 1
    收入预测 .update({i:年营业收入})
print(收入预测)
[out]{0: 60, 0.1: 157, 0.2: 371, 0.3: 819, 0.4: 1736, 0.5: 3450, 0.6: 6608, 0.7: 12067, 0.8:
21352, 0.9: 36841, 1.0: 61440}
```

以上程序执行的结果显示，企业 PyFean 年均营业收入增长率 80% 左右，10 年后就会成为大型企业。

【本章小结】

本章主要介绍了 Python 最基础的知识。首先，要理解 Python 是面向对象的编程语言，要深刻理解对象相关概念；其次，基于对象类型从简单到复杂，我们详细讲解了基本数据类型和序列数据类型的一般属性和方法，其中的难点是可变数据类型与不可变数据类型、有序排列和无序排列，需要反复练习体会其中的差异；再次，我们介绍了程序流程控制（顺序、分支和循环），3 种流程的逻辑需要熟练掌握；最后，我们结合一个财务数据分析实例，深刻体会这些知识的应用，为进一步学习打下实践基础。

【本章习题】

即测即评 2

一、单项选择题

1. Python 中的非法标识为（　　　）。

A. ABC　　　　　　　B. ABC_　　　　　　　C. aBc　　　　　　　D. 01abc

2. Python 语句中表达式 "10+10.0+5//3+True" 的值为（　　　）。

A. 20　　　　　　　　B. 22.0_　　　　　　　C. 20.0　　　　　　　D. 错误

3. Python 语句中，如果字符串内部既包含'又包含"，需要借助（　　　）。

A. 分隔符|　　　　　　B. 占位符%　　　　　　C. 转义字符\　　　　　D. 没有办法

4. Python 语句中，字符串中含有\\表示的字符是（　　　）。

A. 回车　　　　　　　B. 制表符　　　　　　　C. 换行　　　　　　　D. \

5. Python 数据类型中，（　　　）是可变序列。

A. tuple　　　　　　　B. str　　　　　　　　C. list　　　　　　　D. bytes

6. 以下关于列表操作的描述中，错误的是（　　　）。

A. append()方法可以向列表添加元素

B. extend()方法可以将另一个列表中的元素逐一添加到列表

C. add()方法可以向列表添加元素

D. insert(index,object)方法在指定位置 index 前插入 object

7. Python中，有多种可以直接作用于for循环的数据类型，但是不包括（　　）。

A. list　　　　　　　B. str　　　　　　　C. float　　　　　　　D. dict

8. 以下关于循环控制语句的描述中，错误的是（　　）。

A. 循环可以嵌套使用

B. for语句可以在任意序列上进行迭代访问

C. if elif 结构中必须包含 else 子句

D. if语句可以嵌套

9. 以下关于字典操作的描述中，错误的是（　　）。

A. del()用于删除字典或者元素

B. clear()用于清空字典中的数据

C. len()方法可以计算字典中键值对的个数

D. keys()方法可以获取字典的值视图

10. 以下关于循环结构的描述中，错误的是（　　）。

A. 使用 range()函数可以指定 for 循环的次数

B. 使用 int 在 for 循环结构中可以指定循环次数

C. for i in range(5)表示循环5次，i的值是从0到4

D. 用字符串做循环结构的时候，循环的次数是字符串的长度

二、判断题

1. 数学上 x = x + 5无论如何是不成立的，但在 Python 程序中可以这样使用，是赋值语句。　　　　　　　　　　　　　　　　　　　　　　　　　　　　　　（　　）

2. Python中变量名不区分英文大小写。　　　　　　　　　　　　　　（　　）

3. Python中变量名必须是大小写英文、数字和_的组合，且不能用数字开头。（　　）

4. Python中数据类型 tuple 是可变序列。　　　　　　　　　　　　　（　　）

5. Python流程控制子句表达式只能是逻辑表达式。　　　　　　　　　（　　）

三、程序题

1. 企业划分为大型、中型、小型、微型4种类型，工业行业划型标准为：

从业人员1 000人以下或年营业收入40 000万元以下的为中小微型企业，否则为大型企业。其中，企业从业人员300人及以上，且年营业收入2 000万元及以上的为中型企业；从业人员20人及以上，且年营业收入300万元及以上的为小型企业；从业人员20人以下或年营业收入300万元以下的为微型企业。

（1）A企业有从业人员30人，年营业收入500万元。请编写程序，判断该企业的类型。

（2）A企业每年营业收入和每年招聘人数增长率为10%，请编写程序，判断10年后A企业是何种类型企业。

2. 假设某地区个人所得税计算依据为表2-8。

表2-8　　　　　　　　　　个人所得税税率表（综合所得适用）

级数	全年应纳税所得额	税率（%）
1	不超过 36 000 元的	3
2	超过 36 000 元至 144 000 元的部分	10
3	超过 144 000 元至 300 000 元的部分	20
4	超过 300 000 元至 420 000 元的部分	25
5	超过 420 000 元至 660 000 元的部分	30
6	超过 660 000 元至 960 000 元的部分	35
7	超过 960 000 元的部分	45

不考虑其他因素，给定个人全年应纳税所得额，请编写程序计算个人所得税。

第3章

Python 编程进阶

第2章我们学习了最基本的Python编程，能够完成简单的程序开发和数据分析。但是想高效完成开发，读懂较为专业的数据分析程序，我们学的内容还远远不够。因此，本章的目的在于学习如何科学地编程，如何与团队协作，如何读懂较为专业的Python代码，以及了解Python的开发环境和社区服务，从而把Python编程能力提升一个层次。

本章学习目标

（1）熟练 Python 内置函数的调用；
（2）掌握 Python 函数定义和参数传递，以及函数式编程方法；
（3）理解面向对象的编程方法，掌握简单类设计；
（4）掌握模块操作和简单的系统交互；
（5）掌握文本文件的读取和上下文管理；
（6）了解 Python 异常处理机制，掌握简单的异常处理编程。

3.1 Python 函数

在程序设计过程中，有时会重复使用某项功能，从而反复去执行特定代码段。Python提供对这样的特定功能代码段封装成函数的功能，可以重复使用，使得我们的程序开发模块化。

3.1.1 Python 函数的定义

定义函数，也称为创建一个函数，可以理解为对具有某些特定功能代码的一个封装。创建函数需要用def关键字实现，具体的语法格式：

```
def 函数名(参数列表):
    函数体
    [return [返回值]] #用[]括起来的为可选择部分
```

说明：
● 函数名：用户设置的符合Python语法的标识符，一般要体现出该函数的功能。
● 参数列表：设置该函数可以接收的参数，参数之间用逗号分隔。即使函数不需要参数，也必须保留一对空的"( )"，否则为"invaild syntax"错误。

●函数体：实现特定功能的多行代码。没有任何功能的空函数，用 pass 占位符。

●[return [返回值]]:为可选项，用于设置该函数的返回值。函数可以有返回值，也可以没有，需要根据实际情况而定。函数不包含 return，返回 None。注意函数调用时，只要执行 return 子句，就结束函数调用，返回被调用程序。

示例代码如下。

```
def roe(np,na):
    """ROE(净资产收益率)=np(净利润)÷na(净资产)"""
    roe = round(np/na*100,2)
    return roe
```

示例中，roe 为函数名，np 和 na 为形式参数，roe 为函数体中的变量，并且调用该函数会返回 roe 的值。

3.1.2　Python 函数的执行

我们运行上例中的函数，表面上没有任何反应。其实质是 Python 把 roe 这个标识记入了当前程序的内存空间，roe 成为内存空间的一个对象，接上例代码。

```
[in] id(roe)
[out] 2105242545472
[in] type(roe)
[out] function
[in] print(roe)
<function roe at 0x000001EA2A3BED40>
```

以上结果说明 roe 与我们学的变量类似，不过其类型为 function。这种对象区别于存储数据的对象，其是可调用对象。函数程序段执行，也就是说 roe 在当前的程序空间中已经存在，可以像工具一样被使用。

3.1.3　Python 函数的调用

调用函数就是把创建好了的函数当作一个具有某种用途的工具使用。函数调用的基本语法格式：

```
[变量 = ] 函数名([参数值列表])
```

其中，函数名指的是要调用函数的名称，参数值列表指的是当初创建函数时要求传入的各个形参值。如果该函数有返回值，可以通过一个变量来接受该值，当然也可以不接受。我们调用 roe 函数，接上例代码。

```
[in] ROE = roe(10,120)
     print(ROE)
[out]8.33
```

我们可以看到，roe(10,120)调用了函数 roe，并返回了 8.33，赋值给了变量 ROE。

以上是函数简单的定义、执行和调用，真正程序设计时远没有这样简单。函数的参数有很多规则，函数的返回值也有可能是多个，返回值子句有可能不是 return。下面我们逐步深入了解。

3.1.4 Python函数参数传递

函数参数的作用是传递数据对象给函数，令其对接收的数据对象做具体的操作处理。

1）形式参数和实际参数

形式参数（形参）和实际参数（实参）应用场景不同，分别应用于定义函数的代码段与调用函数的代码段。

● 形式参数：在定义函数时，函数名后面括号中的参数就是形式参数，语法格式：

```
def foo(参数列表):      #这里参数列表中的参数是形式参数
    pass
```

● 实际参数：在调用函数时，函数名后面括号中的参数为实际参数，语法格式：

```
foo(参数列表)          #这里参数列表中的参数是实际参数,传入的函数参数
```

根据实际参数的类型，函数参数的传递方式可分为2种，分别为值传递和引用（地址）传递。

● 值传递：适用于实参类型为不可变类型（字符串，数字，元组）。

● 引用传递：适用于实参类型为可变类型（列表，字典，集合）。

值传递和引用传递有很大区别。函数参数进行值传递后，形参的值发生改变，不会影响实参对象的值；而函数参数采用引用传递，改变形参的值，实参的值也会一同改变，示例代码如下。

```
[in]  list1 = ['600332','00525','600332','000999']
      tuple1 = ('600332','00525','600332','000999')
      def foo(code_list,code_tuple):
          ch_list = code_list
          ch_list.remove('000999')
          ch_tuple = code_tuple
          ch_tuple = ('600332','00525','600332')
          return ch_list,ch_tuple
      l1,t1 = foo(list1,tuple1)
      print(list1,l1)
      print(tuple1,t1)
[out]['600332', '00525', '600332'] ['600332', '00525', '600332']
     ('600332', '00525', '600332', '000999') ('600332', '00525', '600332')
```

上例中函数 foo 的形参为 code_list 和 code_tuple，调用的时候传递了 list1 给 code_list，是引用传递；传递了 tuple1 给 code_tuple，是值传递。在函数体中，我们分别使用 ch_list 和 ch_tuple 接收传递的变量，对于前者 remove 方法去除'000999'项，对于后者重新赋值并删除'000999'项，并返回 ch_list 和 ch_tuple 的值。返回值分别用 l1 和 t1 接收。从打印输出的结果，我们看到 list1 值由于函数调用而发生改变，但是 tuple1 没有。

2）位置参数

位置参数必须按照正确的顺序将实际参数传到函数中，调用函数时传入实际参数的数

量和位置都必须和定义函数时的形参保持一致。否则 Python 解释器会抛出 TypeError 异常。如果指定的实际参数和形式参数的位置不一致，但它们的数据类型相同，会导致运行结果与预期不符。

3）关键字参数

使用关键字参数允许函数调用时参数的顺序与声明时的不一致，因为 Python 解释器能够用参数名匹配参数值。

函数 printinfo() 调用时使用关键字参数，示例代码如下。

```
[in] def printinfo(name, code):
         print ("名字:{0} ,代码:{1}".format(name,code))
     printinfo( code='000999', name="华润三九" )
[out]名字:华润三九,代码:000999
```

例子中 (name,code) 是形参的顺序，而 (code,name) 是参数传递的次序，因为调用时采用关键字指定了形参变量，所以能够输出正确的结果。

4）默认参数

当且仅当形参有默认值（default）时，形参可以不进行传递。调用函数时，如果没有传递参数，则会使用默认参数，示例代码如下。

```
[in] def printinfo(name, code, stype='A 股'):
         print ("名字:{0} ,代码:{1}, 类型:{2} ".format(name, code, stype))
     printinfo( code='000999', name="华润三九" )
[out]名字:华润三九 ,代码:000999, 类型:A 股
```

5）不定参数传递*args和**kwargs

在定义函数时，我们有时候并不知道调用的时候会传递多少个参数，则需要包传递和解包的过程。这里的包的概念我们无须理会，只要记住以下运用的规则：

（1）函数定义参数列表的时候，确定的参数要在 *args 前面，*args 在 **kwargs 前面，语法格式：

```
def func(arg1, arg2,…,*args, **kwargs): #函数创建
    函数体
func(pos1,pos2,…, positions, keywords) #函数调用
```

其中，arg1，arg2，…为位置参数，*args 为不定数量位置参数接收变量，**kwargs 为不定数量关键字参数接收变量；

（2）在斜杠/前面的 arg1，arg2，…，为位置参数，必须严格按照参数位置进行传递；

（3）函数调用传递参数，要求位置参数要在关键词参数前面，否则抛出 SyntaxError；

（4）函数调用传递参数，传递的位置实参数量大于位置形参数量，则会把多出的参数打包传给元组 args；

（5）函数调用传递参数，传递的关键词实参数量大于关键字形参数量，则会把多出的参数打包传给字典 kwargs。

示例代码如下。

```
[in] def test_arg(a,b=100, *args, **kwargs):
```

```
            print(a,b,args,kwargs)
        test_arg(1,2,3,4,c=5)              # a=1 b=2 args=(3, 4) kwargs={'c': 5}
        test_arg(1,c=5)                    # a=1 b=100 args=() kwargs={'c': 5}
        test_arg(1,2,3,4,5)                # a=1 b=2 args=(3, 4, 5) kwargs={}
        test_arg(1,2,3,4,{"c": 5})         # a=1 b=2 args=(3, 4, {'c':5}) kwargs={}
    [out]1 2 (3, 4) {'c': 5}
        1 100 () {'c': 5}
        1 2 (3, 4, 5) {}
        1 2 (3, 4, {'c': 5}) {}
```

函数调用 test_arg(1,2,3,4,c=5)，1、2、3 和 4 是位置参数的实参，1 和 2 严格按位置传递给了形参 a 和 b；3 和 4 没有形参接收，则打包赋值给 args 创建元组(3, 4)。c=5 为关键字参数，在函数参数列表中没有形参接收，因此打包成创建 kwargs 字典{'c': 5}。其他调用本章不再一一解释，请自己体会。

3.1.5 lambda 表达式

lambda 表达式，又称匿名函数，常用来表示内部仅包含 1 行表达式的函数。如果一个函数的函数体仅有 1 行表达式，则该函数就可以用 lambda 表达式来代替。

定义 lambda 表达式，必须使用 lambda 关键字，语法格式：

lambda 参数列表: 表达式

匿名函数也是一个函数对象，可以把匿名函数赋值给一个变量，再利用变量来调用该函数，示例代码如下。

```
[in] (lambda x,y: 2*x+3*y)(1,2)
[out]8
[in] f = lambda x,y: 2*x+3*y
     f(1,2)
[out]8
```

3.1.6 Python 内置函数

Python 内置函数（builtin_function），可以直接调用。要调用一个函数，需要知道函数的名称和参数。接下来我们分门别类介绍部分 Python 内置函数，在讲述函数式编程时我们继续深入介绍。

1）运算函数

Python 的运算函数包括 abs(x, /), round(number, ndigits=None), min(x, key=None), pow(x, y, mod),sum(x,start=0)等。

例如，max(x,key=None)函数的参数 x 是可迭代对象或者是多个参数，返回其中最大的元素。max 函数可以通过指定关键参数 key 来返回最大值，示例代码如下。

```
[in] print(max([1,3,5,-9,9.8,-10],key=abs))
[out] -10
```

2）转换类型函数

Python 的 转 换 类 型 函 数 包 括 int(x)、float(x)、complex(real, imag)、bool(x)、str(x)、bytearray(x, encoding="utf-8")、bytes(x, encoding="utf-8")等。例如 int(x)对于输入的数字或者是字符串 x，返回 x 的整数形式，如果 x 数值为空，则返回 0。Python 的转换类型函数还有 list(x)、dict(x)、set(x)、frozenset(x)、tuple(x)、range(x)、slice(x)、object()、super()等。

3）编码转换

ord(c)函数中 c 表示单个 Unicode 字符的字符串，返回代表 Unicode 码的整数。例如 ord('a')返回整数 97，ord('€')返回 8364。

chr(i)函数返回 Unicode 码为整数 i 的字符。例如，chr(97)返回字符串 'a',chr(8364)返回字符串 '€'。chr()是 ord()的逆函数。

4）枚举函数

enumerate(iterable, start=0)函数针对一个可迭代对象，返回一个枚举对象。从 start 开始，默认为 0，通过迭代 iterable 获得值，并对值进行整数编码，示例代码如下。

```
[in]  tuple1 = ('600332','00525','600332','000999')
      list(enumerate(tuple1,start=1))
[out][(1, '600332'), (2, '00525'), (3, '600332'), (4, '000999')]
```

5）序列操作

all(x)函数针对可迭代对象 x 中的每一个元素操作，如果有一个元素为 False，则返回 False。any(x)函数类似，对象 x 中有一个元素为 True，则返回 True。

zip(*iter)函数根据多个不同的迭代器，进行对应位置元素聚合，并返回新的迭代器，示例代码如下。

```
[in]  z = zip(('600332','00525','000999'),['白云山','广深铁路','华润三九'])
      list(z)
[out][('600332', '白云山'), ('00525', '广深铁路'), ('000999', '华润三九')]
```

6）对象元素操作

help(object)函数查询不同对象的信息，包括内置方法、属性等信息。id(object)函数返回 object 对象的标识值（整数），且在对象的生命周期中保持唯一。type(object)函数用来返回 object 对象的所属类型。dir(object)函数返回该对象的有效属性列表，如果没有实参 object，则返回的是当前本地作用域中的名称列表。len(object)函数返回 object 对象的长度或者所包含的元素个数。

以上介绍的内置函数不是全部，理解和利用这些函数并不容易，需要不断加深理解，勤于练习。

3.2　函数式编程

本节我们深入探索程序设计中函数的作用，以及如何利用函数解决较复杂问题。

3.2.1 函数式编程的含义

函数是程序代码的一种封装。把大段代码拆分成函数，通过一层一层的函数调用，就可以把复杂任务分解成若干简单的任务，这种分解可以称之为面向过程的程序设计。函数就是面向过程程序设计的基本单元。

函数式编程（Functional Programming）是一种抽象程度很高的编程范式，虽然也可以归结到面向过程的程序设计，但其思想更接近数学计算。函数式编程的特点是：允许把函数本身作为参数传入另一个函数，还允许返回一个函数。

3.2.2 高阶函数

1）函数赋值变量

所谓高阶函数，就是函数中有传递另一个函数作为参数的函数。变量和函数的标识本质上都是对象引用，因此可以把函数赋值给变量，这样变量就成为函数的引用，示例代码如下。

```
[in]  f = abs   # 变量 f 可以成为内置函数 abs 的引用
      print(f)
[out]<built-in function abs>
```

示例中 abs 函数本身赋值给变量 f。如果一个变量指向了一个函数，那么可否通过该变量来调用这个函数，接上例代码。

```
[in]  f(-100)
[out]100
```

上例说明变量 f 现在已经指向了 abs 函数本身。直接调用 abs()函数与调用变量 f 完全相同。

2）函数名也是变量

函数名其实就是指向函数的变量。因此，对于 abs()这个函数，把函数名 abs 看成变量，它指向一个可以计算绝对值的函数。如果把 abs 指向其他对象，它就不是原来的函数了，示例代码如下。

```
[in]  abs = 10
      abs(-10)
[out]…TypeError: 'int' object is not callable
```

示例中 abs 指向整数 10 后，abs(-10)调用该函数的解释就不同了。因为 abs 这个变量已经不指向求绝对值函数而是指向一个整数 10。整数 10 作为 int 的实例，不是可调用对象，因此产生 TypeError 错误。要恢复 abs 函数，需要重启 Python 解释器。

3）函数作为参数

指向函数的标识，也是变量，其他函数能够将其作为参数引用接收。一个函数接收另一个函数作为参数，这种函数就是高阶函数，示例代码如下。

```
[in]  def add(x, y, f):          # x, y, f 都是形参
          return f(x) + f(y)     #返回的是 f 作为函数 , x、y 作为参数的函数表达式
      add(-10,10, abs)
[out]20
```

当调用 add 函数时，我们传递的实参中 f 必须是指向函数的变量，如 add(-10,10, abs)，参数 x，y 和 f 分别接收-10，10 和 abs，根据函数定义，推导计算过程为：

➢ 参数接收赋值：x = -10,y = 10,f = abs

➢ 返回值计算：f(x) + f(y) ==> abs(-10) + abs(10) ==> 20

4）高阶内置函数

（1）map()函数

map()函数接收两个参数，语法格式：

```
map(function, iterable)
```

其中，function 是一个函数，iterable 为可迭代对象。map 的功能是将传入的函数依次作用到可迭代序列的每个元素，并把结果作为新的迭代器返回。

例如，我们有一个函数 $f(x)=x^2$,要把这个函数作用在一个列表 [0,1, 2, 3, 4, 5, 6, 7, 8, 9] 上，就可以用 map()实现，示例代码如下。

```
[in]  def f(x):
          return x ** 2
      res = map(f, range(10))
      print(res)
[out]<map object at 0x000001E4F55E7B80>
```

map()传入的第一个参数是 f，即函数对象本身。由于结果 res 是一个生成器（iterable），iterable 是惰性序列。惰性序列需要 next()函数依次获取序列中的元素，接上例代码。

```
[in]  next(res), next(res), next(res)
[out](0, 1, 4)
[in]  list(res)
[out][9, 16, 25, 36, 49, 64, 81]
```

每执行一次 next(res)返回一个序列元素，也可以通过 list()函数让其把整个序列（剩余部分）都计算出来并返回一个列表。

（2）filter()函数

filter()函数用于过滤序列，同样产生一个 iterable。与 map()类似，filter()也接收一个函数和一个序列。与 map()不同的是，filter()把传入的函数依次作用于每个元素，然后根据返回值是 True 还是 False 决定保留还是丢弃该元素，语法格式：

```
filter(function | None, iterable) --> filter object
```

举例，删掉一个 list 中奇数，只保留偶数，示例代码如下。

```
[in]  def is_even(n):
          return n % 2 == 0
      list(filter(is_ even, [1, 2, 4, 5, 6, 9, 10, 15]))
[out][2, 4, 6, 10]
```

用 None 过滤掉布尔值是 False 的对象，示例代码如下。

```
[in]  list(filter(None,[0, False, 2, 4, "", 6, 8, [], {}]))
[out][2, 4, 6, 8]
```

filter()函数返回的是一个iterable，也就是一个惰性序列，所以要强迫filter()完成计算结果，需要用list()函数获得所有结果并返回list。

（3）sorted()函数

另一个高阶函数sorted（）可以对list进行排序。根据可迭代对象中的项返回一个新的已排序列表，语法格式：

```
sorted(iterable, key=None, reverse=False)
```

函数中两个可选参数都必须指定为关键字参数。key指定带有单个参数的函数，用于从iterable的每个元素中提取用于比较的键，默认值为None（直接比较元素）。reverse为一个布尔值，如果设为True，则每个列表元素将按反向顺序进行排序。

例如，按绝对值大小排序，示例代码如下。

```
[in] sorted([36, 1, -12, 9, -20], key=abs)
[out][1, 9, -12, -20, 36]
```

5）装饰器

装饰器是函数的函数，其传入的参数是一个函数，通过实现各种功能来对这个函数的功能进行增强，然后再返回这个函数。装饰器是通过某种方式来增强函数的功能。

装饰器本身是个函数，假设其函数名为round2，则需要在被装饰函数前加@ round2进行修饰，示例代码如下。

```
[in] def round2(func):
         def wrapper(*args):
             return round(func(*args),2)
         return wrapper
     @round2
     def roe(np,na):
         """ROE(净资产收益率)=np(净利润)÷na(净资产)"""
         roe = np/na*100
         return roe
     roe(10,120)
[out]8.33
```

上例中，如不加装饰器@round2,roe(10,120)的运行结果应该是8.333333333333332。我们如果想保留2位小数，可在返回值之前加上round(roe,2)函数。对于一个函数可以这样做，但是如果所有的函数都有这个需求，装饰器就能发挥作用。

我们介绍装饰器函数的目的不是要编写装饰器，而是要读懂它，要理解装饰器的作用。装饰器本质上是复合函数，示例代码如下。

```
[in] def round2(func,*args):
         return round(func(*args),2)
     def roe(np,na):
         """ROE(净资产收益率)=np(净利润)÷na(净资产)"""
         roe = np/na*100
         return roe
```

```
    round2(roe,10,120)
```
[out] 8.33

上例说明，@round2,roe(10,120)等价于 round2(roe,10,120)。

我们再次强调，要理解装饰器函数并不容易，需要反复思考，慢慢体会。

3.3　面向对象的编程

面向过程编程方法往往把复杂系统切分为若干子程序（函数），来降低系统的复杂度。本节我们学习另一种编程方法，面向对象编程方法（Object Oriented Programming，OOP）。

3.3.1　面向对象的相关概念

面向对象编程，也是一种封装的思想，它把模拟真实世界里的事物（将其视为对象）以及描述事物特征的数据和代码段（函数）封装到一起。在系统学习面向对象编程之前，我们要了解有关面向对象的最常用的术语。

1) 类

类（class）可以被理解为一个框架，通过它可以创建出无数个具体实例。比如我们学过的 list 为类，表示的只是数据的一个种类，通过它可以创建出无数个列表实例来，代表各种不同内容的列表（如 [ ],[1,2,3],['a','b','c']），这一过程又称为对象实例化。

2) 实例

类是一种抽象，而类创造的实例才是真实事物的描述。实例（instance）是我们一般所说的对象，通过类来创建实例的过程称为实例化，如 list('abc')是创建列表 ['a', 'b', 'c']。

3) 属性

类和实例的所有变量称为属性（attribute）。例如，当 Python 创建一个类之后，系统就自带了一些属性，叫内置类属性。这些属性名用双下划线开始和结束，示例代码如下。

[in] str.__name__　　　#当前定义的类的名字

[out]'str'

[in] str.__module__　　#类或对象所属的模块名

[out]'str'

当前正在编辑的程序也是对象，也有属性，示例代码如下。

[in] print(__name__) #当前模块的__name__属性

[out]__main__

4) 方法

方法（Method）是指封装在类体（代码段）中的函数，是指类和实例能够执行的操作。根据调用方式不同，方法分成 3 类，分别是类方法、实例方法和静态方法。采用 dir(obj)函数可以返回对象 obj 的属性、方法列表，示例代码如下。

[in] dir("abc")

[out]['__add__', '__class__', … 'title', 'translate', 'upper', 'zfill']

如果 dir() 函数不传递任何参数，返回当前范围内的变量、方法和定义的类型列表。

3.3.2 Python类的定义

Python使用 class 关键字实现类定义，其基本语法格式：

```
class classname (baseclass):
    suite            #类体,代码段
```

与变量名一样，类名（classname）本质上是一个标识符。在给类起名字时，最好使用能代表该类功能的单词，例如用"Student"作为学生类的类名。建议每个单词的首字母大写，其他字母小写。

类定义的括号内参数是基类（baseclass）列表。定义的类会继承（inheritance）基类的属性和方法。继承是面向对象编程的特征之一。object是所有类的基类，当新定义的类没有指定基类，则默认基类为object。

冒号（:）后面的代码段（suite）是类的内部功能——封装在类中的属性和方法。其实，属性就是包含在类中的变量；而方法指的是包含在类中的函数。换句话说，类属性和类方法分别是包含在类中的变量和函数的别称。

3.3.3 简单类和实例

在 Python 中，所有数据类型都可以视为对象，当然也可以自定义对象。自定义的对象数据类型就是面向对象中的自定义类的概念。我们自己定义一个类 PerpetualAnnuity。

永续年金（Perpetual Annuity）也称永久年金或无限期年金，是指无限期等额收付的年金，可视为普通年金的特殊形式。例如，无限期附息债券的利息。

示例代码如下。

```
class PerpetualAnnuity(object):
    """永续年金(Perpetual Annuity)是指无限期等额收付的年金"""
    def __init__(self,A,i):
        self.A = A
        self.i = i
    def presentvalue(self):
        p = self.A / self.i
        return p
```

上例类名为 PerpetualAnnuity，object 为基类，__init__ 和 presentvalue 为实例方法，其中的变量 A 和 i 为实例属性。

以上代码执行之后，我们可以通过 dir(PerpetualAnnuity)得到该类的类属性和方法：['__class__', '__delattr__', '__dict__', …, 'presentvalue']。

从上面的例子可以看出，面向对象的抽象程度比函数要高，因为一个类既包含数据，又包含操作数据的函数。

3.3.4 构造函数与实例化

1) __init__()函数

在创建类时，一般要添加一个__init__()方法，该方法是一个特殊的实例方法，称为构造函数。构造函数在创建实例对象时使用，每当创建一个类的实例对象时，Python 解释器都会自动调用它。__init__()可以包含多个参数，但必须包含 1 个名为 self 的参数，且必须作为第 1 个参数，如上例中的构造函数__init__(self,A,i)。

2) 实例化

对已定义好的类进行实例化，其语法格式：

实例名 = 类名(参数)

例如，对已定义的 PerpetualAnnuity 类，创建一个实例 a_PA，接上例代码。

```
[in] 支付金额 =10000
     年利率= 0.05
     a_PA = PerpetualAnnuity(支付金额, 年利率)
     isinstance(a_PA,PerpetualAnnuity)
[out]True
```

在例中，self 参数是特殊参数，不需要手动传递，Python 会自动将实例对象自己传递。构造方法除 self 参数外，还包含 2 个参数，且没有设置默认参数，因此在实例化类对象时，需要传入相应的 A 值和 i 值。

3.3.5 访问实例属性和方法

实例化后的对象属性可以访问、修改或删除，方法也可以动态添加。使用已创建好的对象访问类中的实例属性，语法格式：

对象名.变量名   #对象名和变量名之间用点(.)连接

使用对象调用类中的实例方法，语法格式：

对象名.方法名(参数)   #对象名和方法名之间用点(.)连接

接上例，调用类中的实例变量和方法，示例代码如下。

```
[in] print(a_PA.A, a_PA.i)    # 访问实例属性
     a_PA.presentvalue()      # 调用实例方法
[out]10000 0.05
     200000.0
```

接上例，我们修改实例属性，重新调用实例方法，示例代码如下。

```
[in] a_PA.i = 0.1            #修改实例变量的值
     a_PA.presentvalue()     # 再次调用实例方法
[out]100000.0
```

我们可以观察到，重新调用实例方法得到的返回值为 100000.0，而不是 200000.0，是采用新的参数 i 计算得出的。

3.3.6   类属性和实例属性

根据变量在类中的作用域不同，变量可细分以下3种类型：

● 类属性或类变量：类体中所有函数之外定义的变量；

● 实例属性或实例变量：类体中所有函数内部以"self.变量名"方式定义的变量；

● 类中的局部变量：类体中所有函数内部以"变量名=值"的方式定义的变量。

1）类变量（类属性）

在类中类变量定义在所有函数之外，处于类命名空间的顶层，示例代码如下。

```python
class PerpetualAnnuity(object):
    '期末支付永续年金(Perpetual Annuity)'
    end = True                  #每个期间的期末支付
    def __init__(self,A,i):
        self.A = A
        self.i = i
    def presentvalue(self):
        p = self.A / self.i
        return p
```

上例中，变量 end 属于类变量。所有类的实例化对象同时共享类变量，类变量在所有实例化对象中是公用的。类属性的调用方式有两种，既可以使用类名直接调用，也可以使用类的实例化对象调用，接上例代码。

```python
[in]  a_PA = PerpetualAnnuity(1000, 0.05)
      PerpetualAnnuity.end
[out]True
[in]  a_PA.end
[out]True
```

注意，可以使用类对象来调用所属类中的类变量，但有时会引起混乱。因为类变量为所有实例化对象共有，通过类名修改类变量的值，会造成类和实例有相同的属性名称，影响所有的实例化对象。

2）实例变量（实例属性）

实例变量是在任意实例方法内部以"self.变量名"的方式定义的变量。实例变量只能通过对象名访问，无法通过类名访问。

3）类中的局部变量

除了实例变量，类方法还可以定义局部变量。与前者不同，局部变量直接以"变量名=值"的方式进行定义。局部变量只能用于所在函数中，函数执行完成后，局部变量也会被销毁。

3.3.7   实例方法、静态方法和类方法

类体中用@classmethod 修饰的方法为类方法；用@staticmethod 修饰的方法为静态方法；无须任何修改的方法为实例方法。

1）实例方法

一般在类中定义的方法默认为实例方法。前面我们已经定义了不止一个实例方法。例如，类的构造函数也属于实例方法，只不过它比较特殊。

实例方法最大的特点就是至少包含一个 self 参数，用于绑定调用此方法的实例对象。Python 会自动完成绑定，调用时不用用户手动上传。Python 也支持使用类名调用实例方法，这时需要手动给 self 参数传值，接上例代码。

```
# a_PA = PerpetualAnnuity(1000, 0.05)
PerpetualAnnuity(a_PA ,1000, 0.05)          # 程序运行结果与上面注释一致
```

2）类方法

如果对前面的知识都理解了，尤其是参数 self，那么类方法也好理解。Python 类方法和实例方法相似，至少包含一个参数 cls（与 self 类似，参数名称本身没有特殊意义，只是程序员的习惯）。Python 会自动将类本身绑定给 cls 参数。在调用类方法时，同样是自动传递 cls 参数。与实例方法不同，类方法需要使用 @classmethod 修饰符进行修饰，示例代码如下。

```
[in]  class PerpetualAnnuity(object):
          '期末支付永续年金(Perpetual Annuity)'
          end = True        # 每个期间的期末支付
          def __init__(self,A,i):
              self.A = A
              self.i = i
          def presentvalue(self):
              p = self.A / self.i
              return p
          @classmethod
          def finalvalue(cls):
              return None
          @staticmethod
          def info(obj):
              return vars(obj)
      a_PA = PerpetualAnnuity(1000, 0.05)
      print(PerpetualAnnuity.finalvalue())
[out]None
      a_PA.info(a_PA)
[out]{'A': 1000, 'i': 0.05}
```

上例中，如果没有 @classmethod，则 Python 解释器会将 finalvalue ()方法认定为实例方法，而不是类方法。

3）Python 类静态方法

静态方法没有类似 self、cls 这样的特殊参数。静态方法本质上就是我们学过的函数，不同的是，静态方法定义在类体，而函数则定义在程序所在的空间（全局空间）中。

Python解释器不会对静态方法包含的参数做任何类或对象的绑定。静态方法需要使用@staticmethod修饰，如上例中的info()函数。

3.3.8　Python继承机制及其使用

Python是一种面向对象的编程语言，继承是其中一个重要的特性。继承是指在一个类中可以使用另一个类中已有的属性和方法，这样可以减少代码的重复性，方便代码的维护与更新。使用类定义实现继承机制，在定义子类时通过基类列表指定父类，这样就可以使子类继承父类的属性和方法。

1）object类

object是所有类的父类，默认所有的类都继承object类。因此所有类都继承object类，都继承系统给定的属性和方法，示例代码如下。

```
[in]  print(dir(object))
[out][′__class__′,′__delattr__′,…,′__str__′,′__subclasshook__′]
```

我们前面的例子中讨论的是永续年金，其是年金的一种类型，我们定义一个年金（Annuity），示例代码如下。

```
class Annuity(object):
    """年金(Annuity)是指一定期间内每期等额收付的款项。"""
    period = "年"
    def __init__(self,A,i,mode,):
        self.A = A            # 每期等额金额
        self.i = i            # 利息(年)
        self.mode = mode      # 支付或收款模式,True期末,False期初
    @staticmethod
    def info(obj):
        return vars(obj)
```

上例中，Annuity类的父类为object，因此继承了object的所有属性和方法。

2）创建子类

要创建具有从其他类继承功能的子类，需要在创建子类时将被继承类（父类）作为参数写在class子句的基类列表中。为了简化问题，我们还是以永续年金为例定义子类。

Python中子类会继承父类所有的类属性和类方法。父类和子类具有相同方法时，自身的方法优先。也就是子类和父类都有__init__()方法，但是在构造实例时执行的是子类的__init__()方法，而不是父类。如果要继承父类的方法，需要借助super()函数，示例代码如下。

```
[in]  class PerpetualAnnuity(Annuity):         #Annuity为父类
    ′期末支付永续年金(Perpetual Annuity)′
    def __init__(self,A,i,mode):
        super().__init__(A,i,mode)                    #调用父类的构造函数
        self.specific = "子类属性"
    a_PA = PerpetualAnnuity(1000,0.05,True)
```

```
print(vars(a_PA))
```

[out]{′A′: 1000, ′i′: 0.05, ′mode′: True, ′specific′: ′子类属性′}

可以看出 a_PA 实例通过 super().__init__()方法继承了 Annuity 的属性{′A′: 1000, ′i′: 0.05}，而{′specific′: ′子类属性′}是 PerpetualAnnuity 自己的实例属性，接上例代码。

[in] a_PA.info(a_PA)

[out]{′A′: 1000, ′i′: 0.05, ′mode′: True, ′specific′: ′子类属性′}

a_PA 继承了父类 Annuity 的静态方法 info()。

3.3.9　Python 多态性

封装、继承和多态，是面向对象程序设计中的 3 个重要特性。多态是不同的子类对象调用相同的方法，产生不同的执行结果，其可以增加代码的灵活度。这里我们不深入讨论概念，举例说明其工作原理，提高读代码的能力，了解其用法。

年金分为普通年金、即付年金、递延年金和永续年金，它们都需要计算现值（present value），但是这些计算方法又有区别，利用多态能提高编程效率，示例代码如下。

```
class Annuity(object):
    """年金(Annuity)是指一定期间内每期等额收付的款项。"""
    def __init__(self,A,i,mode):
        self.A = A                # 每期等额金额
        self.i = i                # 利息
        self.mode = mode          # True 为期末,False 为期初
    def presentvalue(self):
        pass
class PerpetualAnnuity(Annuity):
    '期末支付永续年金(Perpetual Annuity)'
    def __init__(self,A,i,mode):
        super().__init__(A,i,mode)
    def presentvalue(self):
        p = self.A / self.i
        return p
class OrdinaryAnnuity(Annuity):
    "普通年金在一定时期内每期期末等额收付,为后付年金"
    def __init__(self,A,i,mode,n):
        super().__init__(A,i,mode)
        self.n = n                # 计息期数
    def presentvalue(self):
        p = self.A *( 1/self.i – 1/(self.i*(1+self.i)**self.n))
        return p
```

针对 presentvalue()方法究竟是如何调用，我们需要构建一个方法类，接上例代码。

```
[in]  class Cal():
          def presentvalue(self,who): # who不同类,会调用其对应的方法
              return who.presentvalue()
      cal = Cal()
      a_PA = PerpetualAnnuity(1000,0.05,True)
      a_OA = OrdinaryAnnuity(1000,0.05,True,10)
      print(cal.presentvalue(a_PA))
      print(cal.presentvalue(a_OA))
[out]20000.0
      7721.734929184818
```

可以看到，PerpetualAnnuity 和 OrdinaryAnnuity 都继承自 Annuity 类，且各自都重写了父类的 presentvalue ()方法。从运行结果可以看出，cal 为一个 Cal 实例，在执行同一个 presentvalue()方法时，由于 cal 实际表示不同的类实例对象，因此 cal. presentvalue ()调用的并不是同一个类中的 presentvalue()方法，体现了 Python 的多态性。

此程序中，通过给 Cal 类中的 presentvalue()函数添加一个 who 参数，其内部利用传入的 who 调用 presentvalue()方法。当调用 Cal 类中的 presentvalue ()方法时，我们传给 who 参数的是哪个类的实例对象，它就会调用那个类中的 presentvalue ()方法。

3.4　Python模块与包

在传统结构化程序设计中，秉承"自上而下"的思想，把问题的解决进行模块化。模块化是把问题划分为子问题，自顶而下分解功能，从而上层模块调用下层模块，直到得到问题的解。结构化程序设计基本方法，需要设计一个主程序（有时称主模块或主函数），进而调用子程序（称函数），从而完成系统功能。本节我们介绍主程序的封装。

3.4.1　Python模块

模块（modules）本身就是 Python 程序。也就是说，任何独立的 Python 程序都是模块。函数是对 Python 代码的封装；类是对函数和变量的封装，也可以说是对功能和数据的封装；模块可以理解为对代码更高级的封装，即把能够实现特定功能的代码编写在同一个 .py 文件中，作为一个独立的模块。

模块可能包含若干函数、类、变量的定义等。当编写好一个模块后，只要编程过程中需要用到该模块中的某个功能（变量、函数、类等），直接在程序中导入该模块即可。在程序中导入模块，就能调用该模块中"现成"的类和函数等。

3.4.2　import用法

1）查看已安装的Python库

使用 Python 进行编程时，不是所有的功能都要自己实现，可以借助 Python 现有的标

准库或者其他人提供的第三方库。我们可以通过如下命令查看自己已安装的 Python 库的内容：

- 命令行下使用 pydoc 命令：pydoc modules；
- 在 Python 交互解释器中 help 查看：help("modules")；
- 在 Python 交互解释器下导入 sys 模块查看：

```
import sys
sys.modules.keys()
```

我们也可以查看 Python 网站了解标准库和第三方库的内容。

2）安装和导入 Python 第三方库

现在回顾我们在第 1 章学过的 pip 命令或 conda install 命令，安装下载 Python 第三方库提供的模块。例如，安装第三方库 jieba（中文分词第三方库），在 Anaconda 提示符下输入如下命令并执行：

```
(base) …>pip install jieba
```

安装成功后，我们转到 jupyter notebook，就可以导入 jieba，利用该模块功能，示例代码如下。

```
[in]  import jieba
      jieba.lcut("Python数据分析与财务应用")
[out][′Python′,′数据分析′,′与′,′财务′,′应用′]
```

3）import 语句

非内置函数和类，已经安装在 Python 虚拟环境的模块，需要导入才能使用。import 语句完成模块内容的导入。使用 import 导入模块的语法格式，主要有以下 2 种：

（1）import 模块名 1 [as 别名 1], 模块名 2 [as 别名 2], …

导入指定模块中的所有成员（包括变量、函数、类等）。当程序需要使用模块中的成员时，引用时需用该模块名（或别名）标识，作为引用的前缀。

（2）from 模块名 import 成员名 1 [as 别名 1], 成员名 2 [as 别名 2], …

我们可以导入模块中指定的成员，而不是全部成员。当程序中使用该成员时，不用附加任何前缀，直接使用成员名（或别名），也可以导入指定模块中的所有成员，即使用：

```
form 模块名 import *
```

示例代码如下。

```
import pandas as pd                #导入 pandas 模块,别名 pd
import matplotlib.pyplot as plt    #导入 matplotlib 包 pyplot 模块,别名 plt
from sys import argv               #导入 sys 模块 argv 成员变量
```

4）Python 自定义模块导入

我们在第 1 章编写了第 1 个模块代码 TheFirstModule.py，现在把它导入代码如下。

```
import TheFirstModule as me
```

导入模块，就是把该模块的模块名（变量）纳入为当前模块的成员。我们将书翻到该代码段内容，详细解析其执行过程。

（1）将模块 TheFirstModule.py 读入内存，并将地址引用赋值给变量 me；

（2）执行 TheFirstModule 模块代码：

① 首先是类 Annuity 定义，执行过程为给类中的方法 presentvalue 分配标识地址；

② 执行 if __name__ == '__main__': <代码段>

a. 在当前模块中，__name__ 的值为'__main__'。但是导入执行 TheFirstModule 模块是在类体空间中，__name__ 的值是'me'，不是'__main__'。if __name__ == '__main__'子句的判断条件为 False。

b. if子句条件不成立，则条件代码段不被执行，同时没有 elif 和 else 代码段，程序完成并返回。

导入 TheFirstModule.py，就可以直接使用模块中的资源。模块自成一个命名空间，引用方式为"模块名.函数""模块名.类名"等。我们就可以反复利用其功能，接上例代码。

```
[in] ann1 = me.Annuity()
     ann1.presentvalue(1000,0.05,5)
[out]4329.48
```

这里再讲述一下 if __name__ == '__main__'语句的意义。__name__是系统默认的模块名称，当在主模块运行时，__name__的值为'__main__'。系统给定的"模块.__name__"是 import 时的名称，是该模块独有的。至此我们能够理解一般主程序有 if __name__ == '__main__'一段代码的目的，即调试代码使用，而引入模块不需要执行。

3.4.3 Python 包

一个项目往往需要使用很多 Python 模块，如果将这些模块都堆放在一起，势必不好管理。为了有效避免模块冲突，如变量名或函数名重名，Python 提出了包（Package）的概念。

包就是文件夹，一个包含多个模块的文件夹，包中也可以包含包。例如，安装了 NumPy 模块之后可以在 Lib\site-packages 安装目录下找到名为 NumPy 的文件夹。

3.5 Python命名空间与变量作用域

命名空间（namespace），也称名称空间，Python 通过命名空间管理避免不同的代码段同时使用相同标识符而造成冲突。掌握变量的作用域是读懂程序的基础。

3.5.1 命名空间

命名空间就是存放变量名和变量值绑定关系的地方，就是内存地址空间。命名空间本质是从名称到对象的映射，大部分是通过 Python 字典来实现的，它的键就是变量名，它的值就是那些变量的值。

在程序执行期间会存在 3 种命名空间，如图 3-1 所示。

1）内置命名空间

内置命名空间（built-in namespace）是 Python 解释器默认预定义大量内置函数和内置异常的命名空间。可以通过 dir（__builtins__）来查看内置名称空间中所有对象，示例代码如下。

```
[in] print(dir(__builtins__))
[out]['ArithmeticError', 'AssertionError', …, 'zip']
```

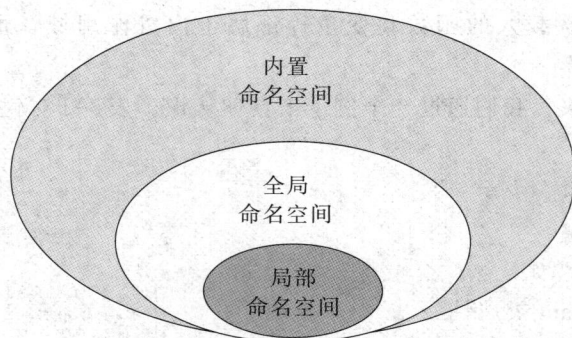

图3-1　命名空间的变量作用域

2）全局命名空间

全局命名空间（global namespace）是模块中定义的名称，包括变量、函数、类、导入的模块标识等，不包括 def 和 class 子句缩进定义的变量。

3）局部命名空间

局部命名空间（local namespace），函数或类中定义的名称，包括函数或类的参数、属性和局部定义的变量。

各个命名空间是独立的，没有任何关系的，所以一个命名空间内中不能有重名，但不同的命名空间可以重名而没有任何影响。

3.5.2　变量作用域

变量的访问权限取决于其赋值的位置，这个位置被称为变量的作用域。

1）局部作用域

首先函数内部声明变量时，该变量只能在函数内部使用。在函数调用结束后，其内部定义的局部变量会被销毁。如果在函数外部访问函数内的局部变量，需要通过将该变量作为函数的返回值传递来实现。

在类体声明变量时，变量使用分为不同情况：

➢在任何方法之外赋值的变量，属于类属性，其生命周期与类名称一致，但需要通过"类名.属性名"访问；

➢类体中的类或方法，本质上与类属性一样，具有类似的生命周期和访问方式；

➢类体中构造函数中以"self.变量名"赋值的实例属性，其生命周期与创建的实例对象一致，访问方式为"对象.属性名"；

➢类体中函数（包括构造函数）中赋值的变量为局部变量，生命周期为函数执行期间，函数结束执行被销毁（不再能够被访问）。

局部作用域的变量如果在作用域外部使用，需要使用 global 关键字声明。

2）全局作用域

全局命名空间中的变量，在整个 .py 文件中都可以直接使用。但是如果其与函数体内的局部变量名称冲突，局部空间的名称具有更高的优先级。

3）内置作用域

Python 解释器默认载入的函数和变量等都属于内置作用域，可以在任何地方直接使用。

以上讨论较为抽象，我们通过一个例子来具体认识，表3-1对代码运行进行了详细解释，示例代码如下。

```python
import random as rd
class Dubang():
    """杜邦分析"""
    entity = 'Dubang类属性'
    def roe(self,np,na):
        """ROE(净资产收益率)=np(净利润)÷na(净资产)"""
        roe = round(np/na*100,2)
        return roe
if __name__ =='__main__':
    dubang = Dubang()
    np = rd.choice([1,2])
    na = rd.randint(10,100)
    print(f'净利润{np},净资产{na},ROE{dubang.roe(np,na)}')
```

表3-1   变量的作用域示例解析

次序	代码说明	说明	示例
1	import random as rd	导入 random 模块作为模块实例，其 id 值赋值给全局变量 rd	
2	class Dubang(): """杜邦分析""" entity = 'Du… def roe(self, … …	执行类 Dubang 代码段，Dubang（类名）成为全局变量，并开辟类空间，entity 和 roe 作为类成员变量，分别指向对应对象	

次序	代码说明	说明	示例
3	if __name__ == '__main__'	__name__ 是内置空间变量，值 '__main__'，因此条件成立	—
4	dubang = Du-bang（）	Dubang 进行实例化，实例化对象赋值给全局变量 dubang	
5，6	np=rd.choice（[1，2]）na= rd. randint（10，100）	执行模块 rd 的 choice 和 randint 函数，分别返回整数 2 和 63 赋值给 np 和 na，np 和 na 为全局变量	
7	print（f'净利润{np}，净资产{na}， ROE {dubang. roe（np，na）}'）	执行 print 函数，首先进行函数参数表达式解析	—

次序	代码说明		说明	示例
7	7.1	np na roe（np, na）：	按照次序，首先解析np与na。再将np和na的值（2，63）传给实例dubang的方法roe，得到dubang.roe（2，63）后，调用该实例方法	
	7.2	roe=round （np/na* 100，2）	实例方法开辟局部命名空间roe。进入Dubang类体执行实例方法，传递参数｛self：dubang，np：2，na：63｝，得到方法roe（dubang，2，63），并进入函数体执行内置函数round内表达式，并把得到的值3.17，赋值局部变量roe	

续表

次序	代码说明	说明	示例
7	7.3	return roe	在 roe 局部命名空间中，将局部变量 roe 引用的对象 3.17，赋值给临时局部变量 Return-value 并返回被调用对象	
	7.4	print(…	dubang.roe（np，na）调用得到表达式的值 3.17。同时销毁 roe 局部命名空间。调用内置函数 print 完成打印输出：净利润 2，净资产 63，ROE3.17	

以上解析烦琐且难以理解，需要仔细琢磨体会。在任意程序执行过程中，可以随时查看局部空间和全局空间中的成员。globals()返回作用域内的全局变量和其数值所构成的字典，locals()函数返回的是当前作用域下局部变量和其数值所构成的字典。

3.6　Python文件系统管理

Python对象存储在内存中，这种存储形式是暂时的，程序结束退出后就会丢失。如果希望程序结束后数据仍然保持，就需要将数据保存到文件中。因此文件管理是编程语言的基本操作。Python具有操作文件（I/O）的功能，如打开文件、读取数据、操作数据、关闭文件、删除文件等。

3.6.1　Python文件路径管理

文件路径，简单地说就是文件的存放位置，它包含具体的盘符号（磁盘分区），文件夹（目录）和文件的名称+扩展名。

1）os模块

os是操作系统（operation system）的缩写，os模块是Python对操作系统操作接口的标准库模块。os模块提供了多数操作系统的功能接口函数，引入格式：

```
import os
```

2）工作目录

每个运行在计算机上的模块，都存在于一个"当前工作目录"。在Python中，利用os.getcwd()函数可以取得当前工作路径的字符串，也可以利用os.chdir()修改，示例代码如下。

```
[in]  os.getcwd()
[out] 'C:\\Users\\DELL\\Desktop\\python '
[in]  os.chdir('C:\\Windows\\System32')
      os.getcwd()
[out] 'C:\\Windows\\System32'
```

在Windows上，路径书写使用反斜杠\作为文件夹之间的分隔符。这里面需要两个反斜杠转义。从上例中可以看到，原本当前工作路径为"C:\\Users\\DELL\\Desktop\\python"，通过os.chdir()函数，将其改成了"C:\\Windows\\System32"。

3）绝对路径与相对路径

明确一个文件所在的路径，有两种方式：绝对路径和相对路径。

（1）绝对路径

Window系统中，盘符（C:、D:等）为根文件夹。当描述一个文件路径，从根文件夹开始，则为绝对路径描述。

调用os.path.abspath(path)将返回path参数的绝对路径的字符串，示例代码如下。

```
[in]  os.path.abspath("atext.txt")
[out]'C:\\Windows\\System32\\atext.txt'
```

（2）相对路径

相对路径指的是文件相对于当前工作目录所在的位置。如果当前工作目录为 "C：\Windows"，文件 atext.txt 就位于这个文件夹下，则 atext.txt 的相对路径表示为 ".\ atext.txt"。".\" 表示的是当前所在目录。与此类似的，"..\" 表示的是当前所在目录的上一级目录。

调用 os.path.relpath(path,start) 将返回从 start 到 path 的相对路径的字符串。如果没有提供 start，就使用当前工作目录作为开始路径，示例代码如下。

```
[in]  os.path.relpath('C:\\Windows', 'C:\\')
[out]'Windows'
[in]  os.path.relpath('C:\\Windows', 'C:\\python\\data')
[out]'..\\..\\Windows'
```

3.6.2　Python 文件基本操作

1）文件操作

对文件的操作有很多种。创建、删除、修改权限等操作作用于文件本身，属于系统级操作。文件写入、读取等操作作用于文件的内容，属于应用级操作。

文件的系统级操作比较容易实现，可以借助 Python 中的标准库模块（os、sys 等），调用指定函数来实现。

文件的应用级操作实现过程相对比较复杂。一个文件，必须在打开之后才能对其进行操作，并且在操作结束之后，还应该将其关闭。文件的应用级操作分为以下 3 步：

➢使用 open() 函数打开文件，该函数会返回一个文件对象。

➢对文件对象做读/写操作：①可使用 read()、readline() 以及 readlines() 函数读取文件内容；②可以使用 write() 函数向文件中写入内容。

➢完成对文件的读/写操作之后，需要使用 close() 函数关闭文件。

2）open() 函数

open() 函数用于创建或打开指定文件，该函数的常用语法格式：

```
file = open(file_name [, mode='r' [ , buffering=-1 [ , encoding = None ]]])
```

其中，各个参数所代表的含义：

●file_name：要创建或打开文件的文件名称，包括路径（默认当前目录）。

●mode：可选参数，用于指定文件的打开模式，默认为只读模式。

●buffering：可选参数，选择是否使用缓冲区。

●encoding：手动设定打开文件时所使用的编码方式。

open() 函数支持的文件打开模式见表 3-2。

表3-2 open()函数支持的文件打开模式说明

模式	说明	注意事项
r	以只读模式打开文件，读文件内容的指针会放在文件的开头	操作的文件必须存在
rb	以二进制格式、采用只读模式打开文件	
r+	打开文件后，可以从头读写文件，写入会覆盖等长度的原内容	
rb+	以二进制格式、采用读写模式打开文件	
w	以只写模式打开文件，若该文件存在，打开时会清空文件	若文件存在，会覆盖文件；反之，则创建新文件
wb	以二进制格式、只写模式打开文件	
w+	打开文件后，会对原有内容进行清空，并对该文件有读写权限	
wb+	以二进制格式、读写模式打开文件	
a	以追加模式打开文件，只有写入权限，文件指针将放在文件的末尾；文件不存在则会创建新文件	若文件存在，追加内容。反之，则创建新文件
ab	以二进制格式、只写模式打开文件，并采用追加模式	
a+	以读写模式打开文件，文件指针放在文件的末尾	
ab+	以二进制格式、读写模式打开文件，并采用追加模式	

文件打开模式，直接决定了后续可以对文件做哪些操作。例如，使用 r 模式打开的文件，后续编写的代码只能读取文件，而无法修改文件内容。

对于一般的数据文件，我们通常采用 pandas 读取文件，在后面第4章做详细介绍。

3.7 Python异常处理机制

异常是在程序执行过程中触发的不正常事件。本节介绍 Python 如何捕捉和处理异常。

3.7.1 Python异常处理

当 Python 无法正常执行程序时，程序将产生错误。程序需要捕获并处理错误，否则程序会终止执行。

1）错误的类型

编写程序时遇到的错误可大致分为三类，分别为语法错误、语义错误和异常错误。

（1）语法错误

语法错误，也就是解析代码时出现的错误，是编写人员疏忽造成的错误。当代码不符合 Python 语法规则时，解释器在解析时就会报出语法错误（SyntaxError），并会明确探测到错误的语句。

（2）语义错误

语义错误，即程序在语法上都是正确的，但在运行时发生了错误。语义错误是程序内部隐含逻辑问题造成的数据错误或系统错误。程序发生语义错误并不会影响其继续执行。

（3）异常错误

与语义错误不同，程序发生异常错误，程序会终止执行。举例，程序中出现零除错误（ZeroDivisionError），示例代码如下。

[in] a = 1/0

[out]ZeroDivisionError …… : division by zero

在 Python 中把运行时产生错误而使程序无法继续执行的情况叫作异常（Exceptions）。Python 把异常归为一种类型，异常也是 Python 对象。常见的异常类型见表 3-3。

表3-3　　　　　　　　　　　　　　　　Python常见异常类型

异常类型	含义	示例
AssertionError	当assert关键字后的条件为假时，程序会停止运行并抛出此异常	assert 0 > 1
AttributeError	当试图访问的对象属性不存在时抛出的异常	a=1 a.len
IndexError	索引超出序列范围会引发此异常	list1=['a','b'] list1[2]
KeyError	字典中查找一个不存在的关键字时引发的异常	d={} d['a']
NameError	尝试访问一个未声明的变量时，引发此异常	Nonce
TypeError	不同类型数据之间的无效操作	10+'100'

当一个程序发生异常时，默认情况下，程序要终止运行。要避免程序退出就需要进行异常处理。

2）异常处理

我们捕获异常对象，再通过一定的逻辑代码让程序继续运行，这种根据异常做出的相应的逻辑处理叫作异常处理。异常处理可提高程序的健壮性和人机交互的友好性。Python 捕获和处理异常一般使用 try except 语句来实现。

try except 语句块捕获并处理异常的基本语法格式：

```
try:
      有可能产生异常的代码段
except [ (Error1, Error2, … ) [as e] ]:
      处理异常的代码段 1
except [ (Error3, Error4, … ) [as e] ]:
      处理异常的代码段 2
…
except  [Exception]:
      处理其他异常代码段
```

式中，[ ] 括起来的部分为可选项，其中各部分的含义：

●Error1，Error2，…，是具体的异常类型。也就是说一个except块可以同时处理多种异常。

●as e作为可选参数，表示给异常类型起一个别名e。

●Exception是程序发生能够捕捉以外的异常，执行的代码段。

try except语法格式结构中，except块可以同时处理多种异常，但只有一个try代码段被执行。当程序捕获到异常，Python解释器会根据该异常类型选择对应的except块来处理该异常，示例代码如下。

```
[in]  class Dubang():
          """杜邦分析"""
          entity = 'Dubang类属性'
          def roe(self,np,na):
              """ROE(净资产收益率)=np(净利润)÷na(净资产)"""
              roe = round(np/na*100,2)
              return roe
      if __name__=='__main__':
          dubang = Dubang()
          while True:
              try:
                  np = float(input('请输入企业净利润：'))
                  na = float(input('请输入企业净资产：'))
                  print(f"ROE:{dubang.roe(np,na)}")
                  break
              except TypeError:
                  print("请重新输入企业的净利润和净资产！")
              except ZeroDivisionError:
                  print("净资产不能为0,请重新输入！")
              except Exception:
                  print("不知道犯了什么错误！")
```

以上代码是我们手工输入np和na的值，并把输入的字符串转成浮点数，再调用类方法计算ROE。为了避免异常使程序非正常中断，在代码段中设置了while循环和try子句。我们依次输入：$100，100，0，100，500后，执行结果如下。

```
[out]请输入企业净利润：$100
     不知道犯了什么错误！
     请输入企业净利润：100
     请输入企业净资产：0
     净资产不能为0,请重新输入！
     请输入企业净利润：100
     请输入企业净资产：500
     净资产收益率:20.0
```

3.7.2　raise的用法

程序由于错误导致的运行异常，可以通过优化程序解决。但还有一些异常，是程序正常运行的结果，程序故意抛出一个错误，比如用raise手动引发的异常。

raise语句的基本语法格式：

```
[in] try:
        p = int(input("请输入查询的会计期间:"))
        if (p not in range(1,13)):
            raise ValueError("必须输入1-12的数字！")
    except ValueError as e:
        print("输入的数据错误",repr(e))
[in] 2
[out]请输入查询的会计期间:2
[in] 13
[out]请输入查询的会计期间:13
    输入的数据错误 ValueError('必须输入1-12的数字！')
[in] q
[out]请输入查询的会计期间:q
    输入的数据错误 ValueError("invalid literal for int() with base 10: 'q'")
```

上例中，为了确保输入会计期间在1~12之间，采用了raise语句。如果输入的p值不是1~12的数字，则抛出一个异常，并对此做出相应处理。

3.7.3　Python上下文处理

对于系统资源操作，如文件读写、数据库连接等，应用程序打开这些资源并执行完业务逻辑之后，必须做的一件事就是关闭该资源。Python为解决这一问题，给出一种新的类型——上下文管理器，采用with子句处理上下文管理对象。

with子句可以看作对try子句的简化，用于对软件系统中的资源进行管理。常用的语法格式：

```
with open(file, 'r') as f:
    代码段
```

示例代码如下。

```
[in] with open("./zen.txt") as f:
        zen = f.read()
        print(zen)
```

上例中，打开zen.txt，并读取文件内容后，上下文管理器会自动关闭文件，无须手动关闭。

【财务应用与实践】

年金现值系数表

下面我们通过一个财务管理实例，深刻体会Python函数和类编程思想。

1.年金类

年金（annuity）为定期支付的n笔相同的现金流。年金属性包括等额支付的金额A、利率i、期数n、增长率g等。我们可以定义年金类——Annuity，代码如下。

```
class Annuity(object):
        """年金(Annuity)是指一定期间内每期等额收付的款项。"""
        def __init__(self,A,i,n=None,g=0):
            self.A = A                  # 每期等额金额
            self.i = i                  # 利率
            self.n = n                  # 期数
            self.g= g                   # 增长率
```

2.普通年金类

普通年金为年金的一种类型，是年金的子类。普通年金的属性包括等额支付的金额A、利率i、期数n。普通年金现值的计算公式：

$$P(A,i,n) = A \times \frac{1 - \dfrac{1}{(1 + i)^n}}{i}$$

我们设计普通年金类，即Annuity类的子类——OrdinaryAnnuity，代码如下。

```
class OrdinaryAnnuity(Annuity):
        """普通年金在一定时期内每期期末等额收付,为后付年金"""
        def P(self):                    #现值计算方法
            p = self.A *( 1/self.i − 1/(self.i*(1+self.i)**self.n))
            return round(p,2)           #保留2位小数
```

3.普通年金现值系数表

普通年金现值系数为（P/A，i，n），为A等于1时的现值，计算公式：

$$P(A,i,n) = A \times \frac{1 - \dfrac{1}{(1 + i)^n}}{i}$$

为降低编程复杂度，我们只给出利率在0.01—0.1，期数在1—10年的普通年金的现值系数表，代码如下。

```
def table(r_max,n_max):
    #打印表头
    print("年金现值系数表".center(79))
    print("(P/A, i, n)=[1−1/(1+i)^n]/i".center(79))
    #打印表格第一行,标题行
    tablehead(r_max)
    #打印表体
```

```
            tablebody(r_max,n_max)
    def tablehead(r_max):
        print("-"*(76+int(r_max*100)))
        print("P/A(%)".center(int(80/int(r_max*100+1))),end='')
        for t in range(1,int(r_max*100+1)):
            print("|"+str(t).center(int(80/int(r_max*100+1))),end='')
        print("",end="\n")
        print("-"*(76+int(r_max*100)))
    def tablebody(r_max,n_max):
        for i in range(1,n_max+1):
            print(str(i).center(int(80/int(r_max*100+1))),end='')
            for j in range(1,int(r_max*100+1)):
                rate = j/100
                a0 = OrdinaryAnnuity(1,rate,i)
                p = a0.P()
                print("|"+str(p).center(int(80/int(r_max*100+1))),end='')
            print()
                print("-"*(76+int(r_max*100)))
```

代码中，r_max 为输入的利率取值上限，n_max 为期数取值上限。

4.普通年金现值系数表主程序

在主程序中，我们的目标是调用 table(r_max,n_max) 函数。调用该函数之前我们需要用户输入系数表的利率取值上限和期数取值上限，为了提升程序的容错能力，我们使用 while 循环和 try 子句，保证输入在允许范围，代码如下。

```
    if __name__ =='__main__':
        while True:
            try:
                r_max = float(input("请输入 r_max："))
                if not 0.01<r_max<=0.1:
                    raise ValueError("r_max 必须在 0.01-0.1 之间")
                n_max = int(input("请输入 n_max："))
                if not 1<n_max<=10:
                    raise ValueError("n_max 必须在 1-10 之间")
                break
            except ValueError as e:
                print("输入数据范围错误！ ",repr(e))
            except Exception:
                print("输入数据类型错误！ ")
        table(r_max,n_max)
```

5.普通年金现值系数表主程序运行与调试

我们任意输入利率取值上限r_max和期数取值上限n_max，运行程序得到年金现值系数表，如图3-2所示。

请输入r_max：0.5
输入数据范围错误！ ValueError（'r_max必须在0.01-0.1之间'）
请输入r_max：0.08
请输入n_max：9

年金现值系数表

$(P/A, i, n) = [1-1/(1+i)^n]/i$

P/A(%)	1	2	3	4	5	6	7	8
1	0.99	0.98	0.97	0.96	0.95	0.94	0.93	0.93
2	1.97	1.94	1.91	1.89	1.86	1.83	1.81	1.78
3	2.94	2.88	2.83	2.78	2.72	2.67	2.62	2.58
4	3.9	3.81	3.72	3.63	3.55	3.47	3.39	3.31
5	4.85	4.71	4.58	4.45	4.33	4.21	4.1	3.99
6	5.8	5.6	5.42	5.24	5.08	4.92	4.77	4.62
7	6.73	6.47	6.23	6.0	5.79	5.58	5.39	5.21
8	7.65	7.33	7.02	6.73	6.46	6.21	5.97	5.75
9	8.57	8.16	7.79	7.44	7.11	6.8	6.52	6.25

图3-2 主程序运行结果

【本章小结】

本章主要介绍了Python相对深入的知识。程序设计出于效率和安全等原因，需要把代码封装成函数和类，其中函数式编程是必须掌握的内容。同时，我们需要掌握简单的面向对象的编程，理解面向对象的封装、继承和多态概念。了解变量的作用域、文件管理、异常处理和上下文管理器等内容，能够使我们编程更专业，但这些内容的熟练运用需要逐步深入的过程。

【本章习题】

即测即评3

一、单项选择题

1. 下面有关Python面向对象的思想，不正确的是（   ）。

A. 常用的代码块打包成一个函数是语句层面的封装

B. 容器类数据类型是数据层面的封装

C. 把所有的代码写在一个主程序中是程序封装

D. 描述事物特征的数据和代码块是类封装

2. 下面关于Python类操作中，不正确的是（   ）。

A. 可以访问或修改实例变量，甚至可以添加或者删除

B. 调用类实例对象的方法，也可给类对象动态添加方法

C. 构造函数用于创建实例对象时使用，也可以没有构造函数

D. 创建类的实例对象时，Python 解释器不会自动调用构造函数

3. Python 类体中，用 @staticmethod 修饰的方法为（　　　　）。

A. 类方法　　　　　　B. 实例方法　　　　　　C. 静态方法　　　　　　D. 动态方法

4. 面向对象程序设计中有 3 个重要特性，不包括（　　　　）。

A. 封装　　　　　　B. 继承　　　　　　C. 静态　　　　　　D. 多态

5. 从根文件夹开始，描述一个文件为（　　　　）。

A. 当前路径　　　　　　B. 相对路径　　　　　　C. 绝对路径　　　　　　D. 复杂路径

6. Python 语句 "foo=(lambda x,y:x>y)(3,5)" 的运行结果 foo 的值为（　　　　）。

A. true　　　　　　B. True　　　　　　C. False　　　　　　D. false

7. abs 函数实际上是定义在（　　　　）中的，不需要用户手动引用。

A. pandas 模块　　　　　　B. os 模块　　　　　　C. builtins 模块　　　　　　D. import 模块

8. Python 程序当在主模块运行时，__name__ 的值为（　　　　）。

A. "__file__"　　　　　　B. "__class__"　　　　　　C. "__module__"　　　　　　D. "__main__"

9. 当代码不符合 Python 语法规则时，解释器在解析时就会报出（　　　　）。

A. AssertionError　　　　　　B. IndexError　　　　　　C. SyntaxError　　　　　　D. KeyError

10. （　　　　）可以看作对 try 模式的简化，其用于对软件系统中的资源进行管理。

A. with 子句　　　　　　B. for 子句　　　　　　C. if 子句　　　　　　D. while 子句

二、判断题

1. Python 类体中，以 "变量名=变量值" 方式定义的变量，为实例属性。　　　　（　　　）

2. open() 函数以只读模式打开文件，读文件内容的指针会放在文件的结尾。　　　　（　　　）

3. builtins 是 Python 中的一个模块。该模块提供对 Python 的所有内置标识符的直接访问，不需要用户手动引用。　　　　（　　　）

4. Python 中，map() 和 reduce() 函数不是高阶函数。　　　　（　　　）

5. Python 中，return 语句在同一函数中不可以出现多次。　　　　（　　　）

6. 语法错误是解析代码时出现的错误。　　　　（　　　）

7. 当代码不符合 Python 语法规则时，解释器在解析时就会报出 TypeError。　　　　（　　　）

8. 在 Python 中，把运行时产生错误而中断运行的情况叫作异常（Exceptions）。　　　　（　　　）

9. 在 Python 中有一些异常，是程序正常运行的结果，比如用 raise 手动引发的异常。　　　　（　　　）

10. 在 Python 中 try 子句可以看作对 with 模式的简化。　　　　（　　　）

三、程序题

1. 请判断如下代码段的运行结果，然后键入代码，并执行。

（1）input() 函数。

```
凭证号=input("凭证号:") or '20230528'          # 输入回车
print(凭证号)
```

（2）用 .strip()去除字符串两端的空白。

```
科目名称=input("科目名称:").strip("")              #输入若干空格" 材料采购 "
print(科目名称)
```

（3）用 .split()解包 input 接收的多个输入。

```
科目代码=input("科目代码:").split(",")              #输入"1401,2221,100202"
print(科目代码)
```

（4）简单的交互。

```
response = input("保存记账凭证(Y/确认):\n")      #输入 y
if response.upper() =="Y":
    print("已保存记账凭证……")
else:
    print("已取消……")
```

（5）print输出多个变量或值。

```
记账凭证={'凭证号':'230052', '制单日期':'2023年5月28日'}
print(f"凭证号:{记账凭证['凭证号']}" + " "*4 +
    f"制单日期:{记账凭证['制单日期']}")
```

（6）end参数决定换行/不换行输出，续（5）。

```
print(f"凭证号:{记账凭证['凭证号']:>8}",end="    ")
print(f"制单日期:{记账凭证['制单日期']:>12}",end="    ")
```

（7）sep决定用什么间隔符来分隔多个值或变量，续（6）。

```
print(f"凭证号:{记账凭证['凭证号']}" + " "*4 ,
    f"制单日期:{记账凭证['制单日期']}",sep='|')
```

（8）导入模块和函数应用。

```
import math
def move(x, y, step, angle=0):
    nx =round(x + step * math.cos(angle))
    ny =round(y + step * math.sin(angle))
    return nx, ny
move(0,0,1,3.14/3)
```

2.深入了解变量的作用空间，完成以下任务。

dir(obj)可以得到obj对象的成员列表，其中包括内置命名空间的变量标识（双下划线开始和结束），以及obj对象的局部命名空间的变量。请编写一个函数，返回去除的内置命名空间变量的列表。

3.续第2章的课后习题"三、程序题1."，要求：

（1）请编写函数和主程序，输入任意企业的人员规模和营业收入，判断企业规模类型。

（2）结合"第2章【财务应用与实践】"，"工业"和"农、林、牧、渔业"行业企业规模类型的判断标准，采用类和函数编程，给定企业规模属性，判断企业类型。

4.续第2章的课后习题"三、程序题2."，要求：

（1）编写一个函数，打印输出：表 2-7 个人所得税税率表。

（2）编写函数和主程序，输入有意义年个人所得，给出应纳税额。

5. 续本章【财务应用与实践】中的年金类程序，要求：

（1）修改原有不适用的代码，并增加定义"递延年金""预付年金"两个子类。

（2）编写或重写计算现值和终值的实例方法。

（3）编写主程序：输入任意年金的属性值，得到其现值和终值。

第 4 章
Pandas 数据分析基础

对于我们而言，学习 Python 不是为了在未来开发一个通用的系统，而是为了更好地利用财经数据进行数据分析。Python 直接用于数据分析，需要很多基础开发工具。Python 第三方模块提供了大量、成熟、完备的工具，Pandas 是其中之一。我们这章主要学习 Pandas 基本对象，以及其属性和方法，为深入学习数据分析打好基础。

本章学习目标

（1）了解 NumPy 的 ndarray 对象，及其简单应用；
（2）了解 Pandas 的功能和应用领域；
（3）理解 Pandas 对象 Series 和 DataFrame 结构，熟悉属性和方法；
（4）熟练掌握 Pandas 数据文件的读取与写入；
（5）掌握 Pandas 索引 Index 对象创建、设置及使用；
（6）掌握 Pandas 对财经数据集的简单操作。

4.1 NumPy 基础

NumPy 的全称为 "Numeric Python"，是用于实现科学计算的第三方扩展包，主要是利用多维数组（ndarray）进行矢量算术运算和复杂广播。理解 NumPy 数组以及面向数组的计算有助于更加高效地使用 Pandas 等工具。Anaconda 包含了 NumPy，因此我们无须再安装。

4.1.1 NumPy ndarray 对象

1）创建 ndarray 对象

ndarray 对象是相同类型元素组成数组的集合。其每个元素都占有大小相同的内存块。通过 NumPy 的 array() 方法创建 ndarray 对象，示例代码如下。

```
[in]  import numpy as np
      a=np.array([[1,2,3], [4,5,6]])          #使用列表构建数组
      print(a)
      print(type(a))                          #ndarray 数组类型
```

```
[out] [[1 2 3]
      [4 5 6]]

      <class 'numpy.ndarray'>
```

2）ndarray 对象的属性

ndarray 对象的属性有：

● ndim：维度数量（轴数）。

● shape：数组的形状，是一个表示各维度长度的元组。

● dtype：维度空间内数据类型。

● size：元素总数，也可以理解为维度空间内容纳的元素的数量。

接上例代码。

```
[in]  print(f'a.ndim:{a.ndim} a.shape:{a.shape} a.dtype:{a.dtype} a.size:{a.size}')
[out] a.ndim:2 a.shape:(2, 3) a.dtype:int32 a.size:6
```

3）ndarray 对象的维度

ndarray 对象的维度指的是轴的数量。例如，a 是一个 ndarray 对象，若只有一个轴，用 a[x] 就可以精确定位每个元素的位置。若有两个轴，用 a[x][y] 可以精确定位一个元素。我们以三维 ndarray 对象为例，示例代码如下。

```
[in]  a = np.array([ [ [1, 2, 3],
                        [4, 5, 6] ],
                      [ [7, 8, 9],
                        [10,11,12] ] ])

      print(a)
      print(f'a.ndim:{a.ndim},a.shape:{a.shape},a.dtype:{a.dtype},a.size:{a.size}')
      print(f'a[0][0][0]:{a[0][0][0]},a[1][1][1]:{a[1][1][1]}')
[out] [[[ 1  2  3]
        [ 4  5  6]]
       [[ 7  8  9]
        [10 11 12]]]
      a.ndim:3,a.shape:(2, 2, 3),a.dtype:int32,a.size:12
      a[0][0][0]:1,a[1][1][1]:11
```

上例中，a 有 3 个轴，用 a[x][y][z] 或者 a[x,y,z] 就可以精确定位每个元素的位置。a.shape 返回 (2, 2, 3)。a[x][y][z] 的索引取值不超出这个范围，即 x 取值 0—1，y 取值 0—1，z 取值 0—2。对 a 进行切片，则有 3 个轴可以操作，如图 4-1 所示。

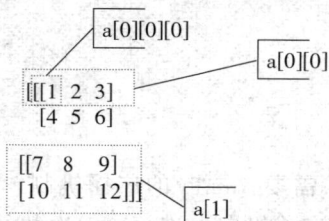

图 4-1　ndarray 的切片示意图

接上例代码。

```
[in] a[0]                 #第一个方括弧的第一个元素
[out]array([[1, 2, 3],
            [4, 5, 6]])
[in] a[0][1]              #第一个方括弧的第一个元素中第二元素
[out]array([4, 5, 6])
```

4.1.2 NumPy创建区间数组

NumPy的区间数组，是指数组元素的取值位于某个范围内，并且数组元素之间可能会呈现某种规律，比如等比数列、递增、递减等，在使用matplotlib时常用。

1）numpy.arange()函数

使用arange()来创建给定数值范围的数组，语法格式：

numpy.arange(start, stop, step, dtype)

arange()函数中参数与内置函数range()类似。但是range()中的参数要求是整数，numpy. arange()没有这个要求，示例代码如下。

```
[in] np.arange(0.1,1,0.2)
[out]array([0.1, 0.3, 0.5, 0.7, 0.9])
```

2）numpy.linspace()函数

linspace()函数在指定的数值区间内，返回均匀间隔的一维等差数组，默认均分50份，语法格式：

np.linspace(start, stop, num=50, endpoint=True, retstep=False, dtype=None)

linspace()中参数较容易理解，示例代码如下。

```
[in] x = np.linspace(1,2,5, endpoint = False ,retstep = True)
     print(x)
[out](array([1. , 1.2, 1.4, 1.6, 1.8]), 0.2)    # 0.2为公差
```

4.1.3 NumPy广播机制

NumPy中的广播机制（Broadcast）解决不同形状数组之间的算术运算问题。

1）形状相同数组的计算

两个数组形状完全相同，直接可以做相应的运算，示例代码如下。

```
[in] a = np.array([0.1,0.2,0.3,0.4])
     b = np.array([1,2,3,4])
     c = a * b
     print(c)
[out][0.1 0.4 0.9 1.6]
```

2）不同形状数组的计算

两个形状不同的数组运算，需要NumPy的广播机制，来保持数组形状相同。机制的核心是对形状较小的数组，在横向或纵向上进行一定次数的重复，使其与形状较大的数组拥有相同的维度。

当进行运算的两个数组形状不同，NumPy 会自动触发广播机制，示例代码如下。

```
[in]  a = np.array([[0, 0, 0],
                    [1,1,1],
                    [2,2,2],
                    [3,3,3]])
      b = np.array([10,20,30])
      print(a + b)                #b 数组与a 数组形状不同的计算
[out][[10 20 30]
      [11 21 31]
      [12 22 32]
      [13 23 33]]
```

我们通过图 4-2 所示，展示广播机制的实现流程。

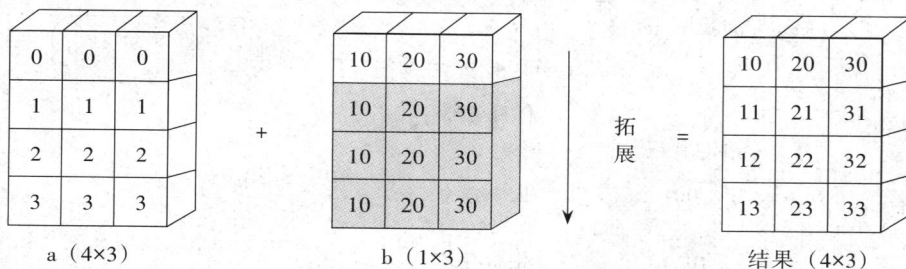

图4-2　NumPy数组广播机制

图 4-2 中 a 数组（二维 4x3）与 b 数组（一维 1x3）相加，NumPy 把 b 数组在纵向从上向下拓展 3 次（将第一行重复 3 次），从而生成与 a 数组相同形状的数组，之后再与 a 数组进行运算。

这里我们仅仅介绍了 NumPy 最基础的应用，当学习 Pandas 时再适当扩展。

4.2　Pandas基础

Pandas 数据处理库是建立在 NumPy 基础上的，并且使用 NumPy 的函数库。从本节之后，我们主要学习 Pandas 的数据分析应用。Pandas 的常规引入语句：

```
import pandas as pd
```

4.2.1　Pandas简介

NumPy 是用于科学计算的工具，提升计算速度和效率。Pandas 是基于 NumPy，纳入了大量库和标准的数据模型，提供了高效地操作大型数据集所需的工具。

Pandas 是为数据分析任务而创建的，其名称来自面板数据（panel data，经济学关于多维数据集的术语）和数据分析（data analysis）。Pandas 的功能主要是数据清洗、转换和分析等，广泛用于财务、金融等经济管理领域。

4.2.2　Pandas的基本数据对象

Pandas的主要数据结构：

● Series（一维数据）：带标签的一维同构数组

● DataFrame（二维数据）：带标签的二维异构表格

这两种数据结构足以处理金融、统计、社会科学、工程等领域里的大多数典型数据实例。Pandas数据结构就像是低维数据的容器，Series则是标量的容器，DataFrame是Series的容器。

1）Series

（1）Series的结构

Series是一种序列结构，类似于一维数组。由一组数据值（value）和一组标签（label）组成，其中标签与数据值之间是一一对应的关系，如图4-3所示。

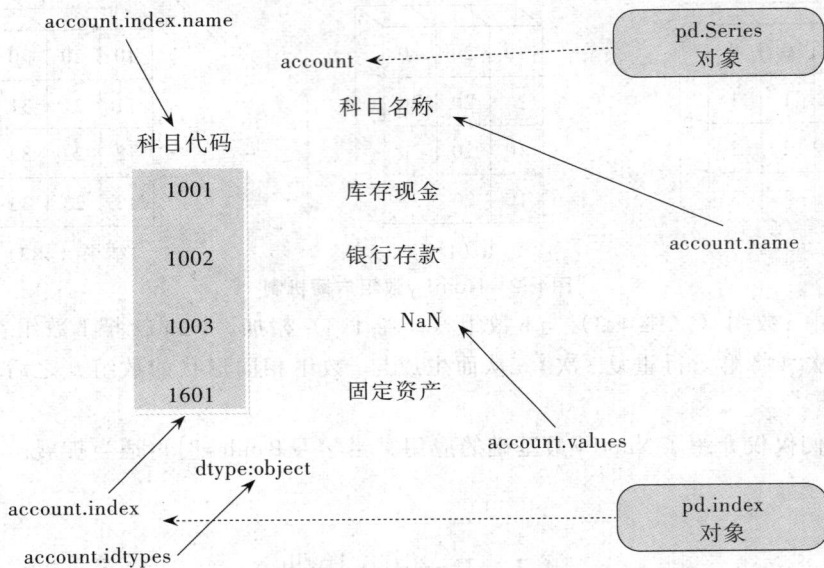

图4-3　Series结构图示例

Series可以保存任何数据类型，如整数、字符串、浮点数、Python对象等，其标签默认为整数，从0开始依次递增。

（2）创建Series对象

Pandas使用Series()函数来创建Series对象，语法格式：

```
pd.Series(data=None, #输入的数据,可以是列表、常量、ndarray一维数组等
        index=None, #索引值必须是唯一的,默认为 np.arrange(n)
        dtype: 'Dtype | None' = None,
        name=None,
        copy: 'bool' = False, #表示对data进行拷贝
        )
```

示例代码如下。

```
[in] data = {'1001' : "库存现金", '1002' :"银行存款", '1601' : "固定资产"}
     index=pd.Index(['1001','1002','1003','1601'],name='科目代码')
     account= pd.Series(data,index=index,name='科目名称')
     display(account)
[out]科目代码
     1001      库存现金
     1002      银行存款
     1003          NaN
     1601      固定资产
     Name: 科目名称, dtype: object
```

当传递的索引值无法找到与其对应的值时，使用 NaN（非数字）填充。

（3）访问 Series 数据

访问 Series 序列中元素有两种方式，即位置索引访问和索引标签访问。

① 位置索引访问。

使用 slice() 函数或使用位置索引，接上例代码。

```
[in] s=slice(1,None,2)
     print(account [s])              #同 print(account [1::2])
[out]科目代码
     1002      银行存款
     1601      固定资产
     Name: 科目名称, dtype: object
```

② 索引标签访问。

Series 类似于一个 dict，把 Series 的 index 中的索引标签当作 key，而把 Series 序列中的元素当作 value，然后通过 index 索引标签来访问或者修改元素值，接上例代码。

```
[in] print(account ['1001'])
     account ['1003']="其他货币资金"
     print(account [['1001','1002','1003']])
[out]库存现金
     科目代码
     1001      库存现金
     1002      银行存款
     1003      其他货币资金
     Name: 科目名称, dtype: object
```

这里请注意，account [['1001']] 与 account ['1001'] 的写法不同，并且两个 print 输出的类型也不同，请思考为什么？

（4）Series 的常用属性

Series 的属性和方法是最为基础的 Pandas 知识。除了 loc 和 iloc 两个属性（我们结合 DateFrame 讲解），表 4-1 列出了 Series 对象的常用属性。Series 的方法我们会逐步深入学习。

表4-1   Series的常用属性

属性名	说明
axes	以列表的形式返回所有行索引标签
dtype	返回对象的数据类型
empty	返回判断 Series 对象是否为空
ndim	返回输入数据的维数
size	返回输入数据的元素数量
values	以 ndarray 的形式返回 Series 对象
index	返回一个 RangeIndex 对象，用来描述索引的取值范围

接上例代码。

```
[in]  print(account.axes)
      print(account.dtype,account.empty,account.ndim,account.size)
      print(account.values)
      print(account.index)
      s=pd.Series([1,2,5,8])
      print(s.index)
[out] [Index(['1001', '1002', '1003', '1601'], dtype='object', name='科目代码')]
      object False 1 4
      ['库存现金' '银行存款' '其他货币资金' '固定资产']
      Index(['1001', '1002', '1003', '1601'], dtype='object', name='科目代码')
      RangeIndex(start=0, stop=4, step=1)
```

2）DataFrame

（1）DataFrame 的结构。

DataFrame 是 Pandas 进行数据分析过程中常用的数据结构。DataFrame 是一种表格型的数据结构，如图4-4所示，表中有行标签（index），又有列标签（columns）。DataFrame 也被称异构数据表，异构是指表格中不同的列的数据类型可以不同，如字符串、整型或者浮点型等。

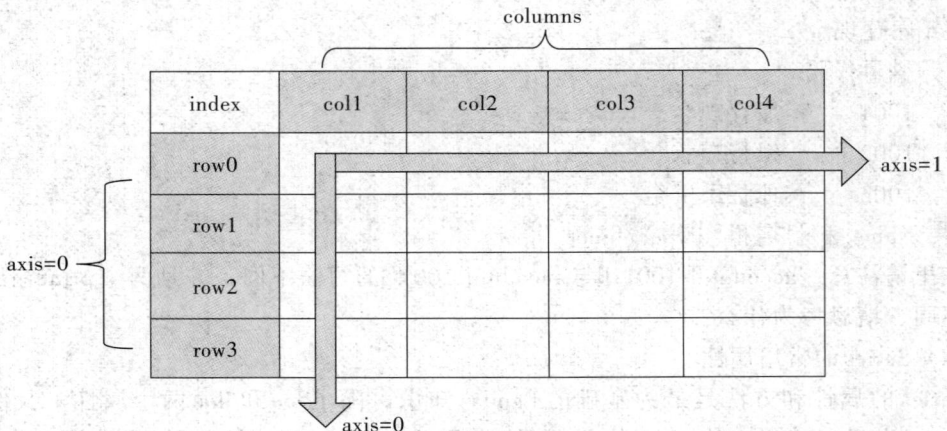

图4-4　DataFrame 的结构

可以把 DataFrame 视为若干 Series 组成的结构。DataFrame 的每一列，都有一个标签，是 Series 结构。因此，可以视 DataFrame 为若干 Series 的叠加。对行进行的操作，被定义为轴向 axis=0；对列进行的操作，被定义为轴向 axis=1。

（2）DataFrame 的创建。

创建 DataFrame，与 Series 类似，语法格式：

```
df = pd.DataFrame(
        data=None,        #输入的数据 ndarray | series | list | dict | DataFrame
        index = None,     #行标签，则默认 np.arrange(n)，n 为 data 元素个数
        columns = None,   #列标签，则默认列标签是 np.arrange(n)
        dtype = None,     #每一列的数据类型
        copy = None)
```

使用嵌套列表创建 DataFrame 对象，示例代码如下。

```
[in]  data = [['库存现金',1000],['银行存款',520000],['其他货币资金',300000]]
      df = pd.DataFrame(data,columns=['科目','余额'])
      display(df)
[out]
```

	科目	余额
0	库存现金	1000
1	银行存款	520000
2	其他货币资金	300000

（3）DataFrame 的属性。

DataFrames 的属性与 Series 类似，我们不再赘述。

4.2.3　Pandas 数据文件的读取与写入

通常我们使用的数据是以某种模型创建，按照一定的编码形式存储的数据文件。因此，数据文件具有格式和编码特征。例如 .txt 文本文件，由于其没有特殊的格式，我们使用 open()函数就可以正常读写。但是大多数数据文件有特殊的格式和模型，不能使用 open ()函数简单读取。

Pandas 提供了多种数据文件读写方法，如图 4-5 所示。

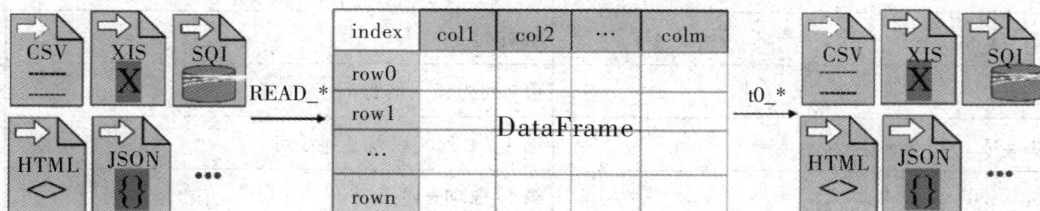

图4-5　Pandas数据文件读写

图 4-5 说明：

● 读取函数一般会赋值给一个变量 df，df = pd.read_*( )。

● 输出函数是将变量自身进行操作并输出 df.to___*( )。

我们这里以较常见的 Excel 数据文件 (.xlsx 文件) 读写进行讲解。其他文件的读写与此类似。Excel 数据文件一般具有特定的存储格式, 如 CSV、Excel 等, Pandas 使用 read_*() 函数将文件加载到 DataFrame 对象, 我们就可以用 DataFrame 的方法进行处理。在处理结束后, 我们再使用 Pandas 的 to_*() 函数将数据导出为指定的特定格式数据文件。

1) read_excel() 函数

读取 Excel 表格中的数据, 使用 read_excel() 函数, 语法格式:

```
pd.read_excel(io, sheet_name=0, header=0, names=None, index_col=None,          usecols=
        None, squeeze=False, dtype=None, engine=None,          converters=None,
        true_values=None, false_values=None,          skiprows=None, nrows=None,
        na_values=None, parse_dates=False,          date_parser=None, thousands=
        None, comment=None, skipfooter=0, convert_float=True, **kwds)
```

式中部分参数说明:

● io: 字符串, 表示 Excel 文件的存储路径

● sheet_name: 字符串、整数或它们组成的列表, 默认 0, 见表 4-2

表4-2　　　　　　　　　pd.read_excel () 方法sheet_name参数说明

参数赋值	读取工作簿的工作表
sheet_name=0	第一个 sheet 工作表
sheet_name=1	第二个 sheet 工作表
sheet_name='sheet1'	名为 "sheet1" 工作表
sheet_name= [0, 1, 'sheet1']	以上都读入

● header: 指定行为列名 (column), 默认 0, None 则不包含列名

● names: 设置的列名列表, 默认 None

● index_col: 指定用作行索引的列, 如 index_col= '列名', 也可以是整数或者列表, 默认 None, 行索引为 range (n), n 为数据行数

● usecols: int、list 或字符串, 默认 None, 解析说明见表 4-3

表4-3　　　　　　　　　　pd.read_excel () 函数usecols参数说明

赋值	读取工作表的列
usecols = None	所有列
usecols = 6	第 7 列为读入的最后一列
usecols ='A, C, E: G'	第 A, C 列, 以及 E 到 G 列
usecols = [0, 1, 5]	第 1, 2 和 6 列都读入

● dtype: 列的数据类型或字典

示例代码如下。

```
[in] data = pd.read_excel('..\data\ch4\上市公司列表_S.xlsx',
                sheet_name=[0,1],                    #第1和第2个工作表
```

```
                    header=0,              #第1行作为列名
                    dtype={'Scode':str},   #设置字符串类型
                    skiprows=[1],          #跨过第2行数据
                    index_col='Scode')     #Scode列作为行索引
        data[0].head()                     #显示前5行
[out]
```

Scode	Coname	Listdt	RegCap	IndcodeA	IndcodeB
000001	平安银行	1991-04-03	19405918198	I01	J66
000002	万科A	1991-01-29	11617732201	J01	K70
000596	古井贡酒	1996-09-27	503600000	C03	C15
000597	东北制药	1996-05-23	1347873265	C81	C27
000598	兴蓉环境	1996-05-29	2986218602	K01	D46

```
[in]  data[1].head()        #显示前5行
[out]
```

Scode	Coname	Coname_cn	Coname_en
000001	平安银行	平安银行股份有限公司	Ping An Bank Co., Ltd.
000002	万科A	万科企业股份有限公司	China Vanke Co.,Ltd.
000596	古井贡酒	安徽古井贡酒股份有限公司	Anhui Gujing Distillery Company Limited
000597	东北制药	东北制药集团股份有限公司	NORTHEAST PHARMACEUTICAL GROUP CO.,LTD.
000598	兴蓉环境	成都市兴蓉环境股份有限公司	Chengdu Xingrong Environment Co., Ltd.

数据文件 < 上市公司列表 .xlsx >，有两个工作表被读入 data，工作表第 1 行被设置为列标签，[Scode] 列被设定为行标签，并且指定为字符型数据，第 2 行数据（是中文列标签）被跳过，没有被读入。因此有了 data[0] 和 data[1] 的输出结果。

2）读取文本文件

之前我们学习过使用 open() 函数读取文本文件，read_csv() 函数也可以读取文本文件，示例代码如下。

```
[in]  data_txt = pd.read_csv('..\data\ch4\上市公司列表_S.txt',
                    sep='\t',
                    encoding='gbk',
                    skiprows=[1])
      data_txt.head(2)
[out]
```

	Scode	Coname	Coname_cn	Coname_en
0	1	平安银行	平安银行股份有限公司	Ping An Bank Co., Ltd.
1	2	万科A	万科企业股份有限公司	China Vanke Co.,Ltd.

3）to_excel() 函数

通过 to_excel() 函数可以将 DataFrame 中的数据写入到 Excel 文件，可分两种情况：

①单个对象写入 Excel 文件，指定目标文件名；②要写入到多张工作表中，需要创建一个带有目标文件名的 ExcelWriter 对象，并通过 sheet_name 参数依次指定工作表的名称。

to_excel()函数的语法格式：

DataFrame.to_excel(excel_writer, sheet_name='Sheet1', na_rep='', float_format=None, columns=None, header=True, index=True, index_label=None, startrow=0, startcol=0, engine=None, merge_cells=True, encoding=None, inf_rep='inf', verbose=True, freeze_panes=None)

部分参数说明：

● excel_wirter：文件路径或者 ExcelWrite 对象。

● sheet_name：指定要写入数据的工作表名称。

● columns：指定要写入的列。

● index：要写入的索引。

示例代码如下。

```
[in]  data0 = pd.DataFrame({'code':['1001', '1002', '1012', '4001'],
                            'name':['库存现金','银行存款','其他货币资金','实收资本'],
                            'balance':[1000,520000, 300000, 4000000],
                            'DrCr':['借','借','借','贷']})
      data1 = pd.DataFrame({'日期':'2023:09:18',
                            '摘要':'收到资本金',
                            '科目':['1002', '4001'],
                            '金额':[300000, 300000]})
      with pd.ExcelWriter('..\data\ch4\data1.xlsx') as writer:
          data0.to_excel(writer,sheet_name = '科目表')
          data1.to_excel(writer,sheet_name = '记账凭证',index=False)
      print('写入成功')
[out]写入成功
```

上述代码执行后会自动生成 data1.xlsx 文件，我们用 Excel 查看其内容，如图4-6所示。

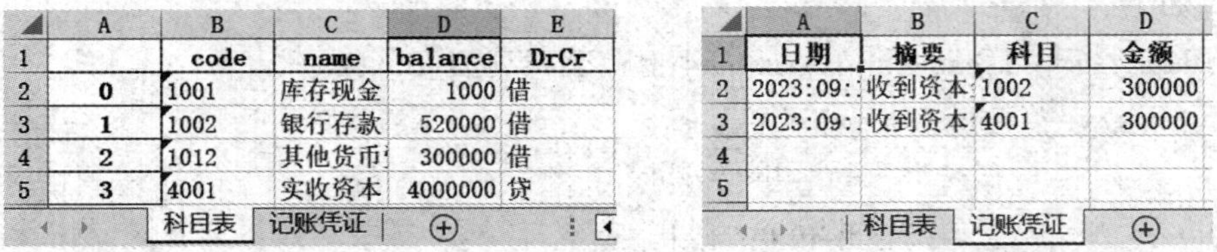

	A	B	C	D	E
1		code	name	balance	DrCr
2	0	1001	库存现金	1000	借
3	1	1002	银行存款	520000	借
4	2	1012	其他货币	300000	借
5	3	4001	实收资本	4000000	贷

	A	B	C	D
1	日期	摘要	科目	金额
2	2023:09:	收到资本	1002	300000
3	2023:09:	收到资本	4001	300000
4				
5				

科目表　记账凭证

图4-6　写入后的Excel表

4.3 Pandas索引对象

Pandas 的 Index 类及其子类可以视为有序的"集合序列"，还允许重复。但是，不能将具有重复元素的 Index 对象转换为 set，这会引发异常。Index 提供了查找、数据对齐和重建索引所需的基础结构。

4.3.1　创建 Pandas 索引对象

直接创建索引对象最简单的方法，是将一个 list 或其他序列作为参数传递给 pd .Index ()，示例代码如下。

```
[in] index = pd.Index(list(range(6)), name='行')
     columns = pd.Index(['A', 'B', 'C','D'], name='列')
     # np.random.randn (m,n)生成 m×n 均值为 0 方差 1 的正态分布序列
     data= pd.DataFrame(np.random.randn(6, 4),
                             index=index, columns=columns)

     display(data)
[out]
```

列 / 行	A	B	C	D
0	1.974582	-0.464603	0.668241	2.417323
1	-1.068091	0.545277	-0.734627	-0.362025
2	-0.532026	-1.600087	-0.598470	1.459873
3	-0.694355	1.674441	-0.364148	-0.619633
4	-2.110992	0.322241	-0.180264	1.361749
5	-0.184920	-0.622699	-0.170710	0.091463

上例中，pd.Index()根据序列构造了 Pandas 的另一类数据对象 Index，用来作为 DataFrame 的行和列的标识，且这类对象有其独有的属性和方法。

Pandas 也可以创建多层（levels）的索引对象，使用 pd.MultiIndex.from_product()方法，接上例代码。

```
[in] newindex = pd.MultiIndex.from_product([range(3), ['one', 'two']],
                                     names=['first', 'second'])

     display(newindex)
[out]MultiIndex([(0, 'one'),
            (0, 'two'),
            (1, 'one'),
            (1, 'two'),
            (2, 'one'),
            (2, 'two')],
           names=['first', 'second'])
```

上例中 newindex 的项与 df 的行数一致，我们可以把 newindex 设置为其索引，接上例代码。

```
[in] data.index=newindex
     display(data)
[out]
```

列		A	B	C	D
first	second				
0	one	1.974582	-0.464603	0.668241	2.417323
	two	-1.068091	0.545277	-0.734627	-0.362025
1	one	-0.532026	-1.600087	-0.598470	1.459873
	two	-0.694355	1.674441	-0.364148	-0.619633
2	one	-2.110992	0.322241	-0.180264	1.361749
	two	-0.184920	-0.622699	-0.170710	0.091463

上例中新的 data 的行索引分为两层：

● 第一层：Int64Index([0, 1, 2], dtype='int64', name='first')，level 为 0。

● 第二层：Index(['one', 'two'], dtype='object', name='second')，level 为 1。

DataFrame 的行和列索引都支持多层设置，我们后续会用到列的多层索引。

4.3.2 Pandas索引对象的方法

索引对象的方法包括：union ()、intersection ()、difference()和 symmetric_difference()，与我们前面学过的集合运算相似，示例代码如下。

```
[in]  a = pd.Index(['a', 'b', 'c'])
      b = pd.Index(['c', 'd', 'e'])
      a.union(b)                          #a,b的并集  a | b
[out]index(['a', 'b', 'c', 'd', 'e'], dtype='object')
[in]  a.intersection(b)                   #a,b的交集  a & b
[out]Index(['c'], dtype='object')
[in]  a.difference(b)
[out]Index(['a', 'b'], dtype='object')
[in]  a.symmetric_difference(b)          #a,b的对称差 a ^ b
[out]Index(['a', 'b', 'd', 'e'], dtype='object')
```

4.3.3 设置/重置索引

数据集加载、创建为 DataFrame，可以设置/重置索引。

1）导入设置索引

以 read_excel()函数为例，可通过赋值 index_col 参数加载 DataFrame 设置索引。

（1）简单索引

我们首先引入数据集，示例代码如下。

```
[in]  df = pd.read_excel('..\data\ch4\公司索引与切片_S.xlsx',
                header=0,                     #第一行作为列名
                sheet_name=0,
                dtype={'Scode':str},          #设置字符串类型
                skiprows=[1],                 #跨过第二行数据
                index_col='Scode')            #Scode列作为行索引
      df.head(2)
```

[out]

Scode	Coname	Listplte	Listdt	RegCap	Prvn	IndusA	IndcodeA
000001	平安银行	主板	1991-04-03	19405918198	广东省	银行业	I01
688318	财富趋势	科创板	2020-04-27	66670000	广东省	计算机应用服务业	G87

从上例中我们可以看到，df 的行索引为 Scode 列，而且索引名称为 "Scode"。

（2）多层索引

也可以使用整数列表设置多层索引，示例代码如下。

```
[in] df = pd.read_excel('..\data\ch4\公司索引与切片_S.xlsx',
                header=0,                    #第一行作为列名
                sheet_name=0,
                dtype={'Scode':str},         #设置字符串类型
                skiprows=[1],                #跨过第二行数据
                index_col=[2,0])             #Listplte 和 Scode 列为行索引

    df.head(3)
```

[out]

Listplte	Scode	Coname	Listdt	RegCap	Prvn	IndusA	IndcodeA
主板	000001	平安银行	1991-04-03	19405918198	广东省	银行业	I01
科创板	688318	财富趋势	2020-04-27	66670000	广东省	计算机应用服务业	G87
	688319	欧林生物	2021-06-08	405265000	四川省	生物制品业	C85

我们可以看到，df 的行索引为 Listplte 列(levels[0])和 Scode 列(levels[1])。

2) set_index() 函数

DataFrame 的 set_index()函数，可以采用简单列表（对于常规 Index）或复杂列表（对于 MultiIndex），设置 DataFrame 索引，语法格式：

```
DataFrame.set_index(keys, *, drop=True, append=False,
                    inplace=False, verify_integrity=False)
```

参数说明：

● keys：标签/数组列表，此参数可以是与调用 DataFrame 长度相同的单个数组，也可以是包含列键数组的任意组合，包括 Series、Index、Iterable 和 np.ndarray 的实例。

● drop：bool，默认为 True，删除要用作新索引的列。

● append：bool，默认为 False，是否将列追加到现有索引。

● inplace：bool，默认为 False，是否修改 DataFrame。

● verify_integrity：bool，默认为 False，检查新索引是否重复。

set_index()函数的返回值为 DataFrame 或 None，如果 inplace=True 则为 None。使用 set_index() 函数，接上例代码。

```
[in] df.set_index(['上市板块','股票代码'], inplace=True)
    df.head(3)
```

[out]

上市板块	股票代码	公司简称	首发上市日期	注册资本	所在省份	行业名称A	行业代码A
主板	000001	平安银行	1991-04-03	19405918198	广东省	银行业	I01
科创板	688318	财富趋势	2020-04-27	66670000	广东省	计算机应用服务业	G87
	688319	欧林生物	2021-06-08	405265000	四川省	生物制品业	C85

示例中，由于参数 keys= ['上市板块'，'股票代码']，inplace=True，drop=True，append=false，verify_integrity= false，则方法修改了 df，[上市板块] 和 [股票代码] 列分别成为 level0 和 level1 层级索引，并在数据列中被删除。

3）reset_index() 函数

reset_index() 是 set_index() 的反向操作，设置一个简单的整数索引传输到 DataFrame，接上例代码。

```
[in] df.reset_index(inplace=True)
     df.head(2)
[out]
```

	上市板块	股票代码	公司简称	首发上市日期	注册资本	所在省份	行业名称A	行业代码A
0	主板	000001	平安银行	1991-04-03	19405918198	广东省	银行业	I01
1	科创板	688318	财富趋势	2020-04-27	66670000	广东省	计算机应用服务业	G87
2	科创板	688319	欧林生物	2021-06-08	405265000	四川省	生物制品业	C85

reset_index() 采用一个可选参数 drop，如果为 true，则只丢弃索引，而不是将索引值放在 DataFrame 的列中。

DataFrame 还有函数 reindex()，reindex_like() 与索引设置有关，篇幅的原因我们不做介绍。

4.4 Pandas数据切片与提取

在本节中，我们将重点关注如何切片、切块，以及如何获取 Pandas 对象的子集。

4.4.1 下标索引引用方法

1）提取元素

下标引用，也就是[]方法索引，主要功能是选择维度切片。使用[]方法索引 Pandas 对象时可能返回不同类型的值，分下列情况可以是标量、Series 对象或 DataFrame 对象：

● Series 对象，series[标签]返回具体元素（标量值）。

● DataFrame 对象，DataFrame[列名]返回列名对应的 Series 对象。

● DataFrame 对象，DataFrame[[列名]]返回列名对应的 DataFrame 对象。

我们继续使用 "上市公司列表_S.xlsx" 数据集，用于说明切片与提取功能，代码示例如下。

```
[in] df = pd.read_excel('..\data\ch4\公司索引与切片_S.xlsx',header=1,
                        dtype={'股票代码':str})
```

```
    s = df['公司简称']                        #DataFrame 的一列，为一个 Series
    print(type(s))
    print(s.head(2))                          #只打印 2 个元素
    print(f's[4]是：{s[4]}')                   #对于 Series 的元素提取
[out]
    <class 'pandas.core.series.Series'>
    股票代码
    000001        平安银行
    688318        财富趋势
    Name: 公司简称, dtype: object
    s[4]是：万科 A
```

示例中把 s 改成 df[['公司简称']]，读者自己尝试一下。

2）切片操作

Series 切片操作语法与 ndarray 完全一样，返回切片对象的部分值和对应的标签。

Series 和 DataFrame 切片操作也可以等同于 list 等系列切片，接上例代码。

```
[in]  s[1:6:2]
[out] 股票代码
    688318        财富趋势
    300160        秀强股份
    000003        PT金田 A
    Name: 公司简称, dtype: object
[in]  df[-1:-6:-2]
[out]
```

股票代码	上市板块	公司简称	首发上市日期	注册资本	所在省份	行业名称A	行业代码A
688330	科创板	宏力达	2020-10-15	100000000	上海市	--	--
688328	科创板	深科达	2021-03-09	81040000	广东省	专用设备制造业	C73
688321	科创板	微芯生物	2019-08-12	410720500	广东省		

4.4.2　属性访问

可以直接访问某个 Series 的索引或 DataFrame 列上的索引作为属性，接上例代码。

```
[in]  df.set_index('股票代码',inplace=True)
    print(df.公司简称 .head(2))
    s = df.公司简称
    print(s['000001'])
[out] 股票代码
    000001        平安银行
    688318        财富趋势
    Name: 公司简称, dtype: object
```

平安银行

上例中不能执行 s.000001，原因不是不能作为属性访问，而是"000001"字符串不是有效的 Python 标识符。也就是说作为 Series 或 DataFrame 属性访问，仅当 index 元素是有效的 Python 标识符时才可以使用此访问权限，并且不允许该属性与现有方法名称冲突。

4.4.3 标签索引

Pandas 提供了 loc 属性，为"纯粹"基于标签的索引。要求传递的每个标签必须在索引中，否则 KeyError 将被抛出。我们将以文件<公司索引与切片 .xlsx>作为演示实例，示例代码如下。

```
[in] df = pd.read_excel('..\data\ch4\公司索引与切片_S.xlsx',index_col='股票代码',
                         header=1, dtype={'股票代码':str})

      df.head(2)
[out]
```

股票代码	公司简称	上市板块	首发上市日期	注册资本	所在省份	行业名称A	行业代码A
000001	平安银行	主板	1991-04-03	19405918198	广东省	银行业	I01
688318	财富趋势	科创板	2020-04-27	66670000	广东省	计算机应用服务业	G87

loc 属性的有效输入见表4-4。我们只给出输入例句，大家可以自己去实践操作获取输出结果。

表4-4　　　　　　　　　　　　　按标签选择提取数据示例

loc传递参数方式	代码如下	说明
单个标签	df.loc['000001']	返回 Series
列表或标签数组	df.loc[['000001','300160']]	使用 [[]] 二维数组返回 DataFrame
列表行标签，单一标签列	df.loc[['000001','300160'],'注册资本']	返回 Series
标签切片表示行，单一标签表示列	df.loc['000001':'300160','注册资本']	输出包括起点和终点，返回 Series
与行轴等长的布尔列表	df.head(3).loc[[False, False, True]]	返回 DataFrame
基于条件，传递一个布尔 Series	df.loc[df['注册资本'] > 6000000000]	返回 DataFrame
	df.loc[df['公司简称'].str.startswith('中')]	返回 DataFrame
通过列标签条件表达式	df.loc[df['注册资本'] > 6000000000, ['所在省份']]	返回 DataFrame
	df.loc[ds ['注册资本'] > 6000000000, '所在省份']	返回 Series
通过可调用对象指定一个布尔序列	df.loc[lambda ds: (df['所在省份'] == '广东省') & (df ['上市板块'] == '科创板')] 等同于： df.loc[(df['所在省份'] == '广东省') & (df['上市板块'] == '科创板')]	返回 DataFrame

如果整数作为行索引标签，需要注意：整数是有效标签，但不是行标签的位置，容易与位置引用相混淆，示例代码如下。

```
df = pd.read_excel('..\data\ch4\公司索引与切片_S.xlsx',
                    header=1, dtype={'股票代码':str})
```

整数值传递某个索引，接上例代码。

```
df.loc[1]        # 整数 1 是行标签
```

传递行标签的切片，注意输出既包含起点，也包含终点，接上例代码。

```
df.loc[7:9]
```

4.4.4　位置索引

Pandas 提供了 iloc 属性，为 "纯粹" 基于位置的索引，要求每个位置整数都在轴向数据范围（从 0 到轴向长度减 1），否则将抛出 KeyError。iloc 属性同样也支持布尔序列，我们沿用文件<公司索引与切片 .xlsx >作为演示实例。表 4–5 为代码解释说明。

表4-5　　　　　　　　　　　　　　　按标签选择提取数据示例

iloc 传递参数方式	代码如下	说明
使用简单的标量	df.iloc[0]	返回 Series
使用整数列表	df.iloc[[0]] type(df.iloc[[0]]) df.iloc[[0, 1]]	返回 DataFrame
使用切片对象	df.iloc[:3]	返回 DataFrame
使用与索引等长的布尔序列	df.head(3).iloc[[True, False, True]]	返回 DataFrame 该布尔序列称为布尔掩码–bool-ean mask
使用可调用对象，也可用链式方法	df.iloc[lambda x: x.index % 2 == 0]	表达式中 df 传递给变量 x，被切片为偶数
选择全轴，Index 和 columns 都传递给 iloc.		
传递简单标量	df.iloc[0, 1]	返回 DataFrame 数值元素
传递整数列表	df.iloc[[0, 2], [1, 3]]	返回 DataFrame
传递 slice 对象	df.iloc[1:3, 0:3]	返回 DataFrame
传递布尔数组	df.iloc[:, [True, False, True, True, False, True, False]]	匹配列索引标签，长度一致，返回 DataFrame
使用可调用对象	df.iloc[:, lambda df: [0, 2]]	返回 DataFrame

4.4.5　多层索引的数据提取

我们继续用文件<公司索引与切片 .xlsx>作为演示示例，读入时设置多重索引，表 4-6 为代码的解释和说明，示例代码如下。

```
df = pd.read_excel('..\data\ch4\公司索引与切片_S.xlsx',
                   index_col=[2,0],
                   header=1, dtype={'股票代码':str})
```

表4-6   **多重索引标签选择提取数据示例**

iloc传递参数方式	代码如下	说明
传递单一标签	df.loc['科创板']	返回 df 的子集
传递多重索引的元组	df.loc[('科创板','广东省')]	若结果为一行，返回 Series；若结果为多行，返回 DataFrame
使用元组列表	df.loc[[('科创板','广东省')]]	返回 DataFrame
元组切片	df1 = df.sort_index() df1.loc[('主板','广东省'):'科创板'] df1.loc[('主板','广东省'):('科创板','辽宁省')]	注意先要排序，否则得不到预期结果

4.4.6　数据赋值

同样沿用文件<公司索引与切片.xlsx>作为演示实例。解释与说明见表4-7。

表4-7   **数值赋值示例**

赋值方式	代码如下	说明
根据提取标签设置，进行赋值	df.loc[['000001', '000004'], ['注册资本']] = 50000000	df 对对应行列的数值更新赋值
整行赋值	df.loc['000001'] = 100000	df 对除了索引以外的数据赋值
条件表达式或可调用对象	df.loc[df['注册资本'] <10000] = 0	loc 内可嵌套 df 条件

4.5　Pandas的常用方法

Pandas的方法很多，不能一一列举，这里只介绍一些常用方法。

4.5.1　数据信息查询

通常我们加载完数据后，需要对数据的全貌有所了解，比如有多少行，多少列，有哪些字段，索引是什么等。我们以<平安银行FI.xlsx>为df操作示例，示例的解释说明见表4-8。

```
[in] df = pd.read_excel('..\data\ch4\平安银行 FI.xlsx', #当前目录下 data 文件夹
              header=1)         #第一行作为列名
    df.head()
[out]
```

	统计日期	净资产收益率	权益乘数	销售净利率	总资产周转率	净利润/利润总额	利润总额/息税前利润	息税前利润/营业总收入
0	1992-12-31	0.3063	10.5706	0.3619	0.0801	0.7624	1.0000	0.4747
1	1993-12-31	0.3123	9.6250	0.4416	0.0735	0.9042	1.0000	0.4884
2	1994-12-31	0.2492	8.6748	0.4812	0.0597	0.8598	1.0032	0.5579
3	1995-12-31	0.2410	9.9142	0.4439	0.0548	0.8583	0.9974	0.5185
4	1996-12-31	0.3508	11.2097	0.5046	0.0620	0.8560	0.9951	0.5922

表4-8　　　　　　　　　　　　　　　数据信息查询

赋值方式	代码如下	说明
查看数据样本	df.head(10)　　#前 10 条数据 df.tail(10)　　#后 10 条数据	默认值为 5
随机查看样本	df.sample(3) # 随机看 3 条数据	默认值为 1
查看数据形状	df.shape	会返回一个行列数量元组
基本信息	df.info()	索引情况，行列数量等
数据类型	df.dtypes	会返回每个字段的数据类型
行列索引内容	df.axes	会返回索引列表
其他信息	df.index	索引对象
	df.columns	列索引
	df.ndim	维度数
	df.size	行 x 列的总数
	df.first_valid_index()	返回第 1 个非 NA/空值索引
	df.last_valid_index()	返回最后 1 个非 NA/空值索引

4.5.2　数据统计描述

1）describe()函数

describe()函数显示与 DataFrame 数据列相关的统计信息摘要。describe()函数输出均值、std 和 IQR 值（四分位距）等一系列统计信息。其 Include 参数（Object->字符列，number->数字列，all->所有列）能够筛选字符列或者数字列的摘要信息。我们同样以文件<平安银行 FI.xlsx>作为示例，接上例代码。

```
[in] df.describe(include='object')  #对字符型数据统计
[out]
```

	统计日期
count	31
unique	31
top	1992-12-31
freq	1

我们设置include参数为"number"，接上例代码。

```
[in] df.describe(include='number')   #对数值型数据统计
[out]
```

	净资产收益率	权益乘数	销售净利率	总资产周转率	净利润/利润总额	利润总额/息税前利润	息税前利润/营业总收入
count	31.000000	31.000000	31.000000	31.000000	31.000000	31.000000	31.000000
mean	0.170800	20.241058	0.266942	0.039358	0.781990	0.999213	0.333613
std	0.084976	11.475673	0.128070	0.014756	0.091225	0.002716	0.143021
min	0.041800	8.674800	0.042300	0.021400	0.520200	0.986900	0.054600
25%	0.104700	12.350450	0.196400	0.029050	0.757000	1.000000	0.266800
50%	0.154700	15.015200	0.253000	0.035100	0.778000	1.000000	0.318300
75%	0.236900	26.244800	0.347700	0.040750	0.857150	1.000000	0.442650
max	0.350800	44.055300	0.504600	0.080100	0.926400	1.003200	0.592200

2）统计函数

Series 与 DataFrame 支持大量描述性统计的函数。函数输出结果是原始数据集的汇聚。对于 DataFrame 操作，这些函数接收参数 axis，可以用字符串或整数指定。分为如下两种情况：

● index,即 axis=0,默认值。

● columns,即 axis=1。

统计函数包括：均值函数 mean()、相关系数 corr()、计数函数 count()、最值 max()和 min()、标准差函数 std()、中位数函数 median()，以及 df.mode()、df.quantile()、df.idxmax()、df.idxmin()等。

DataFrame idxmax()函数，示例代码如下。

```
[in]  df.iloc[:,1:].idxmax()
[out]净资产收益率           4
     权益乘数             11
     销售净利率            4
     总资产周转率           0
     净利润/利润总额         8
     利润总额/息税前利润       2
     息税前利润/营业总收入      4
     dtype: int64
```

上例中，df 第一列为［统计日期］，类型为 object，不能进行 idxmax()函数操作。因此使用 iloc 提取新的 DataFrame，否则会抛出 TypeError。df.iloc[:,1:].idxmax()执行结果，返回一个 Series，标签为 df 的列标签，值是 df 列中最大值的行索引标签。

DataFrame quantile()函数，示例代码如下。

```
[in]  df.iloc[:,1:].quantile(0.1)
[out]净资产收益率         0.0776
     权益乘数          10.0669
     销售净利率         0.0822
     总资产周转率        0.0265
```

净利润/利润总额	、0.6790
利润总额/息税前利润	0.9974
息税前利润/营业总收入	0.1097

Name: 0.1, dtype: float64

统计学中四分位数(quantile)是把所有数值由小到大排列并分成四等份，处于 3 个分割点位置的得分。DataFrame 的 quantile()函数的分位数（0 <= q <= 1）默认为 0.5。上例中传递的 q 值为 0.1，得到的结果为样本中所有数值由小到大排列后第 10% 的数字。

4.5.3　Pandas 排序

Pandas 提供了两种排序方法，分别是按标签排序和按数值排序。

1）按标签排序

使用 sort_index()函数对行标签排序，指定轴参数（axis），默认按照行标签序排序。

①排序顺序。通过将布尔值传递给 ascending 参数，可以控制排序的顺序（行号顺序），示例代码如下。

```
df.sort_index(ascending=False)
```

②按标签排序。通过给 axis 轴参数传递 0 或 1，可以对行列标签进行排序。默认 axis=0，表示按行排序；axis=1，表示按列排序，示例代码如下。

```
df.sort_index(axis=1)
```

2）按值排序

与标签排序类似，sort_values()函数表示按值排序。by 参数设置排序列名，示例代码如下。

```
df.sort_values(by='净资产收益率')
```

by 参数也可以接受一个列表参数值，接上例代码。

```
df.sort_values(by=['净资产收益率','权益乘数'])
```

4.5.4　Pandas 遍历

在 Pandas 中同样可以使用 for 循环遍历 Series 和 DataFrame。Series 可以被视为一维数组进行遍历操作。通过 for 遍历后，Series 可直接获取相应的 value；而 DataFrame 是二维数据表结构，其遍历类似 Python 字典，遍历则会获取列标签等。

我们构建一个 DataFrame 作为示例，示例代码如下。

```
[in] df1 = pd.DataFrame([[0.01, 8.5, '房地产'],
                         [5.5, 60.5, '金融服务'],
                         [4.2, 2.1, '信息技术'],
                         [2.2, 3.1, '生产制造']],
                        columns=['ROE', 'EM', '行业'],
                        index=pd.date_range(start='2020-12-31',
                                            end='2023-12-31', freq='y'))

     print(df1)
[out]
```

	ROE	EM	行业
2014-02-12	0.01	8.5	房地产
2014-02-13	5.50	60.5	金融服务
2014-02-14	4.20	2.1	信息技术
2014-02-15	2.20	3.1	生产制造

我们把 df1 进行遍历，结果得到的是所有列的标签，接上例代码。

[in] for i in df1:

        print (i, end=′ ′)

[out] ROE EM 行业

如果想要遍历 DataFrame 的每一行，Pandas 提供如下方法：

● iteritems()——以键值对（key, value）的形式遍历。

以键值对的形式遍历 DataFrame 对象，以列标签为键，以对应列的元素为值，接上例代码。

```
for key,value in df1.items():
    print (key,value)                #分别得到列标签,以及对应的值Series
```

● iterrows()——以行标签与行内容（row_index, row）的形式遍历行。

iterrows()按行遍历，返回一个迭代器，以行索引标签为键，以每一行数据为值，接上例代码。

```
for row_index,row in df1.iterrows():
    print (row_index,row)                #分别得到行标签,以及对应行的Series
```

● itertuples()——使用已命名元组的方式对行遍历。

itertuples()同样将返回一个迭代器，会把 DataFrame 的每一行生成一个特殊元组，接上例代码。

```
for row in df1.itertuples():
    print(row)                #将 DataFrame迭代成元组
```

【财务应用与实践】

财务数据文件的格式与读取

下面我们通过一个上市公司基本信息文件的实例，深入体会 Pandas 数据结构和初级数据处理。篇幅的原因，示例中没有给出输出结果，请自己查看资源文件代码执行结果。

本节主要以上市公司基本信息数据集文件<公司基本信息.csv >为演示示例。

1.读取数据文件

读入.csv 数据文件<公司基本信息.csv>，并把第2行设为列标题，［股票代码］列设为字符类型，代码如下。

```
import Pandas as pd
df = pd.read_csv('..\data\ch4\公司基本信息.csv',
                 skiprows=0,
                 header=1,  #第2行设为列标题
                 #"股票代码"等列设为字符类型
```

```
                    dtype={'股票代码':str,'同公司 B 股代码':str,
                    '同公司 H 股代码':str})
```

我们通过以上代码，读入<公司基本信息 .csv >，跳过第 1 个英文标题行，第 2 列设为列标签，并把［股票代码］等列设为字符类型。

2. 初步了解数据集

（1）查看数据，代码如下。

```
df.head(2)                          #查看前 2 条数据,默认 5
df.tail(2)                          #查看后 2 条数据,默认 5
df.sample(3)                        #随机查看 3 个数据样本
df.sample(frac=0.001)               #随机查看千分之一数据样本
df.sample(replace=True, random_state=1)  #放回取样,有记忆
```

（2）了解数据集各列的数据类型，是否为空值，以及内存占用情况，代码如下。

```
df.info()    #默认 show_counts 或 Null Count = True
```

（3）了解数据集各列的数据统计情况（最大值、最小值、标准偏差、分位数等），代码如下。

```
df.describe(include='object')       #对非数值型数据统计
df.describe(include='number')       #对数值型数据统计
df.describe(include='all')          #对所有数据类型统计
```

3. 依据索引和位置提取数据

（1）设置［股票代码］为索引，并排序，代码如下。

```
df.set_index(['股票代码'],inplace = True)  #设置'股票代码'列为行索引,并更新
df.sort_index(inplace=True)                #按索引排序,并更新
df.reset_index(inplace=True)               #恢复整数序列索引,并更新
```

（2）使用 loc 进行数据提取，并赋值。要求上市公司分为 3 类：小企业——注册资本小于 1 亿元，中型企业——注册资本处于 1~10 亿元之间，大型企业——注册资本大于 10 亿元，并将其写入新的列——［企业规模］，代码如下。

```
df['企业规模']=['小型企业' if regcap <= 100000000
               else '中型企业' if regcap <= 1000000000
               else '大型企业'
               for regcap in df['注册资本']]
```

（3）提取注册资本最接近中位数的上市公司股票代码。

首先我们先得到注册资本的中位数，代码如下。

```
df.sort_values(by='注册资本',inplace=True)
regcapmedian = df['注册资本'].median()
```

进而我们可以提取较 regcapmedian 大的公司样本，代码如下。

```
c_big = df[df['注册资本'] >= regcapmedian].iloc[0]
```

提取较 regcapmedian 小的公司样本，代码如下。

```
c_small = df[df['注册资本'] < regcapmedian].iloc[-1]
```

进而我们得到问题的解，代码如下。

```
solution = c_big.股票代码 if(
    c_big.注册资本−regcapmedian)<(
    regcapmedian − c_small.注册资本) else c_small.股票代码
```

当然以上代码也可以做一个函数或类来完成，请同学们自己尝试一下。

4.改写数据［注册资本］，将单位改为"万元"，并保留两位小数，代码如下。

```
round_2 = lambda x:round(x,2)
df['注册资本']=(df['注册资本']/10000).map(round_2)
```

5.根据要求提取数据文件的定制数据

我们根据以下要求提取数据集：

（1）根据深市主板所有上市公司数据集，得到上市公司数量。

首先分析深市主板上市公司的筛选条件：

● ［上市板块]列的值为"主板"。

● ［股票代码]列的值是以字符"0"开头。

代码如下。

```
df1 = df[(df['上市板块']=='主板') & (df['股票代码'].str.startswith('0'))]
```

再得到公司的个数，代码如下。

```
print(f'截至 2022 年 12 月 31 日 A 股深圳主板上市公司共有{df1.shape[0]}家。')
```

（2）根据（1）得到的 df1，取得所有 st 公司数据集，代码如下。

```
df_st = df1[(df1['公司简称'].str.lower()).str.startswith('st')
            |(df1['公司简称'].str.lower()).str.startswith('*st')]
```

（3）从（2）的数据集 df_st 中，提取['股票代码','公司简称','首发上市日期','摘牌日期','注册资本','所在省份']列，并存储为 .csv 文件，文件名为<深市 st 公司 .csv>，代码如下。

```
df_st = df_st[['股票代码','公司简称','首发上市日期',
              '摘牌日期','注册资本','所在省份']]
df_st.to_csv('.\data\上市公司数据\深市 st 公司 .csv',
            encoding='gbk',
            index=False)        #"股票代码"列变成整数存储
df_st.to_excel('.\data\上市公司数据\深市 st 公司 .xlsx',
              encoding='gbk',
              index=False) #"股票代码"为字符串存储
```

（4）续（3）得到其中 st 公司的子集，按首发上市时间排序索引，得出深市主板每年退市的上市公司个数，代码如下。

```
res ={i:0 for i in df_nona['退市年份'].drop_duplicates()}
for row_index,row in df_nona.iterrows():
    if row['退市年份'] in res:
        res[row['退市年份']] += 1
```

【本章小结】

本章主要介绍了Pandas的基础知识。首先，我们学习了NumPy的数据对象ndarray，及其简单应用。NumPy作为Pandas的依赖项，主要用于矩阵计算，提升计算效率。其次，我们学习了Pandas基本的数据对象Series和DataFrame，熟悉其简单的属性和方法。我们要重点掌握如何读取数据文件的DataFrame，对数据进行索引和提取操作。就此我们打下了数据分析的基础。最后，我们结合一个财务数据集，深刻体会了这些Pandas知识的应用。

【本章习题】

即测即评4

一、单项选择题

1. 下列代码运行的结果是（　　　）。

```
import numpy as np
a = np.array([[[1,2,3],
              [4,5,6]],
             [[7,8,9],
              [10,11,12]]])
print(a[:,1])
```

A.[4 5 6]　　　　　　　　　　　　B.[[4 5 6]
　[[7 8 9]　　　　　　　　　　　　[10 11 12]]

C. [10 11 12]]　　　　　　　　　　　D.[10 11 12]

2. 续1题，

```
print(a.shape)
```

执行的结果是（　　　）。

A. (2,6)　　　　　B. (4, 3)　　　　　C. (2, 2, 3)　　　　　D. (3, 2, 2)

3. 下面代码运行的输出结果是（　　　）。

```
import numpy as np
np.arange(0.1,0.5,0.2)
```

A. array([0.1, 0.3])　　　　　　　　　B. array([0, 0.3])

C. array([0.1, 0.5]　　　　　　　　　　D. array([0.3, 0.5])

4. 下面代码运行的输出结果是（　　　）。

```
pd.DataFrame(np.array([[1, 2, 3], [4, 5, 6]]),
            columns=['a', 'b', 'c'])
```

	a	b	c
1	1	2	3
2	4	5	6

A.

	a	b	c
a	1	2	3
b	4	5	6

B.

	a	b	c
0	1	2	3
1	4	5	6

C.

D. Typeerror

5. Pandas 使用 Series() 函数来创建 Series 对象，当传递的索引值无法找到与其对应的值时，使用（　　　）填充。

A. None　　　　　　　B. NaN　　　　　　　C. null　　　　　　　D. 0

6. isnull()和 notnull()用于检测 Series 中的缺失值。如果值不存在或者缺失，则 isnull()返回（　　　），则 notnull()返回（　　　）。

A. True，False　　　B. True，True　　　C. False，True　　　D. False，False

7. DataFrame 表格中每列的数据类型可以不同，称为（　　　）。

A. 同构数据表　　　B. 异构数据表　　　C. 结构化数据表　　　D. 非结构化数据表

8. 下列各项中，不是 DataFrame 遍历的方法的是（　　　）。

A. itertuples()　　　B. iterrows()　　　C. iteritems()　　　D. itercols()

9. 在没有指定索引时，Series 和 DataFrame 自带行标签索引，这种情况为（　　　）。

A. 01索引　　　B. 字符索引　　　C. 隐式索引　　　D. 显式索引

10. 索引操作 DataFrame，iloc 允许接受两个参数分别是行和列，参数之间使用"逗号"隔开，但只能接收（　　　）。

A. 标签索引　　　B. 整数索引　　　C. 隐式索引　　　D. 显式索引

二、判断题

1. NumPy 的广播功能要求运算的数组的形状完全一致。　　　　　　　　　　　（　　）

2. Pandas 只能读入 excel 数据文件，而不能读入 .txt 这样的纯文本文件。　（　　）

3. DataFrame 对象的索引标签只能是整数，不能是其他数据类型。　　　　　（　　）

4. DataFrame 的 iloc 和 loc 是不同的属性，前者关注数据的索引位置，后者则是索引标签。　　　　　　　　　　　　　　　　　　　　　　　　　　　　　　　　　（　　）

5. Series 可以保存任何数据类型，它的标签默认为整数，从 1 开始递增。　　（　　）

6. DataFrame 的方法 isnull()，如果值不存在或者缺失，则返回 False。　　（　　）

7. DataFrame 的方法 notnull()，如果值不存在或者缺失，则返回 True。　（　　）

8. DataFrame 是一种表格型的数据结构，既有行标签（index），又有列标签（columns）。　　　　　　　　　　　　　　　　　　　　　　　　　　　　　　　（　　）

9. Series 和 DataFrame 自带行标签索引，称为"显式索引"。　　　　　　　（　　）

10. DataFrame 的 loc 方法允许两个参数分别是行和列，参数之间需要使用"冒号"隔开，但该函数只能接收标签索引。　　　　　　　　　　　　　　　　　　　　（　　）

三、程序题

1.键入如下代码，并运行，观察运行结果

```python
import pandas as pd
import numpy as np
N=10
df = pd.DataFrame({
    '日期': pd.date_range(start='2023-01-01',periods=N,freq='D'),
    '序号': np.linspace(0,stop=N-1,num=N),
    '重量': np.random.rand(N),
    '等级': np.random.choice(['Low','Medium','High'],N).tolist(),
```

```
'体积': np.random.normal(100, 10, size=(N)).tolist()
})
```

完成以下要求：

（1）查阅资料，熟悉代码中 NumPy 的方法；

（2）利用 head()、tail()、sample()、info()、describe() 等函数，了解数据集；

（3）提取偶数"序号"的数据集；

（4）提取"重量"大于均值，并且体积小于中位数的数据集；

（5）增加一列，标签为"产品质量"，把（3）提取的样本标记为"不合格"，其他为合格；

（6）把最终的 DataFrame 存储为 .csv 文件。

2. 针对给定的上市公司基本信息数据集<公司基本信息 .xlsx >，完成以下操作

（1）读入数据，要求把第 2 行设为列标题，['股票代码','同公司 B 股代码','同公司 H 股代码']列设为字符类型，'股票代码'设置为索引列。

（2）初步了解数据集。

● 查看数据。

● 了解数据集各列的数据类型，是否为空值，内存占用情况。

● 了解数据集各列的数据统计情况（最大值、最小值、标准偏差、分位数等）。

（3）依据索引和位置提取数据。

● 重新设置［股票代码］及［上市板块］为行索引，并排序。

● 使用 loc 或 iloc 进行数据提取，并赋值。要求上市公司分为两类：IT 企业——［主营产品名称］含有"计算机"，其他企业——［主营产品名称］不含有"计算机"，并写入新的列［ICT 分类］。提取注册地在辽宁省、注册资本最大的上市公司的股票代码。

（4）改写数据列［注册资本］，将单位改为"亿元"，并保留 4 位小数。

（5）根据要求提取数据文件的定制数据。

● 根据创业板的所有上市公司数据集 df_c，得到上市公司数量。

● 根据得到的 df_c，取得所有东三省的上市公司 df_ne。

● 从数据集 df_ne 中，提取['股票代码','公司简称','首发上市日期','摘牌日期','注册资本','所在省份']列，并存储为 .xlsx 文件，文件名为<东北地区创业板 .xlsx >。

● 操作数据集 df_ne，按首发上市时间排序索引，得出东北地区每年上市的公司数量。

第 5 章
Pandas 数据集处理

数据集（dataset）是一个数据的集合，通常以表格形式出现。每一列都代表一个特定属性；每一行都对应某一样本成员。数据集处理是较为规范的操作，如借助结构化查询语言（SQL）操作。Pandas 具有强大的数据集处理功能，包含数据库操作和数据表单（类似 Excel）处理。本章内容以实践操作为主，尽可能避开专业概念的讲解。

本章学习目标

（1）掌握应用函数对 DataFrame 和 Series 的数据值进行处理的操作；

（2）利用 Pandas 内置函数对 DataFrame 进行数据变形操作；

（3）利用 Pandas 内置对象 GroupBy 对 DataFrame 进行分组操作；

（4）利用 Pandas 内置函数对多个 DataFrame 进行数据关联操作；

（5）利用 Pandas 进行会计和财务的数据集处理。

5.1 函数应用

Pandas 内置函数不能满足要求时，我们需要使用自定义函数处理 DataFrame 或 Series。

5.1.1 Pandas 函数应用概述

想要应用自定义函数，或者把其他库中的函数应用到 Pandas 对象中，有以下 3 种方法：

- pipe()：操作整个 DataFrame 的函数。
- apply()：操作行或者列的函数。
- applymap()：操作单一元素的函数。

本节示例所需数据来自 <ESG 评级 .xlsx> 文件，首先我们引入文件，示例代码如下。

```
[in]  import pandas as pd
      df_esg = pd.read_excel('..\data\ch5\ESG 评级 .xlsx',dtype={'股票代码':str})
      display(df_esg)
```

[out]

	股票代码	公司简称	会计年度	E得分	S得分	G得分	ESG得分	ESG排名
0	000001	平安银行	2020	5.2807	29.3300	45.3000	29.6600	515
1	300161	华中数控	2020	1.8159	12.1650	20.8369	18.5000	1688
2	000001	平安银行	2021	5.6000	29.9681	44.6208	28.9990	566
3	000002	万科A	2021	5.3619	66.5500	40.7960	47.5550	320
4	300161	华中数控	2021	1.8900	17.6000	24.3000	17.5838	1600
5	000001	平安银行	2022	5.6360	29.5560	55.4000	28.6833	518
6	000002	万科A	2022	5.4582	65.4499	41.1200	47.1257	220

5.1.2　链式操作

Pandas 的链式操作是利用 Pandas 的面向对象特性，上一个方法的结果是下一个方法的操作对象。这样说比较抽象，从语法形式看能更直观一些，语法格式：

df.<操作 1>.<操作 2>.<操作 3>.…….<操作 N>

接上例代码。

```
[in] (df_esg.loc[:,['公司简称','ESG得分','ESG排名']]
        .groupby('公司简称')
        .mean()
        .max()
    )
```

[out]

```
    ESG 得分      47.34035
    ESG 排名    1644.00000
    dtype: float64
```

上例中，df_esg 首先是 loc 属性获取 [公司简称]、[ESG 得分]、[ESG 排名] 列，得到一个新的 DataFrame；进而 groupby（'公司简称'）把 DataFrame 进行分组，得到一个分组对象；mean()函数对分组对象进行均值计算，得到一个各组均值的 Series；最后 max()函数操作得到均值的最大值 Series。

5.1.3　pipe()函数

Series、DataFrame、GroupBy 等对象 pipe()函数：x.pipe(f, *args, **kwargs)，等同于 f(x, *args, **kwargs) 函数处理。即 x 作为参数传递给函数 f 处理，该函数应用于整个 x 数据。以 DataFrame 为例，语法格式：

df.pipe(<函数名>,<传给函数的参数列表>)　　　　#单一函数的 df 操作

pipe()函数可以让链式操作过程标准化、流水线化。对 df 应用多个函数，像 f(g(h(df), arg1=a), arg2=b, arg3=c)，用 pipe()可以把函数连接起来，语法格式：

```
(df.pipe(h)
    .pipe(g, arg1=a)
    .pipe(f, arg2=b, arg3=c)
```

）

接上例示例代码。

[in] df_esg.pipe(len)　#把整个df作为参数

[out]7

df_esg.pipe(len)传递len，注意只是函数名，df_esg默认自动传入，len()函数作用于整个df_esg，因此执行的结果为7，接上例代码。

[in]　import numpy as np

　　df_esg.loc[:,'E得分':'ESG得分'].pipe(np.log).pipe(round,2)

[out]

	E得分	S得分	G得分	ESG得分
0	1.66	3.38	3.81	3.39
1	0.60	2.50	3.04	2.92
2	1.72	3.40	3.80	3.37
3	1.68	4.20	3.71	3.86
4	0.64	2.87	3.19	2.87
5	1.73	3.39	4.01	3.36
6	1.70	4.18	3.72	3.85

首先提取df_esg的［E得分］到［ESG得分］列数据，其次pipe(np.log)执行取对数运算，再执行pipe(round,2)使运算结果保留两位小数。

5.1.4　apply()函数

如果要操作DataFrame的行或者列，可以使用apply()函数，可选参数axis，并且默认按列操作，语法格式：

df.apply(func,　#函数，应用于每列或每行的函数

　　　　　axis=0, #{0 or 'index', 1 or 'columns'}，默认为0，　　应用函数的轴方向

　　　　　*args, **kwds)

上式中，func函数作用于df每一个行或列的Series。axis为第二个参数，决定Series的获取是行还是列，还可以传递位置参数和关键字参数，对应func函数所需要的形式参数。

apply()函数应用func函数必须返回一个与传入Series长度相同的序列，或一个标量，是可以广播到源数据的行或者列上的结果，接上例代码。

[in] df1 = df_esg.loc[:,'E得分':'G得分']　　　#获取指定的数据

　　　df1.apply(lambda x:x.mean(),axis=1)　　#在行方向求均值

[out] 0　　26.636900

　　　1　　11.605933

　　　2　　26.729633

　　　3　　37.569300

　　　4　　14.596667

　　　5　　30.197333

　　　6　　37.342700

dtype: float64

axis=1，则要在水平上传递序列，即把每一行传递给 func，则每行的 Series 作为参数 x 传递给 lambda 函数。lambda 函数表达式 x.mean()，求得每行的均值，并返回。每行的行标签（index）和所有返回值构成一个新的 Series 返回，接上例代码。

```
[in] df1.apply(lambda x:(x-x.mean()).abs().mean())
[out]E得分          1.475269
     S得分         17.255563
     G得分          9.338331
     dtype: float64
```

apply()函数默认 axis=0，在垂直方向执行函数 func。这样我们会得到与列数量等长的 Series，且列名作为结果的标签（Index）。df1.apply(lambda x:(x-x.mean()).abs().mean())语句过程解析：

① 把每列数据 x 作为参数传递给 lambda 函数；

② lambda 的表达式中(x-x.mean())是每一列的每个值减去整个列的均值，会得到一个新的 Series，与 x 等长；

③ 对②得到的每个 Series 计算绝对值，会得到新的 Series；

④ 对③得到的 Series 计算均值，则每个 Series 会得到一个标量值；

⑤ 每一列得到一个均值标量，与每一列的标签，组成一个新的 Series 返回。

5.1.5　applymap()或 map()函数

df.applymap() 可做到元素级函数应用，就是对 DataFrame 中所有的元素（不包含索引）应用函数处理。使用 lambda 时，变量是指每一个具体的值。map()用于 Series 对象的逐个元素操作，接上例代码。

```
[in] df_esg.applymap(str).applymap('I am a {}'.format)
[out]
```

	股票代码	公司简称	会计年度	E得分	S得分	G得分	ESG得分	ESG排名
0	I am a 000001	I am a 平安银行	I am a 2020	I am a 5.2807	I am a 29.33	I am a 45.3	I am a 29.66	I am a 515
1	I am a 300161	I am a 华中数控	I am a 2020	I am a 1.8159	I am a 12.165	I am a 20.8369	I am a 18.5	I am a 1688
2	I am a 000001	I am a 平安银行	I am a 2021	I am a 5.6	I am a 29.9681	I am a 44.6208	I am a 28.999	I am a 566
3	I am a 000002	I am a 万科A	I am a 2021	I am a 5.3619	I am a 66.55	I am a 40.796	I am a 47.555	I am a 320
4	I am a 300161	I am a 华中数控	I am a 2021	I am a 1.89	I am a 17.6	I am a 24.3	I am a 17.5838	I am a 1600
5	I am a 000001	I am a 平安银行	I am a 2022	I am a 5.636	I am a 29.556	I am a 55.4	I am a 28.6833	I am a 518
6	I am a 000002	I am a 万科A	I am a 2022	I am a 5.4582	I am a 65.4499	I am a 41.12	I am a 47.1257	I am a 220

上例中，首先 df_esg.applymap(str)把 df_esg 的所有元素（不包括索引）变成字符串类型，进而 applymap('I am a {}'.format)把 df_esg 的内容变成新的格式化字符串，接上例代码。

```
[in] fun = lambda x: (x>=20 and '合格') or (x<20 and '不合格')
     df_esg['评级'] = df_esg.ESG得分 .map(fun)
     display(df_esg)
```

[out]

	股票代码	公司简称	会计年度	E得分	S得分	G得分	ESG得分	ESG排名	评级
0	000001	平安银行	2020	5.2807	29.3300	45.3000	29.6600	515	合格
1	300161	华中数控	2020	1.8159	12.1650	20.8369	18.5000	1688	不合格
2	000001	平安银行	2021	5.6000	29.9681	44.6208	28.9990	566	合格
3	000002	万科A	2021	5.3619	66.5500	40.7960	47.5550	320	合格
4	300161	华中数控	2021	1.8900	17.6000	24.3000	17.5838	1600	不合格
5	000001	平安银行	2022	5.6360	29.5560	55.4000	28.6833	518	合格
6	000002	万科A	2022	5.4582	65.4499	41.1200	47.1257	220	合格

上例中，根据 df_esg.ESG 数据列［ESG 得分］的值，给出"合格"和"不合格"的赋值，并用新的 Series 赋值给 df_esg 的新列［评级］。map()也可以进行字典赋值操作，请参考资源包代码文件。

5.2 数据变形

在数据分析时，我们经常对数据集的分类属性和值属性做出调整，这样就改变了数据集原有的数据结构，因此数据集需要引入变形操作，如数据透视表。

5.2.1 长宽表的变形

一般数据表每一行数据记录一个被描述事物样本，每一列数据记录数据集描述事物的属性。什么是长表？什么是宽表？这个概念是对于描述事物的某一个特征而言的，示例代码如下。

```
[in] df_long = pd.DataFrame({'公司简称': ['科大讯飞', '科大讯飞',\
                              '工商银行', '工商银行'],
                  '报告类型': ['半年报', '年报', '半年报', '年报'],
                  '资产':[200, 210, 10000, 11200],
                  '负债':[100, 105, 5000, 5600]})

     display(df_long)
[out]
```

	公司简称	年报类型	资产	负债
0	科大讯飞	半年报	200	100
1	科大讯飞	年报	210	105
2	工商银行	半年报	10000	5000
3	工商银行	年报	11200	5600

数据表 df_long 的［公司简称］、［报告类型］是公司样本的分类属性，［资产］、［负债］是描述公司财务数据的数值属性。长表与宽表是相对的概念。对于［资产］、［负债］

这样的数值属性，其数值是由［公司简称］、［报告类型］2 个分类属性决定的，如果把其中一个分类属性去除，该表［资产］、［负债］属性为［报告类型］的值做笛卡尔积，会得到：［资产_半年报］、［资产_年报］、［负债_半年报］和［负债_年报］，4 个数值属性。这样原来 4×4 的表，就变成了 2×5 的表，表格从长表变成了宽表，代码示例如下。

```
[in] df_wide= pd.DataFrame({'公司简称': ['科大讯飞','工商银行'],\
                            '资产_半年报': [200, 10000],
                            '资产_年报': [210, 11200],
                            '负债_半年报':[100, 5000],
                            '负债_年报': [105, 5600],})

     display(df_wide)
[out]
```

	公司简称	资产_半年报	资产_年报	负债_半年报	负债_年报
0	科大讯飞	200	210	100	105
1	工商银行	10000	11200	5000	5600

上例中，我们可以看出长表和宽表一般指的是数值列的布局，df_long 数值是 4×2 长表，行为 4；df_wide 数值是 2×4 宽表，列为 4。

5.2.2　pivot()函数

1）整理透视 pivot()函数

pivot()是长表变宽表的函数，该操作有 3 个参数：

● index，变形后的行索引，用于分组，如果为 None，则使用现有索引。

● columns，需要将列的值转到列索引的列。

● values，列和行索引对应的数值，用于填充 DataFrame 的列。

接上例代码。

```
[in] df_pivoted = df_long.pivot(index='公司简称',columns='年报类型',
                                values=['资产','负债'])

     display(df_pivoted)
[out]
```

	资产		负债	
年报类型	半年报	年报	半年报	年报
公司简称				
工商银行	10000	11200	5000	5600
科大讯飞	200	210	100	105

上例中，返回的 DataFrame 的 values 对应的是数值，是由 index 和 columns 确定。Pivot()能够运行的前提：无论在原 DataFrame，还是新 DataFrame，index 和 columns 参数确定的 value 数值具有唯一性。新 DataFrame 中的行列索引对应了唯一的 value，原表中的 index 和 columns 对应每个列的数值唯一，即在 df_long 中行索引和［公司简称］与［年报类型］能够分别确定对应的［资产］和［负债］的数值，df_pivoted 中行索引和［公司简称］能够

分别确定对应的 ［资产–半年报］、［资产–年报］、［负债–半年报］和 ［负债–半年报］列的数值。具体操作如图5-1所示。

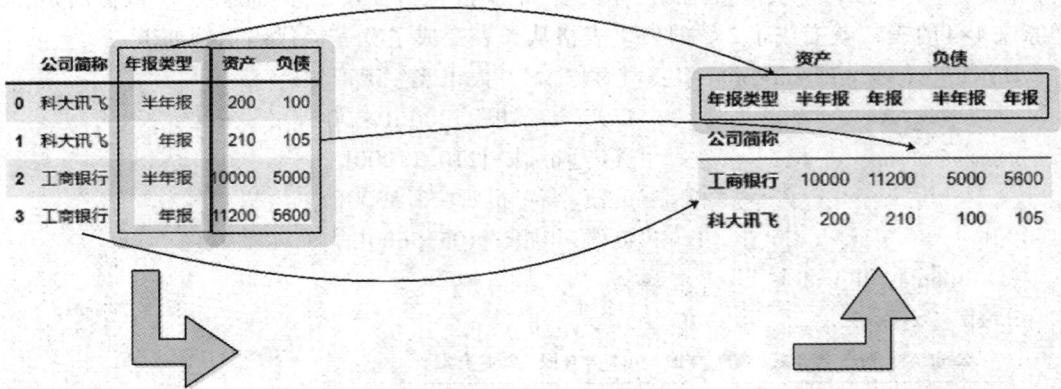

公司简称	年报类型	资产	负债
0 科大讯飞	半年报	200	100
1 科大讯飞	年报	210	105
2 工商银行	半年报	10000	5000
3 工商银行	年报	11200	5600

	资产		负债	
年报类型	半年报	年报	半年报	年报
公司简称				
工商银行	10000	11200	5000	5600
科大讯飞	200	210	100	105

图5-1　pivot示意图

2）数值不唯一的pivot_table()函数

pivot()的前提是 index 和 columns 参数决定 value 具有唯一性。如果不满足唯一性条件，直接应用会报错。解决的办法是通过聚合操作使得相同行列组合对应的多个值变为一个值，示例代码如下。

```
[in] df_long_m = pd.DataFrame({'公司':['万科 A','万科 A','万科 A','中国平安',
                '中国平安','中国平安','中国平安'],
       '项目':['环境','社会','社会','治理','环境','社会','社会'],
       '得分':[50, 100, 90, 70, 80, 85, 85]})

    display(df_long_m.head())

[out]
```

	公司	项目	得分
0	万科A	环境	50
1	万科A	社会	100
2	万科A	社会	90
3	中国平安	治理	70
4	中国平安	环境	80

上例中，DataFrame 是分析师对万科 A 和中国平安两家公司的 ESG（环境、社会责任和公司治理）的评分，因为有多个分析师评分，因此每个公司的每项评分是多个，不唯一。我们一般是计算这些评分数据的平均值。此时就无法通过 pivot()函数来完成，需要pivot_table()函数，接上例代码。

```
[in] df_wide_m = df_m.pivot_table(index='公司',columns='项目',
           aggfunc = ['mean','max'],values='得分',
           margins=True)

    display(df_wide_m)

[out]
```

	mean				max			
项目 公司	治理	环境	社会	All	治理	环境	社会	All
万科A	NaN	50.0	95.0	80.0	NaN	50.0	100.0	100
中国平安	70.0	80.0	85.0	80.0	70.0	80.0	85.0	85
All	70.0	65.0	90.0	80.0	70.0	80.0	100.0	100

与 pivot()函数相比，pivot_table()函数引入聚合函数 aggfunc 参数，用于设置数值聚合计算，把多个 value 列的值聚合为唯一的值。margins 为可选参数，默认为 False，不显示边缘数据。如图 5-2 pivot_table 示意图。

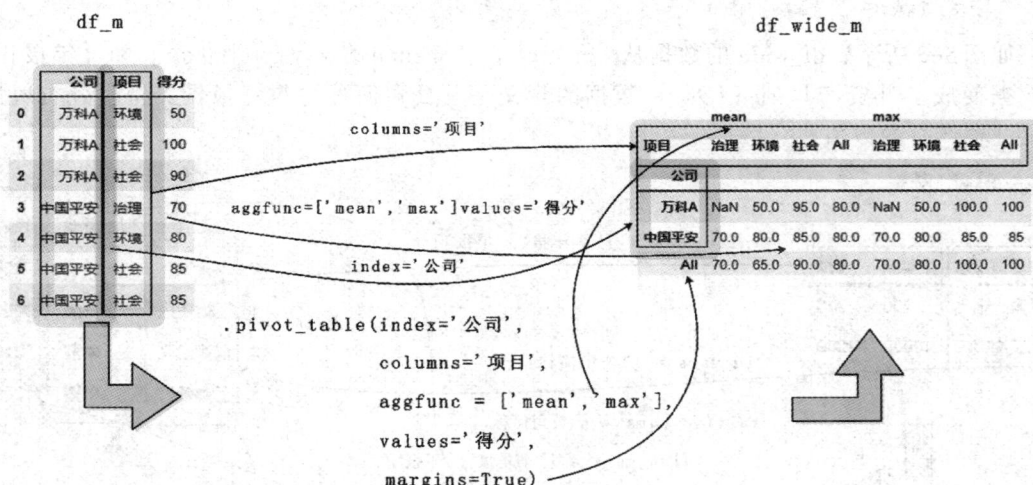

图5-2　pivot_table示意图

5.2.3　melt()函数

长宽表是数据表的呈现形式，形式不同但包含相同的信息量。利用 pivot()可以把长表转为宽表。melt()函数是 pivot()函数的逆操作，可以把宽表转为长表。

首先我们构建一个公司资产数据表 DataFrame，代码示例如下。

```
[in] df_wide = pd.DataFrame({'公司简称': ['科大讯飞','工商银行'],\
                '半年报': [200, 10000],
                '年报': [210, 11200]})

    display(df_wide)
[out]
```

	公司简称	半年报	年报
0	科大讯飞	200	210
1	工商银行	10000	11200

melt()函数可以把数据区的某些列名变成新的列数据，而把数据区的多列压缩为新的一列，使宽表变成长表，接上例代码。

```
[in] df_melted = df_wide.melt(id_vars = ['公司简称'],
                              value_vars = ['半年报','年报'],
                              var_name = '报告类型',
                              value_name = '资产')

    display(df_melted)
[out]
```

	公司简称	报告类型	资产
0	科大讯飞	半年报	200
1	工商银行	半年报	10000
2	科大讯飞	年报	210
3	工商银行	年报	11200

如图5-3所示，df_wide 的数据从2行变成了 df_melted 的4行，［半年报］和［年报］2列数据变成了［资产］列（1列），数据的含义是［公司简称］与［报告类型］分类属性确定［资产］的数值。

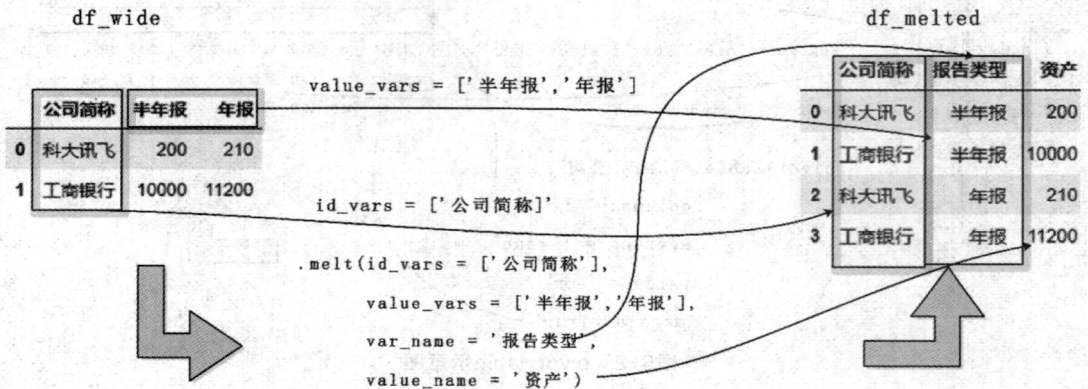

图5-3　melt示意图

5.2.4　wide_to_long()函数

melt()函数在列索引中被压缩的一组值对应的列元素只能代表同一层次的含义，如上例中 var_name = '报告类型'。如果数值元素对应多个层次的含义，则需要 wide_to_long()函数处理，示例代码如下：

```
[in] df_w = pd.DataFrame({'公司简称':['科大讯飞', '工商银行'],
                          '资产_Mid':[200, 10000], '负债_Mid':[90, 5000],
                          '资产_Final':[210, 11000], '负债_Final':[120, 5600]})

    display(df_w)
[out]
```

	公司简称	资产_Mid	负债_Mid	资产_Final	负债_Final
0	科大讯飞	200	90	210	120
1	工商银行	10000	5000	11000	5600

上例中数值列中包含了交叉类别，比如报告类型和金额项目（资产和负债），那么想要把 values_name 对应的金额扩充为两列分别对应［资产］和［负债］，只把［mid］和［final］的信息压缩，如图 5-4 所示，使用 wide_to_long()函数来完成，接上例代码。

```
[in] pd.wide_to_long(df_w, stubnames=['资产', '负债'],
     i = ['公司简称'], j='报告类型', sep='_', suffix='.+')
[out]
```

公司简称	报告类型	资产	负债
科大讯飞	Mid	200	90
工商银行	Mid	10000	5000
科大讯飞	Final	210	120
工商银行	Final	11000	5600

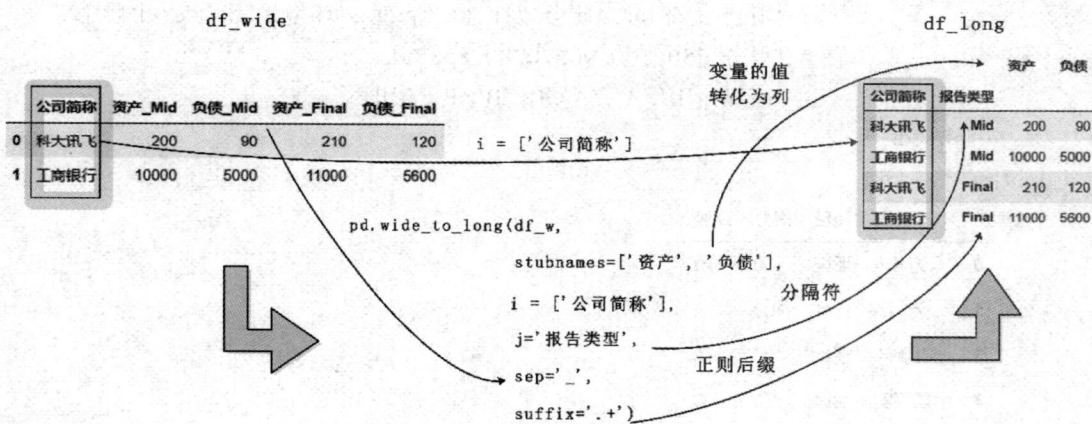

图5-4　wide_to_long示意图

数据变形操作还包括索引的变形 stack 与 unstack 方法，stack 将数据的列 columns 旋转成行 index，unstack 将数据的行 index 旋转成列 columns。受篇幅限制这里不深入讨论。

5.3　数据分组

数据分析有时需要改变数据集的维度，变换分析的信息粒度。这种改变包括向下钻取和向上钻取。向上钻取是在某一维上将低层次的细节数据概括到高层次的汇总数据，减少维数。向下钻取则与此相反。数据分组就是一种向上钻取的方式，使得分析的信息粒度变得更粗。

5.3.1 groupby()函数

1）分组要素

分组是根据一定的规则进行数据划分，将一个数据集划分成若干个小的区域，然后可以针对若干个小区域进行数据处理。df.groupby() 函数是按指定字段对 DataFrame 进行分组，生成一个分组器对象，然后再把这个对象的各个字段按一定的聚合方法输出。因此，df.groupby() 函数的简化语法格式：

df.groupby(分组依据)[数据来源].使用操作

我们要实现分组操作，必须明确3个要素：分组依据、数据来源、使用操作。操作会返回一个 <groupby_generic.DataFrameGroupBy> 对象，如果不给定聚合操作，不会返回 DataFrame 或 Series 对象。我们构建如下 DataFrame 作为演示示例，代码示例如下。

```
[in] df = pd.DataFrame({'公司':['万科 A','万科 A','万科 A','中国平安',
                        '中国平安','中国平安','中国平安'],
                        '项目':['环境','社会','社会','治理','环境','社会','社会'],
                        '得分':[50, 100, 90, 70, 80, 85, 85],
                        '评级':['D','A', 'A','C','B','B','B']})

    display(df)
[out]
```

	公司	项目	得分	评级
0	万科A	环境	50	D
1	万科A	社会	100	A
2	万科A	社会	90	A
3	中国平安	治理	70	C
4	中国平安	环境	80	B
5	中国平安	社会	85	B
6	中国平安	社会	85	B

2）基本用法

对示例的 df 依据［项目］进行分组，数据设置为［得分］列，分组进行 mean()操作，接上例代码。

```
[in] f.groupby('项目')['得分'].mean()
[out]项目
    治理    70.0
    环境    65.0
    社会    90.0
    Name: 得分, dtype: float64
```

上例中 groupby()函数对 df 数据［得分］列依据［项目］分类属性进行分组，每一组进行 mean()操作(求均值)。这样返回依据［项目］列的分类属性（唯一值）为标签的新 Series。如果对多列数值进行操作，自然会返回一个 DataFrame。

3）分组依据

（1）列名构成的列表

在 groupby() 函数中传入相应列名构成的列表作为分组依据。例如，根据［公司］和 ［项目］进行分组，统计［得分］的均值，接上例代码。

```
[in] df_g = df.groupby(['公司','项目'])['得分'].mean()
     display(df_g)
[out]公司      项目
     万科 A    环境    50.0
             社会    95.0
     中国平安  治理    70.0
             环境    80.0
             社会    85.0
     Name: 得分, dtype: float64
```

这样会得到一个多重索引的 Series。

（2）条件表达式

上例 groupby() 函数的分组依据是可以直接从列中按照名字获取的。还可以通过一定的复杂逻辑条件来分组。例如，对［得分］大于 60 分的项目进行计数统计，接上例代码。

```
[in] condition = df.得分 > 60
     df.groupby(condition)['得分'].count()
[out]得分
     False    1
     True     6
     Name: 得分, dtype: int64
```

又例，对［评级］属于 A 和 B 等级的得分进行均值统计，接上例代码。

```
[in] condition = [(lambda x: x in ['A','B'])(i) for i in df['评级']]
     df.groupby(condition)['得分'].mean()
[out] False    60.0
     True     88.0
     Name: 得分, dtype: float64
```

我们可以观察到，属于 A 和 B 等级的得分均值为 88，其他为 60。

5.3.2　Groupby 对象

分组操作是调用 Pandas 的 GroupBy 对象方法。因此，分组操作之前，须先创建 DataFrameGroupBy 对象，接上例代码。

```
[in] gb = df.groupby(['公司', '项目'])
     type(gb)
[out]Pandas.core.groupby.generic.DataFrameGroupBy
```

我们通过表 5-1 简单说明 GroupBy 对象的属性和方法。

表5-1   Groupby对象的属性和方法（部分）

属性和方法	说明	示例
ngroups	可以访问组数量	gb.ngroups
groups	组名映射组索引列表的字典	gb.groups.keys()
indices	键是创建的组，值是df中每组的实例的轴标签列表或索引	gb. indices
size（）	统计每个组的元素个数	gb.size()
get_group（）	直接获取所在组对应的行	gb.get_group(('中国平安', '环境')) .iloc[:, :2]
遍历对象	组名和分组 DataFrame	for name, entries in gb: print(name) print(entries.head(2), '\n\n')

5.3.3 组应用函数

将原始数据分组之后，我们可以对每个组执行以下操作之一或组合：

●聚合（Aggregation）：计算每个组的汇总统计量。

●变换（Transformation）：按组进行操作，如计算每个组的 z-score 值。

●过滤（Filtration）：根据预定义的条件拒绝某些组。

1）聚合

聚合函数通常要求返回标量值，常用的函数包括：max、min、mean、median、count、all、any、idxmax、idxmin、mad、nunique、skew、quantile、sum、std、var、sem、size 和 prod 等。

聚合 GroupBy 对象的数据（即按组计算汇总计量）是在对象上使用 agg() 函数,示例代码如下。

```
[in] df_agg = df.groupby(['公司','项目']).agg({'得分':['mean','max'],'评级':'count'})
     display(df_agg)
[out]
```

		得分		评级
		mean	max	count
公司	项目			
万科A	环境	50.0	50	1
	社会	95.0	100	2
中国平安	治理	70.0	70	1
	环境	80.0	80	1
	社会	85.0	85	2

例中，df.groupby（['公司','项目']）得到分组 GroupBy 对象，agg() 方法依据字典传递的参数为不同的数据列进行列表内的函数统计。

2）变换

GroupBy 对象的 transform()函数与 agg()聚合函数不同，其返回值为与源数据同长度的序列，如累计函数 cumcount、cumsum、cumprod、cummax 和 cummin 等，使用方式和聚合方法类似。

例如，一种是我们分组对［得分］列进行标准化，另一种是不分组做同样的操作。请思考 2 个结果有什么不同，接上例代码。

```
[in] gb = df.groupby(['公司'])
     gb['得分'].transform(lambda x: (x-x.mean())/x.std())
     df['得分'].map(lambda x: (x-df['得分'].mean())/df['得分'].std())
[out] #前者是分组的结果,后者是没有分组
```

```
0   -1.133893          0   -1.866513
1    0.755929          1    1.244342
2    0.377964          2    0.622171
3   -1.414214          3   -0.622171
4    0.000000          4    0.000000
5    0.707107          5    0.311086
6    0.707107          6    0.311086
Name: 得分, dtype: float64    Name: 得分, dtype: float64
```

3）过滤

分组过滤可以被视为行过滤的推广，指的是如果对一个组的全体所在行进行统计的结果返回 True 则会被保留，False 则该组会被过滤，最后把所有未被过滤的组对应的行拼接起来作为 DataFrame 返回，接上例代码。

```
[in] gb = df.groupby(['公司'])
     gb.filter(lambda x: x.shape[0] > 3)
[out]
```

	公司	项目	得分	评级
3	中国平安	治理	70	C
4	中国平安	环境	80	B
5	中国平安	社会	85	B
6	中国平安	社会	85	B

上例中，filter()方法对 gb 对象进行组筛选，lambda 函数的参数 x 分别传入 gb.get_group('万科 A')和 gb.get_group('中国平安')，前者 3 行，后者 4 行。因此，代码运行 4 行的组被保留，得到 gb.get_group('中国平安')组成的 DataFrame。

5.4　数据连接

我们想对于多个数据集进行处理，得到一个新的数据视图，则必须在一定的关系连接基础上进行操作。本节讲述多个数据集的连接处理。

5.4.1 数据连接的概念

对于2个有数据关系的表，按照某一个或某一组键连接起来形成一个新的数据视图是一种常见关系型数据操作。感兴趣的同学，请参照有关关系型数据库知识。

首先我们构建2个DataFrame，代码示例如下。

```
[in]  df1 = pd.DataFrame({'公司名称':['万科 A','平安银行'], '资产':[10000,20000]})
      df2 = pd.DataFrame({'公司名称':['万科 A','浦发银行'], '注册地':['深圳','上海']})
      display(df1,df2)
[out] #前者为df1,后者为df2
```

	公司名称	资产
0	万科A	10000
1	平安银行	20000

	公司名称	注册地
0	万科A	深圳
1	浦发银行	上海

df1 是一个记录上市公司注册资本的数据表，df2 是一个记录上市公司注册地的数据表。数据连接需要2个DataFrame有共同的键，在关系型数据库中称为外键。上例中，[公司名称] 是2个DataFrame的共同列，作为连接的键，在Pandas连接操作中用on参数表示，参见图5-5。

在Pandas中的关系型连接函数merge()和join()中提供了how参数来表示连接方式，分为左连接（left）、右连接（right）、内连接（inner）、外连接（outer），它们的区别可以用图5-5示意图表示。

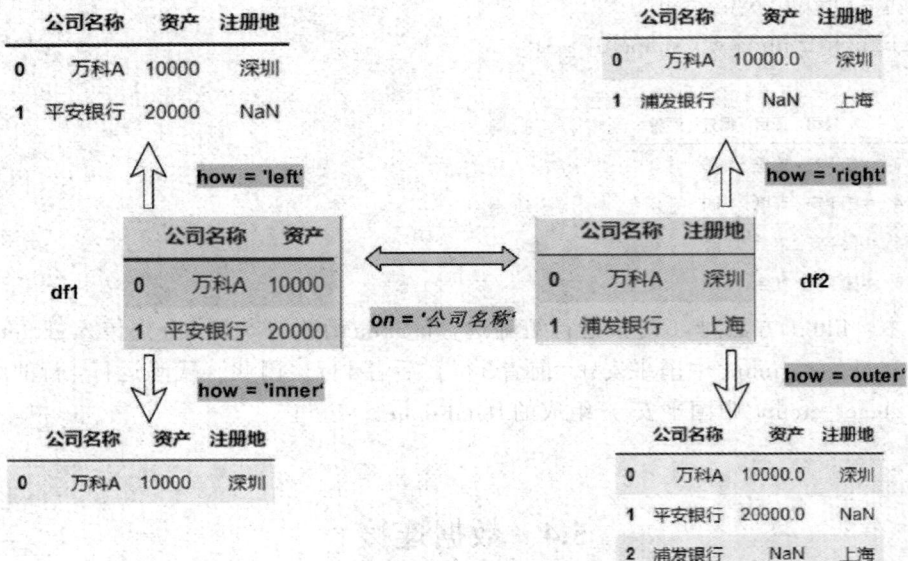

图5-5 关系型数据的连接示意图（键值唯一）

从图5-5中可以看到，左连接则以左表的键为准，如果右表中的键存在于左表，那么就添加到左表，否则处理为缺失值；右连接做类似处理。内连接会合并两边同时出现的键，而外连接则会包含在左边出现以及在右边出现的值，因此外连接又叫全连接。

图5-5示例中，2个数据表的键（参数on）是唯一的，也就是没有重复数据值。如果

有重复的键值，操作会比较复杂，需要笛卡尔运算。即只要两边同时出现的值，就以笛卡尔积的方式加入，如果单边出现则根据连接形式进行处理。我们同样举例说明，这次我们创建 2 个 DataFrame 命名为 left 和 right，代码示例如下。

```
[in]  left = pd.DataFrame({'公司简写':['MI','WD','WD'],'资产':[10000,20000,3000]})
      right = pd.DataFrame({'公司简写':['WD','WD','HW'],'负债':[500,1000,1100]})
      display(left,right)
[out] #左侧的 DataFrame 为 left，右侧的 DataFrame 为 right
```

	公司简写	资产			公司简写	负债
0	MI	10000		0	WD	500
1	WD	20000		1	WD	1000
2	WD	3000		2	HW	1100

如图 5-6 所示，2 个 DataFrame 连接的键名为［公司缩写］。通过观察发现，键值"WD"在 left、right 中分别出现 2 次，逐个进行匹配，最后产生的表必然包含 2*2 个公司简称为"WD"行。

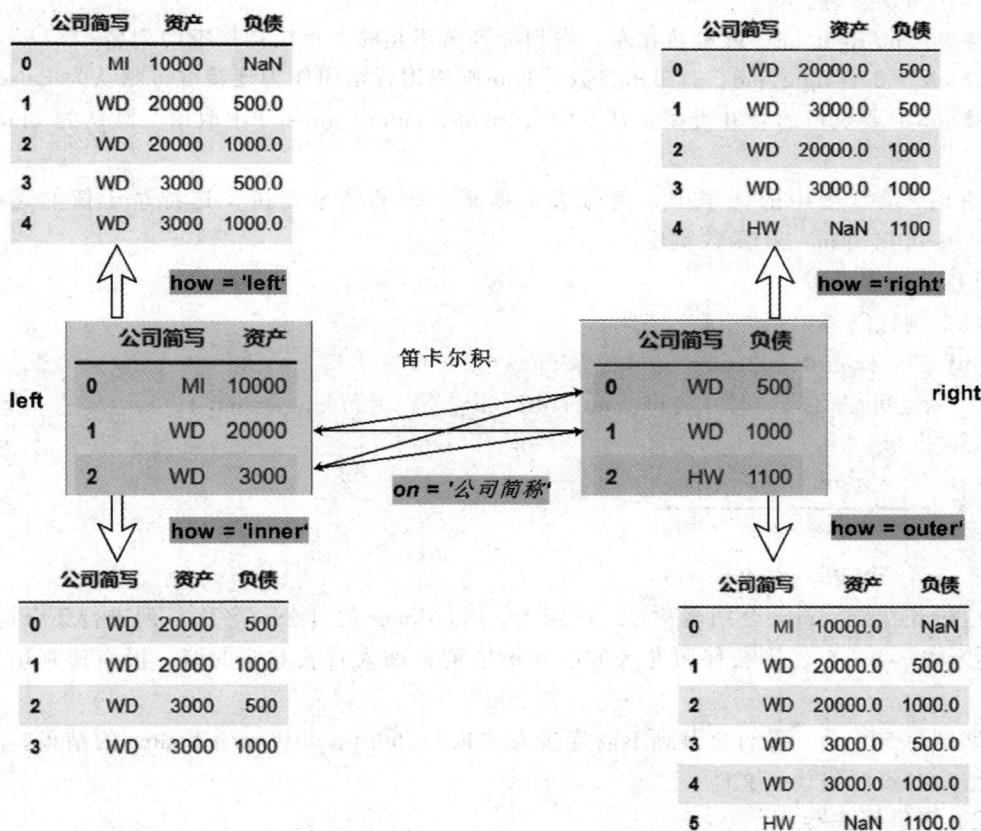

图5-6　关系型数据的连接示意图（笛卡尔积）

在不同的场合使用不同的连接形式。左连接和右连接从某种意义而言是等价的，由于它们的结果中的键是被一侧的表确定的，因此常常用于有方向性地添加到目标表。内外连接两侧的表，经常是地位类似的（左右表位置的交换不引起结果的变化），想取出键的交集或者并集，具体的操作还需要根据业务的需求来判断。

5.4.2 值连接 merge()函数

图 5-5 和图 5-6 示意图都是值连接的结果。在图中，两张表根据某一列的值来连接，事实上还可以通过几列值的组合进行连接，这种基于值的连接在 Pandas 中可以由 merge() 函数实现。 merge() 函数的语法格式：

```
pd.merge(left, right, how='inner', on=None,
        left_on=None, right_on=None,
        left_index=False, right_index=False,
        sort=True,suffixes=('_x', '_y'), copy=True)
```

主要参数说明：

●left/right：2 个不同的 DataFrame 对象。

●on：指定用于连接的键，2 个 DataFrame 共同的键。不指定，以 2 个 DataFrame 的列名交集作为连接键。

●left_on/ right_on：该参数在左、右列标签名不相同，指定连接键的列名。

●left_index/ right_index：布尔参数，True 则使用行索引作为连接键，默认为 False。

●how：要执行的合并类型，从 {'left', 'right', 'outer', 'inner'} 中取值，默认为'inner'内连接。

图 5-5 示意图中的例子中，两张表根据某一列的值来连接，这种基于值的连接在 Pandas 中可以由 merge()函数实现。

1）单键值连接

接上例代码。

```
[in] pd.merge(df1,df2, on='公司名称', how='left')
    #也可以使用实例方法 df1.merge(df2, on='公司名称', how='left')
[out]
```

	公司名称	资产	注册地
0	万科A	10000	深圳
1	平安银行	20000	NaN

通过连接键（on='公司名称'），根据 2 个 DataFrame 的 [公司名称] 列进行集合运算，左连接（how='left'）则会保留左表的所有键值列，加入右表对应的值，没有值则填充为 NaN。

如图 5-5 所示，我们会得到不同连接方式 how='left'|'right'|'inner'|'outer'的结果。更多示例请参考资源包代码文件。

2）多键值连接

单键值连接要求在数据表中键值具有唯一性。如果单一的键不唯一，就会抛出 KeyError 错误。这时如果键的组合具有唯一性，就需要设置键参数列表，示例代码如下。

```
[in] df1 = pd.DataFrame({'公司名称':['万科 A','平安银行'],
```

```
                              '总资产':[10000,20000],
                              '年报日期':['2022','2022']})
df2 = pd.DataFrame({'公司名称':['万科 A','浦发银行'],
                    '注册地':['深圳','上海'],
                    '年报日期':['2023','2023']})
```

　　　　display(df1,df2)

[out] #左侧为 df1 , 右侧为 df2

	公司名称	总资产	年报日期
0	万科A	10000	2022
1	平安银行	20000	2022

	公司名称	注册地	年报日期
0	万科A	深圳	2023
1	浦发银行	上海	2023

我们先尝试单键值连接，接上例代码。

[in] df1.merge(df2, on='公司名称', how='outer') #不是预期的结果

[out]

	公司名称	总资产	年报日期_x	注册地	年报日期_y
0	万科A	10000.0	2022	深圳	2023
1	平安银行	20000.0	2022	NaN	NaN
2	浦发银行	NaN	NaN	上海	2023

　　把不同年份的年报合并为一个表，这显然不是我们想要的结果。解决这一问题的方法为找到键值组合，使得每一行的键具有唯一性，再传递列表给 on 参数，接上例代码。

[in] df1.merge(df2, on=['公司名称', '年报日期'], how='outer') #正确的结果

[out]

	公司名称	总资产	年报日期	注册地
0	万科A	10000.0	2022	NaN
1	平安银行	20000.0	2022	NaN
2	万科A	NaN	2023	深圳
3	浦发银行	NaN	2023	上海

　　这样，通过 on=['公司名称', '年报日期']设置了唯一的组合键，得到每个公司不同年份的数据。

　　3）重复键值连接

　　merge()函数提供了 validate 参数来设置连接不唯一的模式，共有 3 种模式，即一对一连接（1：1），左右表的键都是唯一的；一对多连接（1：m）或多对一连接（m：1），前者左表键唯一，后者右表键唯一；多对多连接（m：m），左右表的键都不是唯一的。图 5-6 所示 left 和 right 数据表，以［公司简写］连接键，则键值都不唯一。简单的连接会抛出错误，需要设置 validate 参数，示例代码如下。

[in] left.merge(right,on = '公司简写',how='left',\
　　　validate="many_to_many") #或 validate="m:m"

[out]

	公司简写	资产	负债
0	MI	10000	NaN
1	WD	20000	500.0
2	WD	20000	1000.0
3	WD	3000	500.0
4	WD	3000	1000.0

这里应该注意，在实践中我们应尽可能不使用多对多（validate="m：m"）连接。

5.4.3　索引连接 join()函数

索引连接和值连接本质上没有区别，只是索引连接把索引当作键。因此，Pandas中利用 join()函数来处理索引连接，参数设置与 merge()函数类似。on 参数指索引名，单层索引时省略参数表示按照当前索引连接。join()函数的语法格式：

DataFrame.join(other, #指定需要连接的其他 df 或 df 列表、元组

　　　　on=None, #默认行 index 连接，也可以指定列标签，可以是列表或元组形式

　　　　how='left', #连接的方式，枚举 left、right、outer、inner，默认为 left

　　　　lsuffix=' ', #左 df 重复列的后缀，只对连接 2 个 df 有效

　　　　rsuffix=' ', #右 df 重复列的后缀，只对连接 2 个 df 有效

　　　　sort=False) #排序，按照字典顺序对结果在连接键上排序

join()和 merge()均可以以列标签或行索引进行连接。merger()默认是列标签连接，可通过设置 left_index 和 right_index 为 True，切换为按照行索引连接；join()默认是行索引连接，可通过设置 on 切换为按照列标签连接。我们通过示例来理解它们的不同。

1）简单连接

无重名的列简单连接，示例代码如下。

[in] df_index_1 = pd.DataFrame({'总资产':[10000,20000],'分类':['H','A']},

　　　　　　　　index=pd.Series(['万科 A','平安银行'],name='公司名称'))

　　df_index_2 = pd.DataFrame({'板块':['主板','创业板'], '股价':[5.6,12.3]},

　　　　　　　　index=pd.Series(['平安银行','温氏股份'],name='公司名称'))

　　display(df_index_1,df_index_2)

[out]

公司名称	总资产	分类
万科A	10000	H
平安银行	20000	A

公司名称	板块	股价
平安银行	主板	5.6
温氏股份	创业板	12.3

[in] df_index_1.join(df_index_2, how='left')

[out]

	总资产	分类	板块	股价
公司名称				
万科A	10000	H	NaN	NaN
平安银行	20000	A	主板	5.6

上例中，DataFrame 都是单值行索引，并且没有重名的列索引。

2）单值索引

有重名的列单值索引连接，示例代码如下。

```
[in] df_index_1 = pd.DataFrame({'总资产':[10000,20000],'分类':['A','H']},
                index=pd.Series(['万科A','平安银行'],name='公司名称'))
     df_index_2 = pd.DataFrame({'股价':[5.6,12.3],'分类':['A','A']},
                index=pd.Series(['平安银行','温氏股份'],name='公司名称'))
     display(df_index_1,df_index_2)
[out]
```

	总资产	分类
公司名称		
万科A	10000	A
平安银行	20000	H

	股价	分类
公司名称		
平安银行	5.6	A
温氏股份	12.3	A

```
[in] df_index_1.join(df_index_2, how='left',lsuffix='_left',rsuffix='_right')
[out]
```

	总资产	分类_left	股价	分类_right
公司名称				
万科A	10000	A	NaN	NaN
平安银行	20000	H	5.6	A

上例中，DataFrame 有重名的列［分类］，如果不传递 lsuffix 和 rsuffix 参数，会抛出 ValueError。

3）多级索引

首先我们把上例中的 DataFrame 构建为多级索引，接上例代码。

```
[in] df_index_1.reset_index(inplace=True)
     df_index_1.set_index(['分类','公司名称'],drop=True,inplace=True)
     df_index_2.reset_index(inplace=True)
     df_index_2.set_index(['分类','公司名称'],drop=True,inplace=True)
     display(df_index_1,df_index_2)
[out]
```

		总资产
分类	公司名称	
A	万科A	10000
H	平安银行	20000

		股价
分类	公司名称	
A	平安银行	5.6
	温氏股份	12.3

再进行join连接，接上例代码。

[in] df_index_1.join(df_index_2,how='outer')

[out]

分类	公司名称	总资产	股价
A	万科A	10000.0	NaN
	平安银行	NaN	5.6
	温氏股份	NaN	12.3
H	平安银行	20000.0	NaN

这次我们得到符合预期的结果。

5.4.4 数据拼接concat()函数

数据拼接concat()函数也称方向连接函数，实现纵向和横向连接，将数据连接后会形成一个新的DataFrame。concat()函数可以沿着行或者列进行操作，同时可以指定非合并轴的合并方式（合集、交集等）。concat()函数语法格式：

```
pd.concat(objs, #可以是多个DataFrame或者Series
    axis=0, #连接轴的方法,默认值为0,即按行连接,追加在行后面
    join='outer', #其他轴上的数据是按交集(inner)还是并集(outer)进行合并
    ignore_index=False, keys=None, levels=None, names=None, sort=False,
    verify_integrity=False, copy=True)
```

在concat()中，最常用的参数有3个，即axis、join、keys，分别表示拼接方向、连接形式、在新表的索引。这里需要特别注意，join和keys与之前提到的merge()和join()函数和键的概念没有任何关系，示例代码如下。

```
[in] df1 = pd.DataFrame({'公司简称':['平安银行','广发证券','远洋地产'],
                '股票价格':[20,30,50]})
    df2 = pd.DataFrame({'公司简称':['万达信息','广发证券'],
                '股票价格':[40,30],
                '行业':['服务业','金融业']})

    display(df1,df2)
```

[out]

	公司简称	股票价格
0	平安银行	20
1	广发证券	30
2	远洋地产	50

	公司简称	股票价格	行业
0	万达信息	40	服务业
1	广发证券	30	金融业

纵向拼接，接上例代码。

[in] pd.concat([df1, df2])

[out]

	公司简称	股票价格	行业
0	平安银行	20	NaN
1	广发证券	30	NaN
2	远洋地产	50	NaN
0	万达信息	40	服务业
1	广发证券	30	金融业

默认 axis=0，对行进行拼接操作，得到所有的行。默认 join='outer'，得到 2 个共同的列［股票价格］以及 df2 独有的列［行业］。

横向拼接，接上例代码。

[in] pd.concat([df1, df2],axis=1,join='inner')

[out]

	公司简称	股票价格	公司简称	股票价格	行业
0	平安银行	20	万达信息	40	服务业
1	广发证券	30	广发证券	30	金融业

axis=1，对列进行拼接操作，得到所有的列。注意，即便有同名的列也只是拼接。join='inner'，得到二者共同的行 0 和 1。

【财务应用与实践】

财务数据表处理

下面我们通过一个行业分类和上市公司基本信息文件的实例，深入体会 Pandas 数据处理操作。详细代码请参考资源文件<ch5_实践.ipynb>。

1. 数据清洗

读入<公司基本信息.xlsx>文件，将数据集［行业代码 B］列拆分为［行业门类码］和［行业大类码］。

（1）读入数据集，代码如下。

[in] df_com = pd.read_excel('..\data\ch5\公司基本信息.xlsx',
　　　　　　　　　　　　　　　dtype={'股票代码':str})

　　　display(df_com.tail())

[out]

	股票代码	公司简称	注册资本	行业代码B
4630	900952	锦港B股	2002291500	G55
4631	900953	凯马B	640000000	C36
4632	900955	*ST海创B	1303500000	K70
4633	900956	东贝B股	235000000	C34
4634	900957	凌云B股	349000000	K70

（2）考察数据集，代码如下。

```
[in] df_com.info()
[out] <class 'pandas.core.frame.DataFrame'>
      RangeIndex: 4635 entries, 0 to 4634
      Data columns (total 4 columns):
      #  Column        Non-Null Count     Dtype
      0 股票代码        4635 non-null      object
      1 公司简称        4635 non-null      object
      2 注册资本        4635 non-null      int64
      3 行业代码 B      4588 non-null      object
      dtypes: int64(1), object(3)
      memory usage: 145.0+ KB
```

通过 info()函数，我们了解到数据集 [行业代码 B] 列有若干缺失值，为了保证转化准确，我们删除有缺失值的行。

（3）删除缺失数据，代码如下。

```
[in] df_com.dropna(subset=['行业代码 B'],inplace=True)
     df_com.info()
[out] <class 'pandas.core.frame.DataFrame'>
      Int64Index: 4588 entries, 0 to 4634
      Data columns (total 4 columns):
      #  Column        Non-Null Count     Dtype
      0 股票代码        4588 non-null      object
      1 公司简称        4588 non-null      object
      2 注册资本        4588 non-null      int64
      3 行业代码 B      4588 non-null      object
      dtypes: int64(1), object(3)
      memory usage: 179.2+ KB
```

（4）生成新的列，代码如下。

```
[in] df_com['行业门类码'] =df_com['行业代码 B'].map(str).map(lambda s:s[0])
     df_com['行业大类码'] =df_com['行业代码 B'].map(str).map(lambda s:s[1:])
     display(df_com.tail())
[out]
```

	股票代码	公司简称	注册资本	行业代码B	行业门类码	行业大类码
4630	900952	锦港B股	2002291500	G55	G	55
4631	900953	凯马B	640000000	C36	C	36
4632	900955	*ST海创B	1303500000	K70	K	70
4633	900956	东贝B股	235000000	C34	C	34
4634	900957	凌云B股	349000000	K70	K	70

（5）删除［行业代码 B］列，并把新的数据集存入新的文件<df_com.xlsx>，代码如下。

```
df_com.drop(['行业代码 B'], axis=1,inplace=True)
df_com.to_excel('..\data\ch5\df_com.xlsx',index=False)
```

2. 变形操作

针对 1. 得到的数据集，考察每个行业门类的公司数量，注册资本的最大值、最小值和均值，代码如下。

```
[in]  import numpy as np
      df_table = pd.pivot_table(df_com,
                        index='行业门类码',
                        values=['公司简称','注册资本'],
                        aggfunc={'公司简称': 'count','注册资本': [np.mean,max,min]})
      df_table.head()
[out]
```

| | 公司简称 | 注册资本 | | |
行业门类码	count	max	mean	min
A	51	6373463840	9.416710e+08	101880000
B	83	183020977818	6.205862e+09	128000000
C	2931	45585032648	9.385618e+08	31604443
D	132	50498611100	3.377518e+09	141500000
E	109	41948167844	2.344014e+09	86670000

3. 数据连接针对 1. 得到的数据集，增加［行业门类］和［行业大类］数据列

（1）读入行业数据，代码如下。

```
[in] df_ML = pd.read_excel('..\data\ch5\行业门类 .xlsx')
     display(df_ML.tail(5))
[out[
```

	门类	门类名称	门类说明
14	O	居民服务、修理和其他服务业	本门类包括79～81大类
15	P	教育	本门类包括82大类
16	Q	卫生和社会工作	本门类包括83和84大类
17	R	文化、体育和娱乐业	本门类包括85～89大类
18	S	综合	本门类包括90大类

```
[in] df_DL = pd.read_excel('..\data\ch5\行业大类 .xlsx',
     dtype={'大类':str})
     display(df_DL.tail(5))
```

[out]

	门类	大类	大类名称
85	R	86	广播、电视、电影和影视录音制作业
86	R	87	文化艺术业
87	R	88	体育
88	R	89	娱乐业
89	S	90	综合

（2）行业门类与行业大类数据合并，代码如下。

[in] df_class = df_DL.merge(df_ML,on='门类',how='left').loc[:,'门类':'门类名称']

df_class.tail()

[out]

	门类	大类	大类名称	门类名称
85	R	86	广播、电视、电影和影视录音制作业	文化、体育和娱乐业
86	R	87	文化艺术业	文化、体育和娱乐业
87	R	88	体育	文化、体育和娱乐业
88	R	89	娱乐业	文化、体育和娱乐业
89	S	90	综合	综合

（3）设置 df_class 索引，代码如下。

[in] df_class.set_index(['门类','大类'],inplace=True)

df_class.sort_index(inplace=True)

df_class.tail()

[out]

门类	大类	大类名称	门类名称
R	86	广播、电视、电影和影视录音制作业	文化、体育和娱乐业
	87	文化艺术业	文化、体育和娱乐业
	88	体育	文化、体育和娱乐业
	89	娱乐业	文化、体育和娱乐业
S	90	综合	综合

（4）合并数据集。

在两个数据集中［行业大类码］的数据类型分别为int64和object，因此，在合并操作之前需要进行数据类型的转换，代码如下。

[in] df_com['行业大类码'] = df_com['行业大类码'].astype('str')

df_com_new = df_com.merge(df_class,

        left_on=['行业门类码','行业大类码'],

        right_index = True,how='left')

```
df_com_new.sample(5)
```

[out]

	行业门类码	行业大类码	股票代码	公司简称	注册资本	大类名称	门类名称
216	C	14	300898	熊猫乳品	124000000	食品制造业	制造业
478	C	23	002229	鸿博股份	498344263	印刷和记录媒介复制业	制造业
2400	C	38	600202	哈空调	383340672	电气机械和器材制造业	制造业
659	C	26	300487	蓝晓科技	219779324	化学原料和化学制品制造业	制造业
3763	I	65	002410	广联达	1187012398	软件和信息技术服务业	信息传输、软件和信息技术服务业

4.分组操作

提取新公司基本信息数据集df_com_new，分组处理。

（1）在 df_com_new 数据基础上，构建一个虚拟数据集。

为方便观察，我们把数据单位改为"百万"，把列名称改为［净资产］，代码如下。

```
df_com_new['注册资本'] = df_com_new['注册资本'].map(
    lambda x:round(x/10000.0/100.0,2))
df_com_new.rename(columns={'注册资本': '净资产'}, inplace=True)
```

我们虚拟（随机数据）一个新的列［数据资产］，代码如下。

```
n = df_com_new.shape[0]
df_com_new['数据资产'] = (np.random.random(n) * 100 + 1).round(2)
```

（2）df_com_new 根据行业门类分类，并计算每一类［净资产］、［数据资产］均值和最大值，以及公司的数量，代码如下。

```
[in]  (
    df_com_new.groupby(['行业门类码'])['净资产','数据资产','股票代码']
    .agg({'净资产':[max,'mean'],'数据资产':[max,'mean'],'股票代码':['count']})
    .head()
    )
```

[out]

	净资产		数据资产		股票代码
	max	mean	max	mean	count
行业门类码					
A	6373.46	941.670980	99.66	50.690000	51
B	183020.98	6205.862289	98.14	54.189759	83
C	45585.03	938.561791	100.99	51.820273	2931
D	50498.61	3377.518030	100.89	50.906288	132
E	41948.17	2344.014128	100.74	52.239817	109

（3）计算数据资产占比，作为一个新的数据列，按四分位数大小，降序分别赋值：A，B，B，C，代码如下。

```
[in] weight = df_com_new['数据资产占比']
    df_com_new['数据资产水平']=(weight
                    .mask(weight < weight.quantile(0.25),'C')
```

```
                              .mask((weight >= weight.quantile(0.25))
                                  & (weight <= weight.quantile(0.75)), 'B')
                          .mask(weight > weight.quantile(0.75), 'A')
                              )
         df_com_new.head()
```
[out]

	股票代码	公司简称	净资产	行业门类码	行业大类码	大类名称	门类名称	数据资产	数据资产占比	数据资产水平
0	000001	平安银行	19405.92	J	66	货币金融服务	金融业	14.83	0.08	C
1	000002	万科A	11617.73	K	70	房地产业	房地产业	35.07	0.30	C
2	000003	PT金田A	400.12	L	72	商务服务业	租赁和商务服务业	61.72	15.43	B
3	000004	国华网安	165.05	I	65	软件和信息技术服务业	信息传输、软件和信息技术服务业	100.82	61.08	A
4	000005	ST星源	1058.54	N	77	生态保护和环境治理业	水利、环境和公共设施管理业	63.53	6.00	B

（4）df_com_new［'数据资产水平'］分组聚合运算

取得按［行业门类码］分组对象，代码如下。

[in] gb = df_com_new.groupby('行业门类码')[

['净资产','数据资产','数据资产占比']]

计算每组数据的最大值，代码如下。

[in] gb.max().head()

[out]

行业门类码	净资产	数据资产	数据资产占比
A	6373.46	99.66	72.65
B	183020.98	98.14	33.27
C	45585.03	100.99	238.89
D	50498.61	100.89	40.98
E	41948.17	100.74	103.57

统计每组公司的数量，［数据资产占比］均值和中位数，代码如下。

[in] gb.agg({'数据资产占比':['mean',np.median], '数据资产':'count'}).head()

[out]

行业门类码	数据资产占比		数据资产
	mean	median	count
A	13.835686	8.08	51
B	6.422289	3.51	83
C	18.086049	9.67	2931
D	6.468636	3.48	132
E	12.195780	6.19	109

聚合计算后对结果重命名，代码如下。

```
[in] gb.agg([('最大差', lambda x: x.max()-x.min()), ('均值', 'mean')]).head()
[out]
```

行业门类码	净资产		数据资产		数据资产占比	
	最大差	均值	最大差	均值	最大差	均值
A	6271.58	941.670980	98.31	50.690000	72.54	13.835686
B	182892.98	6205.862289	96.63	54.189759	33.23	6.422289
C	45553.43	938.561791	99.87	51.820273	238.87	18.086049
D	50357.11	3377.518030	99.27	50.906288	40.96	6.468636
E	41861.50	2344.014128	98.93	52.239817	103.45	12.195780

```
[in] gb.agg({'数据资产':[('最大差', lambda x: x.max()-x.min()),('均值','mean')],
           '数据资产占比': [('均值', 'mean')]}).head()
[out]
```

行业门类码	数据资产		数据资产占比
	最大差	均值	均值
A	98.31	50.690000	13.835686
B	96.63	54.189759	6.422289
C	99.87	51.820273	18.086049
D	99.27	50.906288	6.468636
E	98.93	52.239817	12.195780

（5）apply 的使用。

计算标准化后的均值，代码如下。

```
[in] def smean(x):
        s = (x-x.min())/(x.max()-x.min())
        return s.mean()
     gb.apply(smean).head()
[out]
```

行业门类码	净资产	数据资产	数据资产占比
A	0.133904	0.501882	0.189215
B	0.033232	0.545170	0.192064
C	0.019910	0.507663	0.075631
D	0.064261	0.496487	0.157437
E	0.053924	0.509753	0.116731

【本章小结】

本章主要介绍了 Pandas 以数据集为操作对象的一般化处理，其类似于结构化查询语言 SQL 的功能。我们应掌握 DataFrame 和 Series 的数据如何进行函数处理，包括 pipe()、apply() 和 applymap() 函数。数据集出于业务关系可以设定为长表和宽表，取决于标签（行列索引）和数据值之间的转化，Pandas 提供了数据透视和压缩整理函数。数据集有很多聚合函数，但是需要对数据集分组、分层聚合。因此 Pandas 提供了 GroupBy 对象，并有实用处理方法和属性。本章介绍了类似于关系型数据库的操作——方向拼接 contact()、数据连接 merge() 和索引连接 join()。完成本章的学习，我们基本掌握了 Pandas 的核心内容。其他数据处理，如缺失值处理，重复值处理等，请自学掌握。

【本章习题】

即测即评 5

一、单项选择题

1. 对 DataFrame 操作，下列方法中，（　　）是聚合方法。

A. head()　　　　　　B. iloc()　　　　　　C. mean()　　　　　　D. reindex()

2. 在 DataFrame 中，使用聚合类方法时需要指定轴（axis）参数，（　　）表示按垂直方向进行计算。

A. axis=1　　　　　B. axis=0　　　　　C. axis='columns'　　　D. axis=None

3—7 题依据如下代码的数据帧 df 回答。

```
import Pandas as pd
import numpy as np
data = [1,2,10,15,19,27]
name = np.arange(6)
columns=['col1']
df = pd.DataFrame(data=data,index=name,columns=columns)
```

3. gb=df.groupby(df['col1']//10)

gb.ngroups

上述代码的输出值为（　　）。

A. 2　　　　　　　　B. 3　　　　　　　　C. 4　　　　　　　　D. 5

4. gb.sum().iloc[2].col1

上述代码的输出值为（　　）。

A. 3　　　　　　　　B. 36　　　　　　　　C. 11　　　　　　　　D. 27

5. gb.mean().iloc[2].col1

上述代码的输出值为（　　）。

A. 3.0　　　　　　　B. 36.0　　　　　　　C. 11.0　　　　　　　D. 27.0

6. gb.transform(lambda x:x−x.mean()).iloc[1].col1

上述代码的输出值为（　　　）。

A. 0.5　　　　　　　B. −0.5　　　　　　　C. 1.0　　　　　　　D. −1.0

7. gb.apply(lambda x:x.max()−x.min()).iloc[0].col1

上述代码的输出值为（　　　）。

A. 0　　　　　　　　B. −1　　　　　　　　C. 1　　　　　　　　D. 2

8. 通过给（　　　）函数传递一个自定义函数和适当数量的参数值，把所有的 DataFrme 中元素作为整体操作对象。

A. mean()　　　　　B. applymap()　　　　C. apply()　　　　　D. pipe()

9. 通过给（　　　）函数传递一个自定义函数和适当数量的参数值，把 DataFrme 某一行或者某一列作为操作对象。

A. mean()　　　　　B. applymap()　　　　C. apply()　　　　　D. pipe()

10. DataFrame 数据表结构的（　　　）方法，可以接受一个 Python 函数，并返回相应的值，针对每个要素操作。

A. mean()　　　　　B. applymap()　　　　C. apply()　　　　　D. pipe()

二、判断题

1. Pandas join()函数具有 left、right、outer、inner 连接方式，默认为 left 连接。（　　　）

2. groupby()是 DataFrame 方法，不适用 Series。（　　　）

3. GroupBy 对象可以用于迭代。（　　　）

4. 在 Pandas 中的关系型连接函数 merge()和 join()中提供了 on 参数来代表连接方式。（　　　）

5. Pandas 能够实现 SQL 关系型数据库的操作。（　　　）

三、程序题

1. 简单数据处理

根据给定的数据，完成操作任务。数据集生成代码如下。

```
[in] import Pandas as pd
     data = [[5,6,1000],[15,5,1000]]
     name = ['债券2301','债券2305']
     columns=['期数','利率','面值']
     df = pd.DataFrame(data=data,index=name,columns=columns)
     display(df)
[out]
```

	期数	利率	面值
债券2301	5	6	1000
债券2305	15	5	1000

完成如下任务：

（1）用 loc 属性或 insert 函数增加一个[数量]列,值为[100000,1000000];

（2）在 df 中增加一行数据，"债券2302"，值为[5,8,1000,1000000];

（3）修改行标题，"债券2302"改为"债券2300";

（4）"债券2305"的［面值］修改为1100；

（5）删除［面值］为80或90的行。

2. 数据清洗

根据给定的数据，完成数据清洗任务。数据集引入代码如下。

```
df_raw = pd.read_excel('..\data\ch5\习题\行业分类.xlsx',\
                        dtype={'大类':str})
```

完成如下任务：

（1）使用数据清洗操作，将 df_raw 转化为行业门类表（参考<..\data\ch5\习题\行业门类.xlsx>文件）；

（2）使用数据清洗操作，将 df_raw 转化为行业大类表（参考<..\data\ch5\习题\行业大类.xlsx>）。

3. 数据处理

根据给定的数据集，完成数据处理任务。在资源包<data\ch5\习题\>中查阅如下文件。

名称	修改日期	类型	大小
公司基本信息	2023/4/5 22:02	Microsoft Excel ...	215 KB
利润表_T	2023/4/6 15:07	Microsoft Excel ...	10 KB
行业大类	2023/11/4 11:53	Microsoft Excel ...	11 KB
行业分类	2023/9/7 20:02	Microsoft Excel ...	19 KB
行业门类	2023/11/4 11:44	Microsoft Excel ...	7 KB
资产负债表_T	2023/4/6 15:07	Microsoft Excel ...	11 KB

完成如下任务：

（1）对"公司基本信息"数据集按行业大类分组，并得到注册资本均值前5行业的注册资本的均值、最大值，公司数量。

（2）对"利润表_T"，"资产负债表_T"2个表进行处理，添加［公司简称］和［行业大类］列数据。

（3）对"利润表_T"和"资产负债表_T"进行连接，得到有2个表都有的数据集，并存为<资产负债_利润.xlsx>。

第 6 章
数据可视化

数据可视化呈现能够提升数据分析的效率，并更好地发挥数据分析的作用，因此掌握数据可视化是数据分析师的基本技能。本章主要介绍数据分析的可视化需求，以及 Matplotlib 基础知识，通过学习数据分析中不同数据类型的不同可视化方法，提升数据分析能力。

本章学习目标

（1）理解数据分析中各种数据类型的不同含义和统计学意义；
（2）熟练掌握 Matplotlib 绘图的基本过程；
（3）熟悉 Matplotlib 对象的属性和方法；
（4）掌握 Matplotlib，Seaborn 基本图形的绘制；
（5）能够利用 Matplotlib，Seaborn 进行 Python 财务数据分析。

6.1　Matplotlib

数据的图形呈现是探索、分析数据的常用方法。相对于文字表述，图形更加直观且形象化，更易于理解。使用图形来表示数据的方法称为数据可视化。数据以图形的形式表示，不仅能揭示隐藏的数据特征，直观传达关键信息，还可以辅助建立数据分析模型，展示分析结果。

Matplotlib 和 Seaborn 是 Python 绘图第三方库，同时 Pandas 集成了 Matplotlib 中常用的可视化图形接口，可通过 Series 和 DataFrame 两种数据结构面向对象的接口方式进行简单调用。Pandas 绘图中仅集成了常用的图形接口，更为复杂的绘图需求往往还需依赖 Matplotlib 或者其他可视化库。

Matplotlib 是用于数据可视化的 Python 软件包，能够根据 NumPy 的 ndarray 数组来绘制 2D 图像。Seaborn 是 Matplotlib 更高级的一种封装。Anaconda 中预先安装了 Matplotlib 和 Seaborn 绘图第三方库。本节主要介绍 Matplotlib 绘图的一些基本概念。本章介绍的 Seaborn 应用内容相对简单，若拓展学习，请参考更深入的资料。

6.1.1　Matplotlib绘图过程

我们首先了解 Matplotlib 绘制一个简单图形的流程，参考资源包中的<ch6_1_2>代码。

1) 导入模块

首先，导入 Matplotlib 包中的 pyplot 模块，代码如下。

```
[in] import matplotlib.pyplot as plt
    plt.rcParams["font.sans-serif"]=["SimHei"]  #可以正常显示汉字
    plt.rcParams["axes.unicode_minus"]=False   #解决"-"负号的乱码问题
    %matplotlib inline
```

代码中引入 matplotlib.pyplot 之后，为了使图形能够正常显示，我们设置了 pyplot 绘图显示参数。再应用魔法命令%matplotlib inline，使绘图在 Jupytor Notebook 能够输出显示。

2) 获取绘图数据

我们要做的是数据可视化，因此先要准备好数据。为了简化问题，使用 NumPy 提供的函数 arange（）创建一组数据来绘制图像，代码如下。

```
[in] import numpy as np
    x = np.arange(0, 10, 0.05)
    y = x**2
```

3) 绘图

使用 plot（）函数对 x、y 进行绘制，代码如下。

```
[in] plt.plot(x,y)   #在默认画布上
```

所得 x 的值作用到 x 轴上，y 值作用到 y 轴上。

4) 装饰图形

主要的绘图工作已经完成，不过还需要完善图形的一些细节，比如图像的标题（title）、x 轴与 y 轴的标签（label）等，代码如下。

```
[in] plt.xlabel("x自变量")      # x轴的标签
    plt.ylabel("y因变量")      # y轴的标签
    plt.title('抛物线')         #标题
```

5) 保存与显示图形

plt.show（）会显示所绘图片，并释放图形对象资源。因此，如果在显示图像之后保存图片，将只能保存空图片。保存图片的操作必须在展示图片之前，代码如下。

```
[in] plt.savefig('../data/ch6/fig1.png') #把图片保存为fig1.png
    plt.show()                          #使用show展示图像
[out]
```

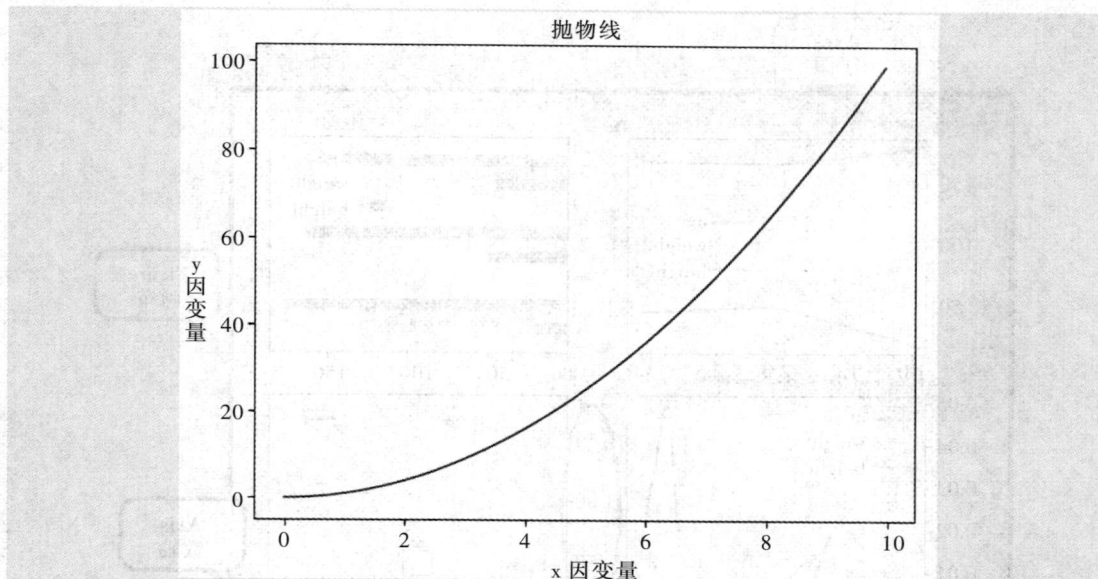

上述绘图过程虽然简单，但是从面向对象的视角看，反而不好理解。原因是，在绘图的过程中隐式地创建画布（figure）和绘图区域（axes）。因此我们不推荐。使用 plt 的属性和方法赋予画布和绘图区域，完成绘图的过程更清晰，而且可以绘制更复杂的图形。

6.1.2　Matplotlib绘图对象和类

matplotlib.pyplot是类似MATLAB的函数集合。每个pyplot函数都会对图形进行一定的操作，如创建图形画布、设置画布中子图、在子图中绘制图形，以及用标签装饰绘图等。绘图过程中，基于面向对象编程的核心思想，创建图形对象，通过图形对象来调用其他的方法和属性。

我们先要了解图形对象之间的关系，参见图 6-1。figure 是容纳多个 axes 的画板或画布，而 axes 则是所有图标数据、图例配置等绘图元素的容器，称为一个绘图区域。面向对象的绘图，就是将 plt 中的图形赋值给一个 figure 或 axes 实例，通过调用 figure 或 axes 两类实例的方法完成绘图。

本小节的 Python 代码如下，请参考资源文件夹< ch6_1_3>中的代码文件。

1）画布——figure 对象

画布就是整个画图区域（figure 对象），相当于画画所用的画布。通过调用 pyplot 模块中的 figure（）函数来实例化 figure 对象。其语法规则如下：

```
[in] plt.figure(num=None,        #图像编号或名称,数字为编号 ,字符串为名称
            figsize=None,        #指定 figure 的宽和高
            dpi=None,            #绘图对象的分辨率,即每英寸多少个像素
            facecolor=None,      #背景颜色
            edgecolor=None,      #边框颜色
            frameon=True)        #是否显示边框
```

举例，创建一个新的绘图对象 fig1，编号为 1，大小为（8，6），分辨率为 100 dpi，背景颜色为'g'，边框为黑色，且边框宽度为 2，代码如下。

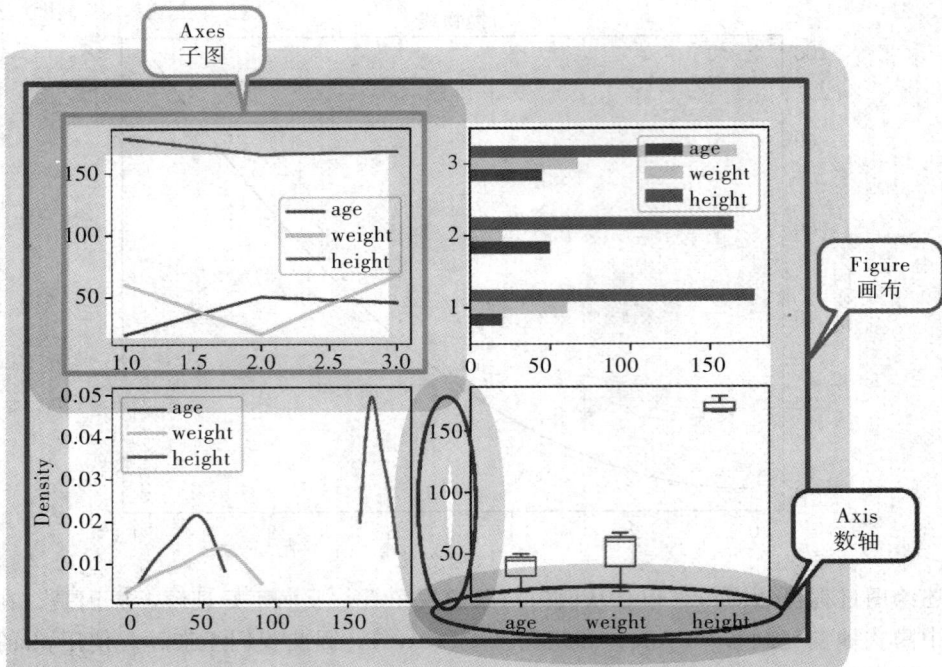

图6-1 画布figure、子图axes和数轴axis关系示意图

```
[in]  fig1 = plt.figure(num=1, figsize=(8, 6),
                dpi=100, facecolor='g', edgecolor='k', frameon=True)
```

有了绘图对象fig1画布，可以通过该画布来添加一个或多个axes对象（绘图区域）。如果没有指定画布的大小，matplotlib会使用默认的大小（6.4×4.8英寸）。上述过程可以通过rcParams［'figure.figsize'］来查看，代码如下。

```
[in]  plt.rcParams['figure.figsize']
```

创建画布，包括创建figure和axes对象，常用方法如下：

（1）plt.figure()，接收一个元组作为figsize参数设置图形大小，返回一个figure对象；

（2）plt.axes()，接收一个figure或在当前画布上添加一个子图，返回该axes对象，并将其设置为"当前"子图，缺省时会在绘图前自动添加；

（3）plt.subplot()，接收3个数字或1个3位数分别作为子图的行数、列数和当前子图索引。索引从1开始，返回一个axes对象用于绘图操作。可以理解成先隐式执行了plt.figure，然后在创建的figure对象上添加子图，并返回当前子图实例；

（4）plt.subplots()，接收一个行数nrows和列数ncols作为参数，创建一个figure对象和相应数量的axes对象，同时返回该figure对象和axes对象嵌套列表，并默认选择最后一个子图作为"当前"图。

关于subplots()函数和subplot()函数，我们在后文详细介绍。

2）子图——axes对象

（1）创建axes对象

Matplotlib定义了一个axes（轴域）类，创建的对象被称为axes对象（轴域对象，或称子图）。axes对象可以理解为有轴（axis）的集合，一般包含基本的2个axis，用来确定一个区域。一个画布设置若干绘图区域，从而实现对画布的布局。

默认情况下，函数创建一个标准的 axes 对象以填满整个图表区域。当画布上只有一张子图时，可以用 plt 代替 ax。

这里，首先介绍 add_axes()方法，fig.subplot()和 plt.subplots()方法另外单独介绍。figure.add_axes()的语法格式如下：

fig.add_axes(rect, **kwargs)

其中：rect 位置参数 tuple——（left，bottom，width，height），表示添加到画布中的矩形区域的左下角坐标（x，y），以及宽度和高度（整个画布为 1×1）。

创建 axes 对象之后，我们就可以利用 axes 类的成员函数绘图了。

（2）axes 对象的属性和方法

axes 的属性和方法，本质上是由 plt 赋予的，因此 axes 的成员和 plt 类似，但是也要注意个别方法有细微差异。

①plot()绘图

ax.plot()是 axes 对象的基本方法，它将一个数组的值与另一个数组的值绘制成线或标记。plt 和 ax 都有 plot()方法，plt.plot()在默认画布的子图绘图；ax.plot()在画布对象的子图 ax 上绘图，是推荐的绘图方式。

虽然大多数的 plt 函数都可以直接转换为 ax 的方法进行调用，如 plot()，legend()，legend()等，但是有些函数不行，如用于设置极值、标签和标题的函数都会发生一定的改变，plt.xlabel() → ax.set_xlabel()，plt.xlim() → ax.set_xlim()，plt.title() → ax.set_title()等。

②grid()网格格式设置

通过 axes 对象提供的 grid()方法可以开启或者关闭显示网格，以及网格的主/次刻度。grid()函数还可以设置网格的颜色、线型以及线宽等属性。

③xscale()或 yscale()，spines()坐标轴格式设置

Matplotlib 通过 axes 对象的 xscale 或 yscale 属性来实现对坐标轴的格式设置。坐标轴 axis 是连接刻度的线，也就是绘图区域的边界，即子图的顶部、底部、左侧和右侧边界线。通过指定坐标轴的颜色和宽度，从而对显示进行格式设置。

④xlim()和 ylim()坐标轴范围

Matplotlib 可以根据自变量与因变量的取值范围，自动设置 x 轴与 y 轴的数值大小。当然，也可以用自定义的方式，通过 set_xlim()和 set_ylim()对 x、y 轴的数值范围进行设置。

⑤xticks()和 yticks()刻度及刻度标签

刻度指的是坐标轴上数据点的标记，Matplotlib 能够自动在 x、y 轴上绘制出刻度。在大多数情况下，内建类完全能够满足绘图的需求。

⑥legend()绘制图例

axes 的 legend()方法可用于绘制画布中的图例。

3）subplot()函数和 add_subplot() 函数

subplot()是 plt 的方法，其基于默认的画布，完成一个基于行列网格的一个子图的布局。完成布局之后，在 plt 默认的当前子图进行绘图，即将 plt.subplot()函数与 plt.plot()等函数结合使用。

plt.subplot()函数可以均等地划分画布，其语法格式如下：

```
[in] plt.subplot(nrows, #表示要划分几行子图区域
                ncols, #表示要划分几列子图区域
                index) # index 的初始值为 1，用来选定具体的某个子区域
```

nrows×nclos 表示子图数量，如图 6-2 所示，subplot（233）表示在当前画布的右上角创建一个 2 行 3 列的绘图区域，同时选择在第 3 个位置绘制子图。

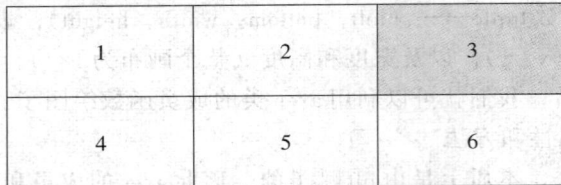

1	2	3
4	5	6

图6-2　subplot（）布局示意图

其示例代码如下。

```
[in] plt.plot(range(100)) # 在默认的画布画图
    plt.subplot(211) #创建 1 个子图,有 2 行 1 列的网格的顶部图
    plt.plot(range(20)) #该子图将与第 1 个图重叠,plt.plot([1,2.2,3.5])图被删除
    plt.subplot(212, facecolor='y') #网格第 2 个位置,创建带有黄色背景的子图
    plt.plot(range(10))
    plt.show()
[out]
```

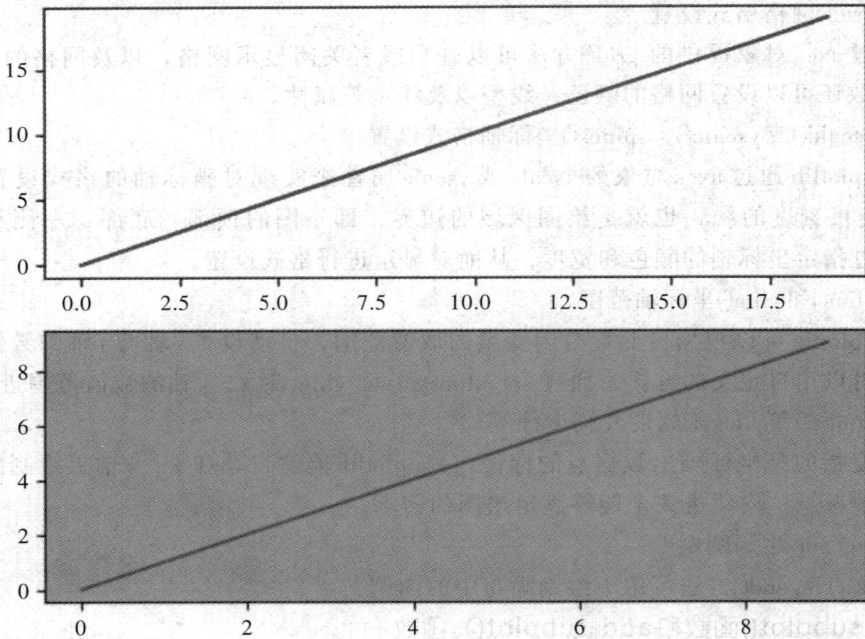

通过示例代码的执行可以看出，plt.plot（range（100））的绘图，与新建的子图重叠，故被自动删除。如果不想覆盖之前的图，需要使用 add_subplot（）函数，接上例代码。

```
[in] fig = plt.figure()
```

```
ax1 = fig.add_subplot(111)
ax1.plot(range(10))
ax2 = fig.add_subplot(221, facecolor='y')
ax2.plot(range(20))
```

[out]

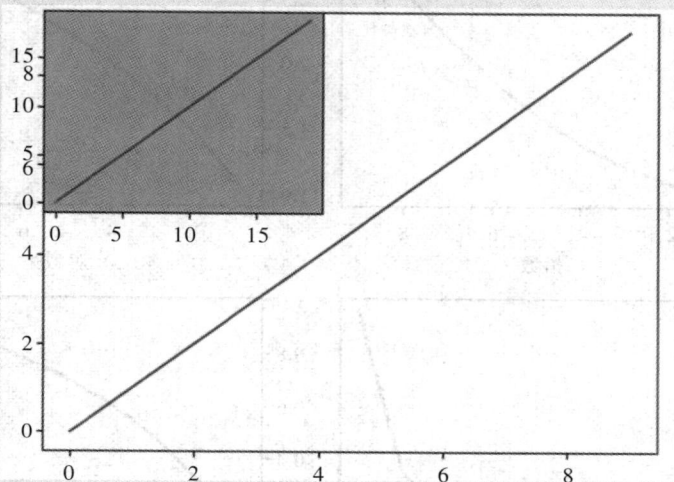

通过给画布添加 axes 对象也可以实现在同一画布中插入另外的图像，即使用 fig. add_axes() 函数。请参考资源文件夹中的代码文件。

4）subplots() 函数

subplots() 函数与 subplot() 函数类似，其不同之处在于 subplots() 既创建了一个包含子图区域的画布，又创建了子图对象，而 subplot() 只创建一个基于当前画布的子图对象。

subplots 函数的语法格式如下：

fig , ax = plt.subplots(nrows, ncols)

nrows 与 ncols 表示两个整数参数，其他指定子图所占的行数、列数。函数的返回值是一个元组，包括一个画布对象和所有的子图对象。其中：子图对象的数量等于 nrows× ncols，且每个 axes 对象均可通过索引值访问，示例代码如下。

```
[in] import numpy as np
     fig,ax =  plt.subplots(2,2)
     x = np.arange(1,10)
     ax[0][0].plot(x,x*x)#绘制平方函数
     ax[0][0].set_title('平方')
     ax[0][1].plot(x,np.sqrt(x))#绘制平方根图像
     ax[0][1].set_title('方根')
     ax[1][0].plot(x,np.exp(x))#绘制指数函数
     ax[1][0].set_title('指数')
     ax[1][1].plot(x,np.log10(x))#绘制对数函数
     ax[1][1].set_title('对数')
```

```
plt.show()
```
[out]

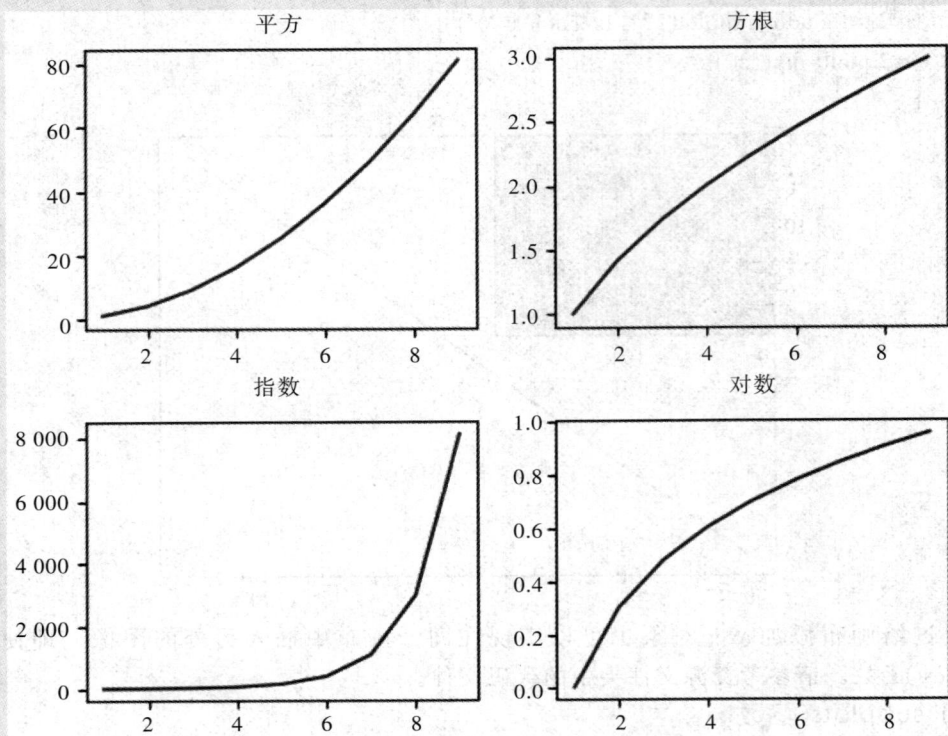

5) subplot2grid()函数

plt.subplot2grid()函数能够在画布的特定位置创建 axes 对象，还可以使用不同数量的行、列来创建跨度不同的绘图区域，即 subplot2gird()函数可以非等分的形式对画布进行切分，并按照绘图区域的大小来展示最终的绘图效果。

plt.subplot2grid()函数的语法格式如下：

```
plt.subplot2grid(shape,      # 在规定的网格区域进行画布切分
        location,     # 子图绘制位置,初始位置 (0,0)第 1 行第 1 列
        rowspan,      # 子图跨越网格区域行数
        colspan)      #子图跨越网格区域列数
```

其示例代码如下。

```
[in]  x = np.arange(1,10)
    ax1 = plt.subplot2grid((2,3),(0,0), rowspan = 2)
    ax1.plot(x, np.exp(x))
    ax1.set_title('指数函数')
    ax2 = plt.subplot2grid((2,3),(1,1), colspan = 2)
    ax2.plot(x, x*x)
    ax2.set_title('平方函数')
    ax3 = plt.subplot2grid((2,3),(0,1), colspan = 2)
```

```
ax3.plot(x, np.log(x))
ax3.set_title('对数函数')
plt.tight_layout()
plt.show()
```
[out]

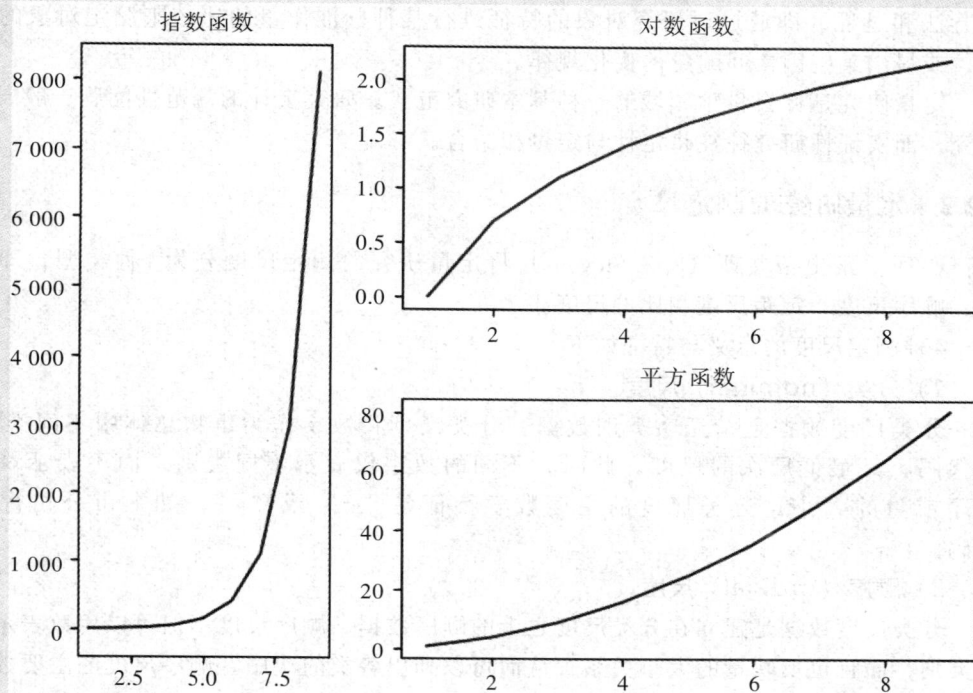

6.2 定性和定量数据

在进行具体财经数据的可视化之前，我们先学习一下数据的统计学分类。不同类型的数据具有不同的解释方法和语义范畴，因此其可视化的方式方法不同。

6.2.1 定性与定量

数据是指对客观事件进行记录并可以鉴别的符号，也就是对事物的性质、状态以及相互关系等进行记载的物理符号或这些物理符号的组合。数据是事实或观察的结果，是对客观事物的逻辑归纳，是用于表示客观事物的未经加工的原始素材。数据的表现形式还不能完全表达其内容，需要经过解释，数据和关于数据的解释是密不可分的。

数据按性质可分为：

（1）定性数据（qualitative data）在统计学上包括分类数据和顺序数据，是一组表示事物性质、规定事物类别的文字表述型数据。见表示事物属性的数据（注册地、上市公司板块、公司行业、债券评级等）。

（2）定量数据（quantitative data），是反映事物数量特征的数据，如金额、价格、重量、速度等物理量。

定量，就是以数字符号为基础去测量。定量研究是指确定事物某方面量的规定性的科学研究，就是将问题与现象用数量来表示，进而去分析、验证、解释，从而获得意义的研究方法和过程，即通过对研究对象的特征进行某种标准作量的比较来测定对象的特征数值，或得出某些因素间的量的变化规律。

定量研究是社会科学领域的一种基本研究范式。研究会计的规范性问题一般属于定性研究，而实证性研究往往将定性与定量相结合。

6.2.2 定量研究的测定尺度

心理学家史蒂文斯（S. S. Stevens）将定量研究的测定尺度分为4种类型，即分类尺度、顺序尺度、定距尺度和比例尺度。

4种测定尺度的意义与特征如下：

1）分类（nominal）尺度

分类尺度数据是指无序类别数据。分类尺度将数字作为事物总体中不同类别/组别的代码，是最低层次的尺度。此时，不同的数字仅表示不同类别，而不表示量之间的顺序或量的大小。分类尺度的主要数学特征是"="或"≠"。如上市公司行业分类编码。

2）顺序（ordinal）尺度

分类尺度数据是建立在分类尺度之上的顺序数据。顺序尺度不但可以用数表示量的不同类别，而且也反映量的大小关系，从而可以列出各类的次序。顺序尺度的主要数学特征是">"或"<"。在统计的变量数列中，可以确定其中位数、分位数等指标的位置。如分析师给上市公司发行债券的评价等级。

3）定距（interval）尺度

定距尺度数据也称间隔数据。定距尺度是对事物类别或次序之间间距的计量，它通常使用度量衡单位作为计量尺度。定距尺度是比顺序尺度高一层次的计量尺度。它不仅能将事物进行区分和排序，而且可以准确地指出各类别之间的差距是多少。定距尺度的主要数学特征是"+"或"－"。定距尺度在统计数据中占据重要的地位。如上市公司上市日期等时间数据。

4）比例（ratio）尺度

比例尺度是在定距尺度的基础上，确定可以用于比较的基数，将两种相关的数加以对比，而形成新的相对数。比例尺度的主要数学特征是"÷"或"×"。在统计的对比分析中，比例尺度的运用较广泛。如企业财务指标的各种比率。

财务数据分析中，很多内容或研究项目中的数据都不具备使用比例尺度或定距尺度的条件，应注意在处理这些问题时，不要忽视其度量尺度。以可视化的视角来看，不同的数据类型需要不同的可视化图形来呈现。

【财务应用与实践】

财经数据的可视化基础图形

1.类别数据可视化——柱状图和饼图

请参考资源文件夹< ch_6_3_1>中的代码文件。

（1）数据集——分类尺度数据

获取绘图数据，数据集为 A 股上市公司的行业门类，其代码如下。

```
[in] df_01 = pd.read_excel('..\data\ch6\上市公司行业门类.xlsx')
     display(df_01)
[out]
```

	股票代码	公司简称	注册资本	行业门类码	行业大类码	大类名称	门类名称
0	1	平安银行	19405918198	J	66	货币金融服务	金融业
1	2	万科A	11617732201	K	70	房地产业	房地产业
2	3	PT金田A	400120286	L	72	商务服务业	租赁和商务服务业
3	4	国华网安	165052625	I	65	软件和信息技术服务业	信息传输、软件和信息技术服务业
4	5	ST星源	1058536842	N	77	生态保护和环境治理业	水利、环境和公共设施管理业
...	...	...	...	...	...	...	...
4583	900952	锦港B股	2002291500	G	55	水上运输业	交通运输、仓储和邮政业
4584	900953	凯马B	640000000	C	36	汽车制造业	制造业
4585	900955	*ST海创B	1303500000	K	70	房地产业	房地产业
4586	900956	东贝B股	235000000	C	34	通用设备制造业	制造业
4587	900957	凌云B股	349000000	K	70	房地产业	房地产业

4588 rows × 7 columns

df_01为 A 股上市公司的行业门类和大类，为了方便可视化，我们对数据进行进一步整理，得到行业门类数量前5的公司，其他公司行业门类赋值为"其他"，代码如下。

```
[in] top5_index = (df_01
              .groupby(['门类名称'])['股票代码']      #按'门类名称'分组
              .count()                              #统计每组公司数量
              .sort_values(ascending=False)          #按每组数量降序排列
              .iloc[:5].index)                       #取前5行业门类的索引
     df_01['门类名称'] = (df_01['门类名称']           #非前5行业门类列赋值'其他'
              .map(lambda x:x if x in top5_index else '其他'))
     data = (df_01
         .groupby(['门类名称'])['股票代码']
         .count()
         .sort_values(ascending=False))
     x,y = data.index,data.values          #6个门类索引,及对应的公司数量
```

（2）柱状图

柱状图是一种用矩形柱来表示数据分类的图表，柱状图可以垂直绘制，也可以水平绘

制，它的高度与其所表示的数值成正比。柱状图显示了不同数据类别之间的比较关系，图表的一个轴指定被比较的类别，另一个轴则表示具体的类别值。

Matplotlib 提供了 bar() 和 barh() 函数来绘制柱状图。对得到的行业门类数据画柱状图，代码如下。

```
[in] fig=plt.figure()
     ax=fig.add_axes([0.1, 0.1, 0.5, 0.5])
     tick_label=['制造业','其 他','信息服务','批发零售','房地产业','电力热力']
     ax.bar(x,y,align='center', color='b',
             alpha=0.2, edgecolor="black",hatch='/')
     ax.set_xticks(x,tick_label,rotation=30)
     ax.set_xlabel('上市公司行业门类')
     ax.set_ylabel('上市公司数量')
     ax.set_title('2022年中国上市公司行业门类分布')
     ax.legend(['数量'])
     plt.show()
[out]
```

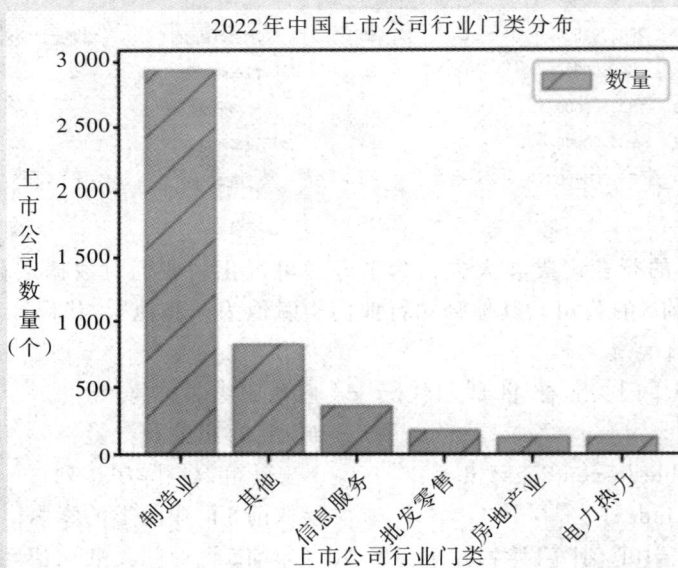

柱状图也可以在水平方向布局，具体示例请参考资源文件夹中的代码文件。

（3）饼图

饼图只适用于排列在数据帧的一列或一行中的数据。饼图显示一个数据系列中各项的大小与各项总和的比例，即显示各数据占整个饼图的百分比。

Matplotlib 提供了 pie() 函数来绘制饼图。我们就得到的行业门类数据画饼图，代码如下。

```
[in] kinds = ['制造业','其 他','信息服务','批发零售','房地产业','电力热力']
     colors = ['coral','antiquewhite','yellowgreen','cyan','violet','whitesmoke']
     plt.pie(y,                              #绘图数据
```

```
            labels=kinds,              # 添加区域水平标签
            labeldistance=1.1,         # 扇形图例与圆心的距离
            autopct='%3.1f%%',         # 百分比格式
            radius = 1.05,             # 饼图半径
            center = (0.2,0.2),        # 设置饼图的原点
            textprops={'fontsize':8,'color':'k'},
            pctdistance = 0.85,        #设置百分比与圆心的距离
            startangle=90,
            explode=(0,0.3,0,0,0,0),   #绘制分裂图形
            shadow =True,              #立体图
            colors=colors)
    plt.title('上市公司行业门类')
    plt.show()
[out]
```

上市公司行业门类

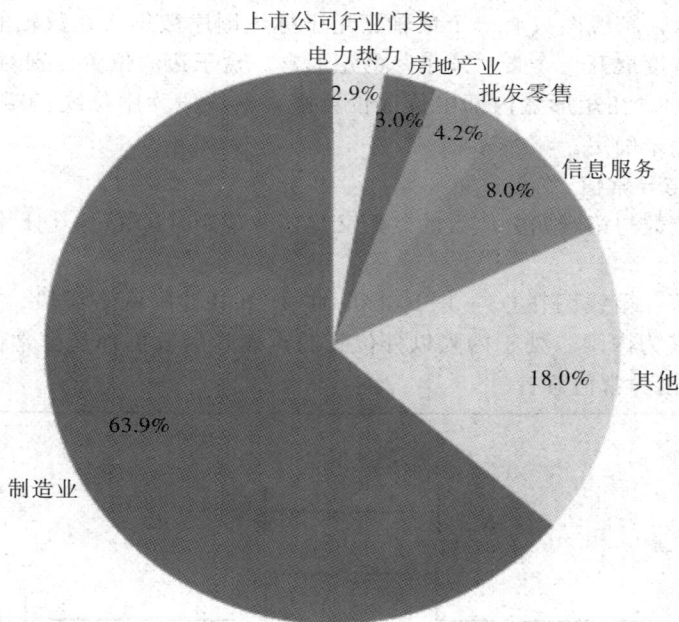

饼图也有多种变形，如环形图等。另外，也可以把多种分类画在一张图上。具体请参照资源文件夹中的代码文件。

2.顺序数据可视化——箱线图

前述柱状图和饼图也可以描述顺序数据。这里，我们重点介绍用箱线图呈现顺序数据。其程序代码，请参考数据资源包中的<ch6_3_2>文件。

（1）箱线图概述

箱线图作为描述统计的工具之一，可以直观明了地识别数据中的异常值、非对称分布数据的特征，也可以用来对若干批次数据进行比较分析。为了绘制箱线图，我们先简单介绍相关的几个概念。

① 二分位数

中位数（median）是二分位数，是按顺序排列的一组数据中居于中间位置的数，其可将数值集合划分为相等的上下两部分。对于有限的数集，可以把所有观察值按大小排序找出正中间的一个作为中位数。如果观察值有偶数个，通常取最中间的两个数值的平均数作为中位数。二分位数也是第二四分位数（Q2）。

② 四分位数

四分位数是把所有数值由小到大排列并分成四等份，处于三个分割点位置的数值分别是：

● 第一四分位数（Q1），等于该样本中所有数值由小到大排列后处于第25%位置的数字

● 第二四分位数（Q2），又称"中位数"，等于该样本中所有数值由小到大排列后处于第50%位置的数字

● 第三四分位数（Q3），等于该样本中所有数值由小到大排列后处于第75%位置的数字

如图6-3所示，箱线图只有一个数轴，用于标识顺序数据。在数轴的另一个方向上，根据用户设置的宽度展开一个带"须子"的矩形盒。盒子边的位置分别对应数据的上下四分位数（Q1和Q3）。在矩形盒内部中位数位置画一条线段为中位线。矩形盒两端的"须子"根据四分位距来确定。

③ 四分位距与异常值

第三、四分位数与第一四分位数的差距又称四分位距（IQR）。其计算公式如下：

IQR = Q3 - Q1

如图6-3所示，箱线图在 Q3 + 1.5IQR 和 Q1-1.5IQR 处画两条线段，这两条线段为异常值截断点，称其为内限。处于内限以外位置的点表示的数据都是异常值（outliers）。用"○"或"＊"标出异常值位置。

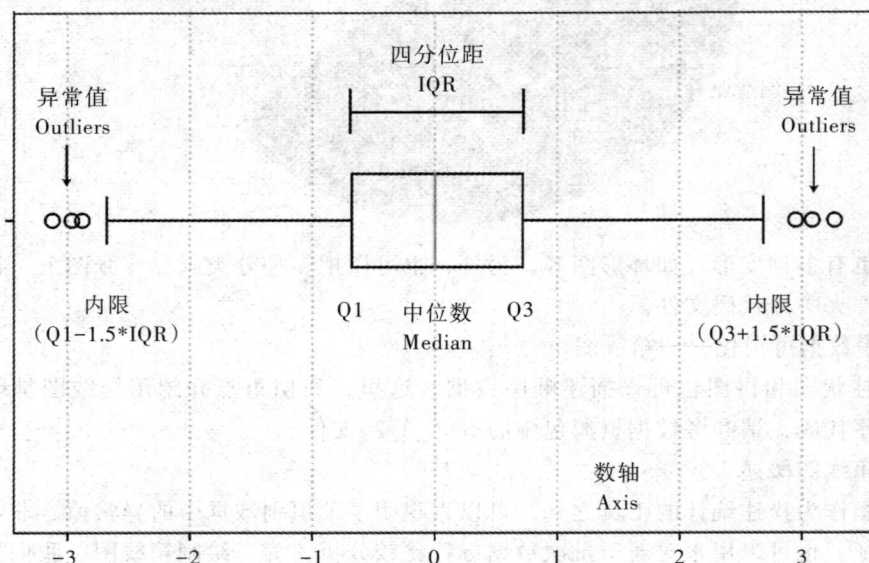

图6-3　箱线图示意图

（2）数据集——顺序尺度数据

首先，提取数据集，我们使用资源包中的<上市公司 ESG 评级 .xlsx >文件作为演示样本，代码如下。

```
[in] data_box = pd.read_excel('..\data\ch6\上市公司 ESG 评级 .xlsx',
                              dtype={'股票代码':str})

     display(data_box.head())
[out]
```

	股票代码	公司简称	会计年度	ESG得分	ESG排名	E得分	E排名	S得分	S排名	G得分	G排名
0	000001	平安银行	2012	28.6833	515	5.2807	1101	29.9681	536	44.6208	66
1	000002	万科A	2012	47.1257	32	5.3619	1075	65.4499	1	40.7960	135
2	000004	ST国华	2012	17.8690	1651	1.3132	2271	31.9405	420	20.7449	1469
3	000005	ST星源	2012	19.2731	1451	5.0565	1163	12.3705	1903	35.2911	247
4	000006	深振业A	2012	26.2957	660	1.6187	1849	35.3400	272	38.7978	169

```
[in] data_box['ESG 得分'].describe()
[out] count      2410.000000
      mean         22.567009
      std           9.012635
      min           1.050800
      25%          16.687650
      50%          21.015450
      75%          27.241025
      max          71.630200
      Name: ESG 得分, dtype: float64
```

数据集中的 ［E 得分］，［S 得分］，［G 得分］ 都是顺序尺度数据。注意，这里提出一个问题：基于某种权重计算得到的 ［ESG 评分］ 是否是顺序尺度数据？同学们可以深入讨论。也就是说，讨论这种加减运算的明确意义。

（3）箱线图

我们画一个 data_box ［'ESG 得分'］ 的完整箱线图。首先，了解 plt.boxplot（） 函数的参数，代码如下。

```
[in] plt.boxplot(x = data_box['ESG 得分'],    # 指定绘制箱线图的数据
            whis = 1.5,                        # 指定 1.5 倍的四分位差
            widths = 0.3,                      # 指定箱线图中箱子的宽度为 0.3
            patch_artist = True,               # 填充箱子颜色
            showmeans = True,                  # 显示均值
            # 指定箱子的填充色为宝蓝色
            boxprops = {'facecolor':'RoyalBlue'},
            # 指定异常值的填充色、边框色和大小
            flierprops = {'markerfacecolor':'red',
                          'markeredgecolor':'red', 'markersize':3},
```

```
        # 指定均值点的标记符号(六边形)、填充色和大小
        meanprops = {'marker':'h','markerfacecolor':'black', 'markersize':8},
        # 指定中位数的标记符号(虚线)和颜色
        medianprops = {'linestyle':'--','color':'orange'},
        labels = ['']) # 去除 x 轴的刻度值
plt.show()
```

[out]

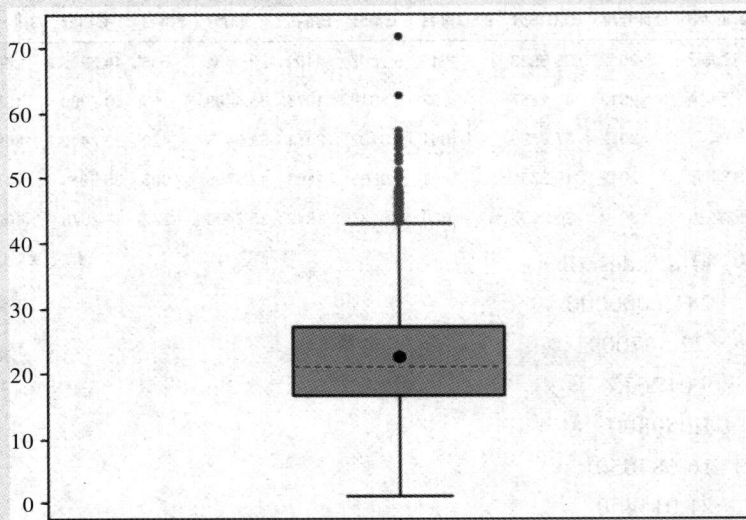

通过箱线图我们了解到，［ESG 得分］有 50% 的数据介于 25~28 之间，在箱体内，75% 以上在 28 分以下。高分的异常值较多，用红色的点表示。而低分没有异常值，没有数据点在内限以下。现在，我们获取这些异常值，代码如下。

```
[in] score = data_box['ESG 得分']
     # 计算下四分位数和上四分位数
     Q1 = score.quantile(q = 0.25)
     Q3 = score.quantile(q = 0.75)
     # 基于 1.5 倍的四分位差计算上下限对应的值
     low_limit = Q1 – 1.5*(Q3 – Q1)
     up_limit = Q3 + 1.5*(Q3 – Q1)
     # 查找异常值
     val=score[(score > up_limit) | (score < low_limit)]
     print('异常值如下 :\n',val)
[out]异常值如下 :
     1       47.1257
     114     52.3442
     141     43.8989
     155     46.2704
```

```
    172    45.2567
             ...
   2129    45.7054
   2150    44.6733
   2232    44.8689
   2258    44.0895
   2322    43.2932
Name: ESG 得分, Length: 75, dtype: float64
```

现在，我们采用多个箱线图比较一下数据集中的［E 得分］，［S 得分］和［G 得分］，代码如下。

```
[in] plt.boxplot([data_box['E得分'],data_box['S得分'],data_box['G得分']],
        notch=True, sym = 'o',
        vert = False, whis=1.5,
        labels = ['E得分','S得分','G得分'])
    plt.show()
[out]
```

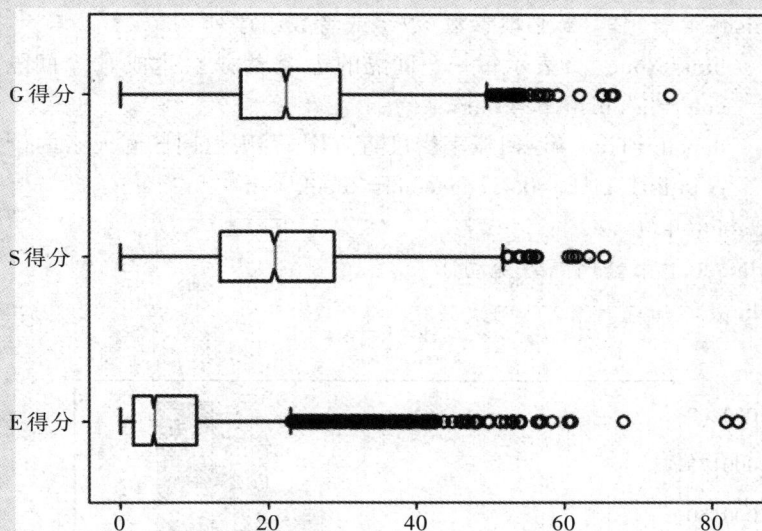

通过［E 得分］，［S 得分］和［G 得分］数据箱线图的对比可知，［S 得分］和［G 得分］相近，［E 得分］较低，整体而言只有高分异常值，没有低分异常值。

3.间隔数据可视化——直方图

间隔数据是有相对零点的等距数据。就间隔数据而言，我们重点介绍直方图的绘制。其程序代码，参考数据资源包中的<ch6_3_3>文件。

（1）数据集——间隔数据

本部分采用<上市公司高管任职变动 .csv >数据集作为演示示例，其中：［任职年月］数据列，表示上市公司公布高管变动的日期，属于间隔数据类型，代码如下。

[in] data_hist = pd.read_csv('..\data\ch6\上市公司高管任职变动.csv',dtype={'股票代码':str})
　　display(data_hist.head())

[out]

	股票代码	公司简称	统计日期	高管编码	高管姓名	高管职务	高管职务编码	任职年月	是否在职
0	000001	平安银行	2010-12-31	1200019	刘宝瑞	副行长	11d	2000-03-24	0
1	000001	平安银行	2010-12-31	1200051	徐进	董事会秘书	14	2005-05-16	0
2	000001	平安银行	2010-12-31	1200051	徐进	首席法律事务执行官	23	2009-08-01	1
3	000001	平安银行	2010-12-31	1200052	胡跃飞	副行长	11d	2006-03-30	0
4	000001	平安银行	2010-12-31	1200052	胡跃飞	执行董事	16	2007-12-19	1

通过 data_hist.info（），得到［任职年月］列有缺失值，我们清除缺失值，并把该列转化为 datetime 数据类型（我们在第8章详细介绍该数据类型），代码如下。

[in] data_hist.dropna(subset=['任职年月'])
　　x = pd.to_datetime(data_hist['任职年月'])

（2）直方图

① plt.hist()

采用 plt.hist()函数绘制 x 直方图，代码如下。

[in] plt.hist(x,　　　　　　 # 必填参数、数组或者数组序列
　　　　bins=None,　　 #表示每一个间隔的边缘，默认会生成10个间隔。
　　　　color='g', histtype='bar',
　　　　density=True, #返回概率密度直方图；否则返回区间元素的个数
　　　　rwidth=1, alpha=0.4, edgecolor='black')
　　plt.xlabel('年')
　　plt.ylabel('上市公司高管变动')
　　plt.show()

[out]

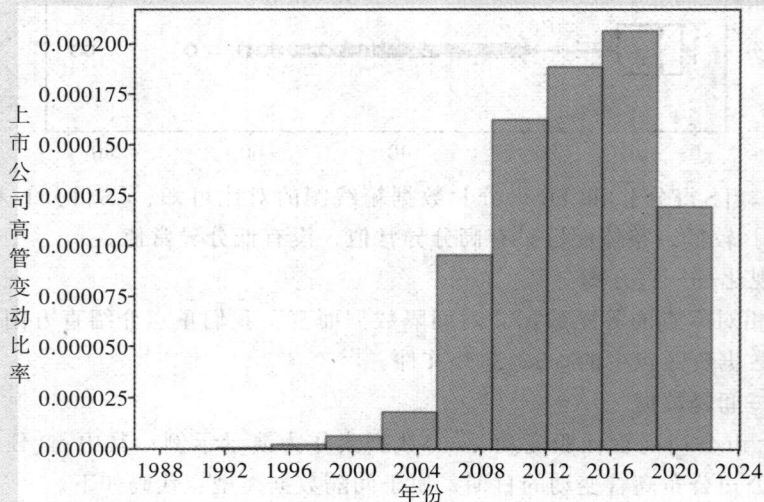

通过上述直方图可知，上市公司在 2016 年到 2020 年期间高管变动比较频繁，在 2005 年之前，高管变动的公告较少。我们前面讲过，Series 和 DataFrame 本身也封装了绘图 plot ()函数，可以直接绘制子图 hist()，具体请参考资源包中的代码文件。

我们这里介绍有点复杂的 Seaborn 绘图。Seaborn 是 Matplotlib 相对高级的一个封装，对数理统计更友好。

② Seaborn.histplot()

Seaborn.histplot()函数同样可以画这个直方图，代码如下。

```
[in]  import seaborn as sns
      sns.histplot(x,kde=True,bins=10)
      plt.show()
[out]
```

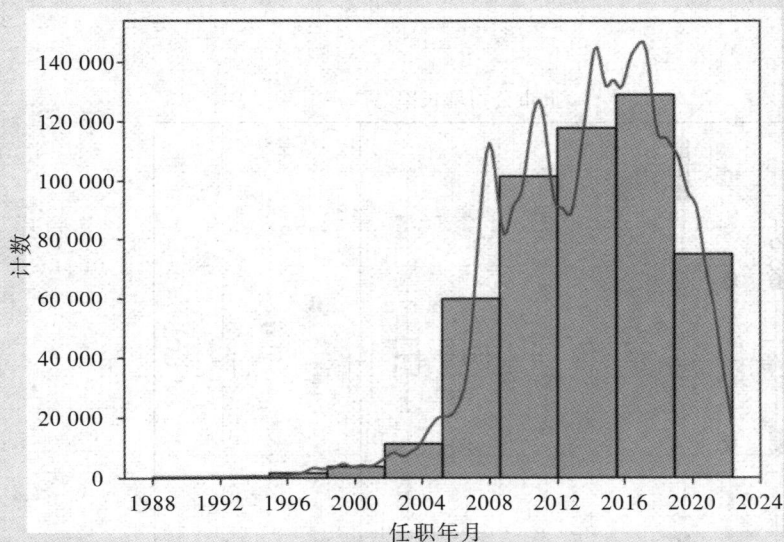

从执行结果可知，Seaborn.histplot（）默认计数（count）。

4. 比例数据可视化——箱线图、散点图和蜂巢图

财务的货币计量数据多数为比例数据，本部分采用某上市公司财务指标文件<成长能力_long_filtered.csv >数据集，参考数据资源包中的< ch6_3_4>文件，代码如下。

（1）数据集

```
[in]  df = pd.read_csv('..\data\ch6\成长能力_long_filtered.csv',encoding = 'gb18030')
      display(df.head())
[out]
```

	股票代码	统计日期	基本每股收益增长率 (%)	稀释每股收益增长率 (%)	每股经营活动产生的现金流量净额增长率 (%)	营业总收入增长率 (%)	营业收入增长率 (%)	营业利润增长率 (%)	利润总额增长率 (%)	净利润增长率 (%)	归属母公司股东的净利润增长率 (%)	经营活动产生的现金流量净额增长率 (%)	总负债增长率 (%)	总资产增长率 (%)	货币资金增长率 (%)	固定资产增长率 (%)
0	2	2012-12-31	29.5455	29.5455	10.0600	43.6505	43.6505	33.3043	33.3060	35.0269	30.4036	9.9289	29.9014	27.8835	52.7228	1.0273
1	2	2014-06-30	7.3171	7.3171	135.0500	-1.0351	-1.0351	-3.5038	-0.1533	2.9346	5.5513	135.0546	15.0731	16.0864	13.9829	10.2245
2	2	2019-09-30	28.7293	28.7293	106.5854	27.2083	27.2083	32.5607	32.0973	31.1619	30.4349	106.7405	14.5997	14.4210	-19.2258	11.1675
3	2	2019-12-31	13.3987	13.3987	32.7346	23.5873	23.5873	13.5033	13.4584	11.8917	15.0993	35.8991	12.8691	13.1724	-11.7945	7.5087
4	2	2020-03-31	8.8235	8.3333	89.1975	-1.2409	-1.2409	-18.0492	-18.3255	-24.1945	11.4876	88.9421	11.4608	12.1604	20.9825	4.5479

数据第1、2列为分类数据，其他列为财务增长率指标。为了增强可视化效果，对原始数据集上的数据作了适当处理，具体处理过程参加资源包中的< ch_6_3_4（数据清洗）>文件。

（2）可视化

① 箱线图

首先，为了了解数据集的数据分布情况，我们画箱线图，代码如下。

```
[in]  ax = df.iloc[:,2:].boxplot()
      ax.set_xticklabels(list(range(1,15)),fontsize = 'small') # 设置刻度标签
      ax.set_xlabel('指标')
      ax.set_ylabel('百分数')
      ax.set_title('上市公司增长率')
      # ax.legend(['数量'])
      plt.show()
[out]
```

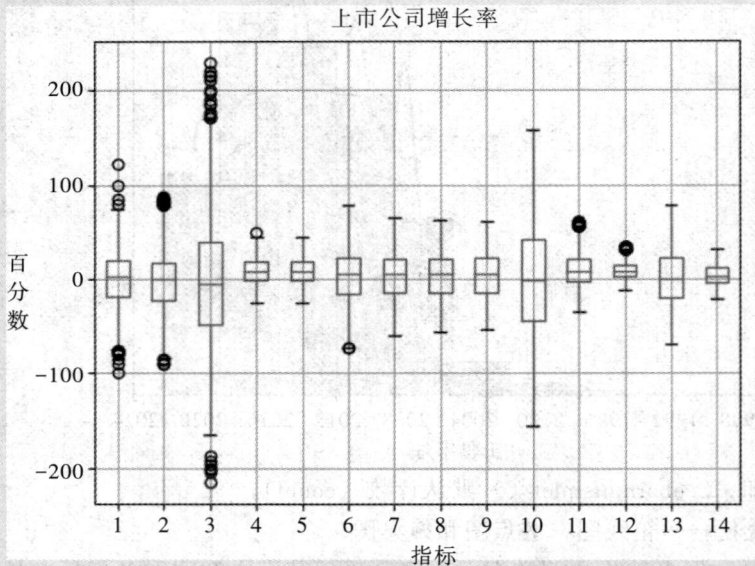

从图中我们可以看出：数据分布基本一致，极端的异常值已经被清洗，数据能够满足我们可视化的需求。

② 散点图

散点图可用来描述两个连续变量X和Y之间的关系，图中的每个点表示目标数据集中的每个样本，在直角坐标系平面上数据点的分布和因变量随自变量而变化的大致趋势。由此趋势可以选择合适的函数进行拟合，以用来表示某些模型，进而找到变量之间的函数关系。

当前df数据集样本过多，我们随机取样100点，作为新的数据集，绘制散点图，代码如下。

```
[in]  df_small = df.sample(100)  #取100个样本
      sns.scatterplot(x=df_small['基本每股收益增长率(%)'],
              y=df_small['营业利润增长率(%)'],data=df_small)
```

```
        plt.show()
[out]
```

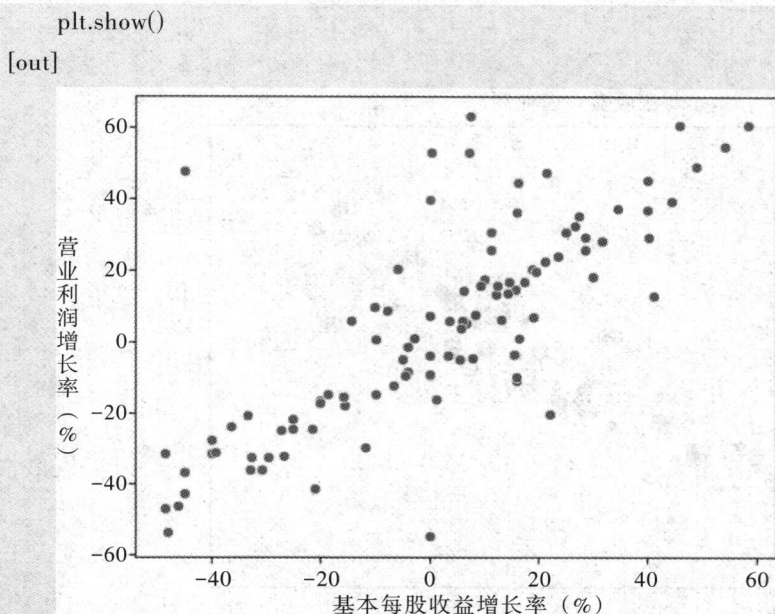

seaborn 可以在散点图中绘制回归线，具体操作请参照资源包中的<ch6_3_4>文件，示例代码如下。

```
    sns.regplot(x='基本每股收益增长率(%)',y='营业利润增长率(%)',data=df_small)
```

在散点图中，把数据加载到图中数据点的大小和颜色，就可以得到包含2个分类特征的散点图。这次，我们使用 add_subplot（）函数绘图，代码如下。

```
[in]  def recode_type(scode):
          if len(str(scode)) == 6:
              return 0
          else:
              return 1
      df_small['分类'] = df_small['股票代码'].apply(recode_type)
      df_small['规模增长'] = df_small['总资产增长率(%)']*5
      scatter_plot = plt.figure()
      axes1 = scatter_plot.add_subplot(1,1,1)
      axes1.scatter(\
              x=df_small['基本每股收益增长率(%)'],
              y=df_small['营业利润增长率(%)'],
              s = df_small['规模增长'],#根据规模增长设置点的大小
              c = df_small['分类'],        #为设置颜色
              alpha = 0.8)              #增加点的透明度,用来表现重叠的点
      axes1.set_title('基本每股收益 vs 营业利润——增长率')
      axes1.set_xlabel("基本每股收益增长率(%)")
      axes1.set_ylabel("'营业利润增长率(%)")
```

```
plt.show()
```

[out]

基本每股收益 vs营业利润——增长率

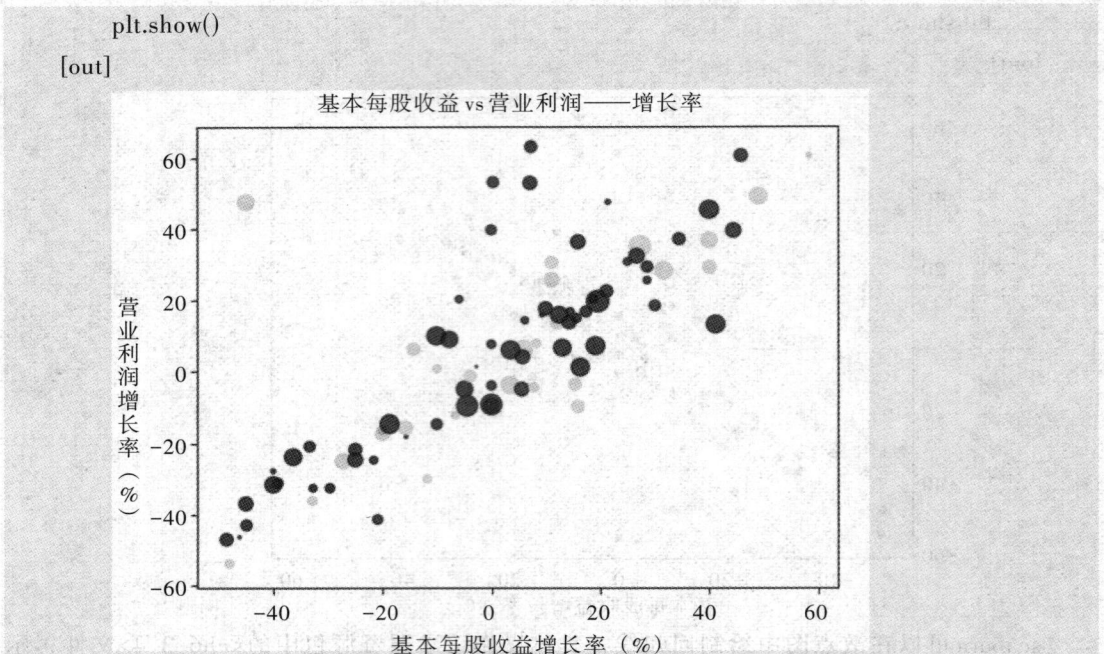

③ 蜂巢图

散点图对于可视化两组数值变量确实非常有用，但是当有成千上万个数据样本点时，散点图会变得过于密集而无法解释。

当数据量大时，我们采用蜂巢图（hexbin）。其将图表划分为一个六边形区域，基于聚合方法（例如点的数量），为区域的不同部分添加不同深度的颜色。hexbin（）函数用于制作点x，y的2D六角形箱线图，颜色深度表示样本点数量，代码如下。

```
[in] df.plot.hexbin(x='基本每股收益增长率(%)',
              y='营业利润增长率(%)',
              gridsize=20  # 此参数表示x方向或两个方向上的六边形数量
              )
     plt.show()
```

[out]

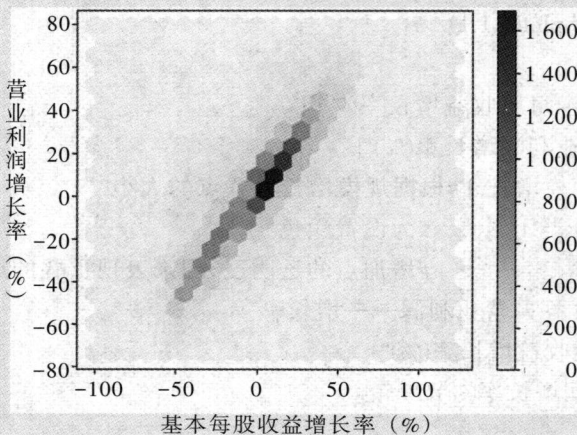

【本章小结】

我们本章学习了 Matplotlib 和 Seaborn 简单的应用。可视化是数据分析过程中不可或缺的步骤和方法。关于可视化的知识内容很多，学习的初期掌握每个数据可视化的细节不是很容易，也没有必要。Matplotlib 和 Seaborn 案例丰富，本章并没有介绍它们完整的知识体系，而是试图通过具体的实例，展示其功能。读者掌握基础操作之后，首先要做到模仿绘图，之后逐步掌握绘图的细节和技巧，在实践中逐渐提升可视化技能。

【本章习题】

即测即评 6

一、单项选择题

1. 以下关于使用 Matplotlib 绘图流程的说法，错误的是（　　　）。

A. 简单单个图形，无须手动创建画布

B. 数据准备是绘图的基础

C. 标签设置与绘制图形没有先后

D. 添加图例可在绘制图形之前

2. 以下有关数据量化分类的说法，错误的是（　　　）。

A. 分类尺度的主要数学特征是"="或"≠"

B. 顺序尺度不能用数表示类别量

C. 定距尺度是比顺序尺度高一层次的计量尺度

D. 比例尺度的主要数学特征是"÷"或"×"

3. 以下关于使用 Matplotlib 绘图的说法，错误的是（　　　）。

A. 绘图无法正确显示中文

B. 在同一子图绘图一定会删除覆盖原图形

C. 一个画布只能创建一个子图

D. Matplotlib 绘图可以存储为不同格式的图形文件

4. obj.plot 或 plt.plot() 函数中的 kind 参数表示的是（　　　）。

A. 垂直柱状图　　　　B. 绘图类型　　　　　　C. 不存在　　　　　　D. None

5. 绘制直方图时，plt.plot() 函数的 kind 参数应该赋值（　　　）。

A. 'kde'　　　　　　B. 'bar'　　　　　　　　C. 'hist'　　　　　　D. 'pie'

6. 下列代码中，能绘制散点图的是（　　　）。

A. plt.plot()　　　　B. plt.scatter()　　　　C. plt.legend()　　　D. plt.box()

7. 下列字符串中，表示 plot 线条的颜色–红色、形状–五角星点、线形–短虚线的是（　　　）。

A. 'r*–'　　　　　　B. 'go–'　　　　　　　　C. 'r*+'　　　　　　D. 'bs–'

8. 下列说法正确的是（　　　）。

A. 饼图中的数值表示样本的数量关系

B. 散点图的 x 轴刻度一定是数值

C. 箱线图的异常值数量是不能调整的

D. 箱线图可以用于查看特征间的趋势关系

9. 下列代码的执行结果是（　　　　）。

```
import matplotlib.pyplot as plt
import pandas as pd
df=DataFrame([[20,60,178],[50,20,165],[45,67,167]],
                index=[1,2,3],columns=['age','weight','height'])
df.plot(kind='bar')
plt.show()
```

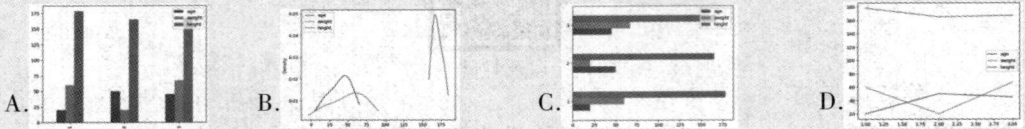

A.   B.   C.   D.

10. 基于如下代码的说法，正确的是（　　　　）。

```
import matplotlib.pyplot as plt
fig = plt.figure()
ax = plt.axes()
```

A. ax 是画布对象　　　　　　　　B. fig 是子图对象

C. axes 是子图构造函数　　　　　　D. figure 是子图类

二、判断题

1. 无序类别数据仅表示不同类别，而不表示其他数据之间量的顺序或量的大小。

（　　　）

2. 定距尺度的主要数学特征是"÷"或"×"。　　　　　　　　　　（　　　）

3. obj.plot 或 plt.plot()函数的参数完全一致。　　　　　　　　　（　　　）

4. plt.plot()默认绘制箱线图（line）。　　　　　　　　　　　　　（　　　）

5. Series 对象 plot()方法中，参数 use_index 默认为 True，用索引作为 x 轴的刻度。

（　　　）

6. 上市公司的上市年份是分类尺度数据，也是顺序尺度数据，还是定距尺度数据，但不是比例尺度数据。　　　　　　　　　　　　　　　　　　　　　　（　　　）

7. plt.xlabel()和 plt.ylabel()用于设置子图 x、y 轴标题。　　　　　（　　　）

8. 在同一幅图形中绘制多根线条，不能多次调用 plot 函数。　　　　（　　　）

9. plt.show()会释放图形对象资源，如果在显示图像之前保存图片，将只能保存空图片。　　　　　　　　　　　　　　　　　　　　　　　　　　　　　（　　　）

10. 1个画布 figure 可以有若干子图 axes，1个子图一般有 2个数轴 axis。（　　　）

三、程序题

1. 利用 DataFrame 绘图

（1）data 是某城市生产总值的 DataFrame 数据。

```
r = [0.83,0.92,1.12,1.23,1.21,1.52,2.24,2.52,2.54]   #总收入(百万)
data = pd.DataFrame({'总收入: 百万':r},
                index=['2014','2015','2016','2017','2018','2019','2020','2021','2022'])
```

请分别采用 plt、sns 和 DataFrame API，绘制该数据的 line/bar/hist/box 图。

（2）给（1）的数据增加两个列。

data ['投资收益占比'] ＝ [0.1，0.15，0.20，0.14，0.25，0.23，0.3，0.32，0.35]

data ['ESG 评级'] ＝ ['合格'，'良'，'良'，'良'，'优'，'良'，'优'，'良'，'优']

请采用 plt、sns 和 DataFrame API，分别绘制多组数据的 line/ bar/ hist/ box 图。再将这些图集成为 1 张图。

（3）精细绘图。

请根据（2）的数据 data，绘制画布大小为 8×6，样式如图 6-4 所示的图形。

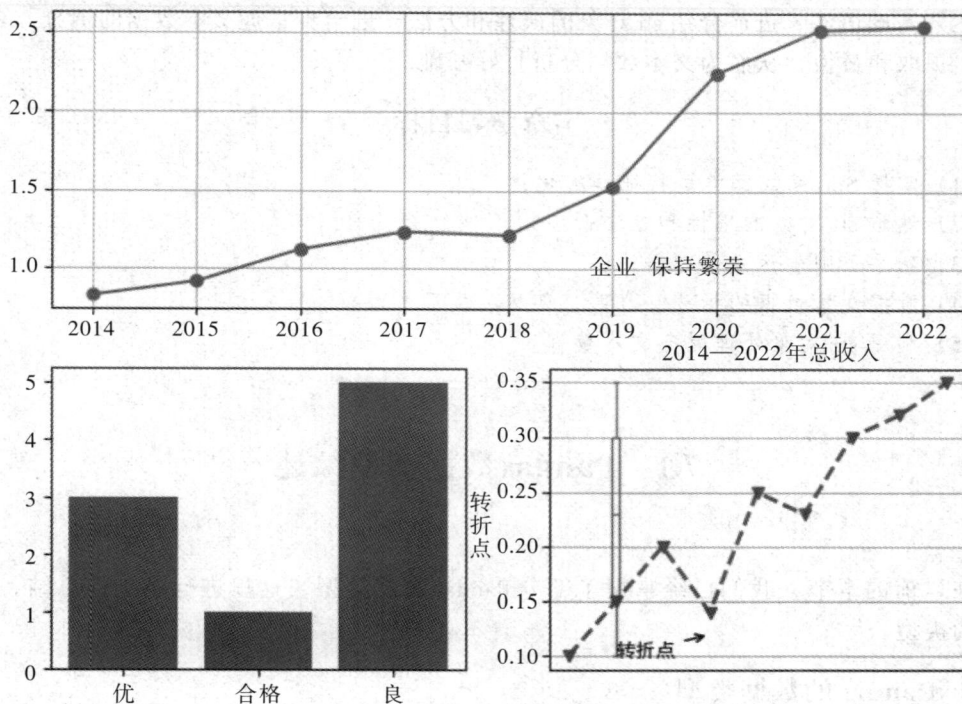

图6-4　data精细绘图样本

2. 数据集可视化

读入资源包 <data\ch6\固定资产 .csv> 数据集

（1）对该数据集进行清洗，得到上市公司年报固定资产数据，并填充缺失的数据集。得到新的数据集。

（2）对（1）得到的数据集进行可视化，要求：

● 绘制固定资产账面原值各个类别的箱线图

● 绘制固定资产账面原值、固定资产账面价值的总计散点图

● 筛选出"平安银行"的固定资产数据，画一张图展示该公司固定资产的变化情况，以及各个类别之间的关系

第 7 章
文本数据处理

文本数据一般为非结构化数据。非结构化数据用于深度数据分析的必要条件是进行向量化，变成结构化数据。本章首先介绍 Pandas 数据类型，以及数据类型转化，再学习正则表达式基础语法，进而介绍 str 对象的属性和方法，进一步掌握文本数据的拆分、合并、匹配、提取和替换，从而为文本数据分析打好基础。

本章学习目标

（1）掌握 Series 数据类型特征和转化；
（2）熟悉 str 对象的属性和方法；
（3）熟悉正则表达式基础语法；
（4）掌握文本数据的拆分、合并、匹配、提取和替换；
（5）利用 str 对象处理财务文本数据。

7.1 Pandas 数据类型综述

在以前的章节，我们已经掌握了部分 Pandas 数据类型，这里进行系统性总结，并介绍新的类型。

7.1.1 Pandas 的数据类型

我们在第 4 章学习过 Pandas，它是基于 NumPy 的第三方应用，其多数数据结构是依赖于 NumPy 的 ndarray 实现的。但是由于其应用领域不同，Pandas 的数据类型要更丰富一些，见表 7-1。

表 7-1 中的 object 类型是指混合类型，例如同时存储浮点、字符串、字典、列表、自定义类型等；datetime64 和 timedelta［ns］是日期时间类型，我们下章讲解。本章介绍 Pandas 的 category 类型，以及 String 类型与 object 类型的不同。

7.1.2 数据类型转换

Series 和 DataFrame 对象使用 dtypes 属性或 info（）方法，可以查看数据类型，示例代码如下。

表7-1 Pandas类型（dtype）

Pandas 类型（dtype）	Python 类型（type）	说明
object	str	字符串，存储文本数据等
int64	int	整数
float64	float	浮点数
bool	bool	True/False 值
datetime64	NA	日期时间的值
timedelta［ns］	NA	日期时间的差
category	NA	统计中的分类变量

```
[in] df = pd.read_csv('..\data\ch7\日常费用表.csv')
     df.dtypes
[out]
     时间          object
     员工          int64
     费用类型       object
     金额          int64
     备注          object
     dtype: object
```

在 < 日常费用表 .csv > 数据中，［员工］，［费用类型］和［备注］等是分类尺度数据，［时间］是定距尺度数据，［金额］属于比例尺度数据。Pandas 可智能读入给定的数据类型，给出的［员工］为整数数据类型，这显然不对。数据类型应该可以根据需要转换，转换函数为 astype()，示例代码如下。

```
[in]  df['时间'] = df['时间'].astype('datetime64[ns]')
      df['员工'] = df['员工'].astype('category')
      df['备注'] = df['备注'].astype('string')
      df.dtypes
[out]
      时间          datetime64[ns]
      员工          category
      费用类型        object
      金额          int64
      备注          string
      dtype: object
```

我们可以看出，［时间］，［员工］和［备注］数据类型有变化。注意，df['备注'] = df['员工'].astype('str')命令可以执行，类型仍为 object。object 和 string 都可以是字符串类型，它们确有不同，我们这里不作深入探讨。通常如果变量不是数值类型，应先将其转换成

Pandas特殊的数据类型，以便进行后续处理。astype()方法提供任何内置类型或numpy类型来转换列的数据类型。

Series 的 to_numeric()函数可以把变量转换为数值类型（int，float），其参数 errors 决定了当该函数遇到无法转换的数值时该如何处理，值为"raise"，遇到无法转换的值时，会抛出错误；值为"coerce"，遇到无法转换的值时，会返回 NaN；值为"ignore"，遇到无法转换的值时，会放弃转换，什么都不做。参见表7-4。

7.1.3　分类数据

Pandas 的 category 数据类型，用于对分类值进行编码。我们在上例中把［员工］列类型转换成category，接上例代码。

df['员工'] = df['员工'].astype('category')

category 类型的 Series 中定义了 cat 对象。基于其属性和方法，可以灵活对类别进行处理。我们用表7-2做一个简单说明。

表7-2　　　　　　　　　　　　　　　cat 对象的属性和方法

属性和方法	说明	举例
cat	cat 对象	df［员工］.cat
cat.categories	Index 类型本身	df［员工］.cat.categories
cat.ordered	是否有序	df［员工］.cat.categories
cat.codes	序列的类别会被赋予唯一的整数编号	df［员工］.cat. codes

cat 对象还有 cat.set_categories()等修改、排序的方法，这里不再赘述。

7.2　str对象

Python 字符串操作种类非常丰富，如字符串的替换、删除、截取、复制、连接、比较、查找、分割等，本节介绍与Pandas字符串类似的操作。

7.2.1　Python字符串

我们在第 1 章介绍了字符和字符编码，如 GB2312，GBK，GB18030 等中文字符编码，以及基于 Unicode 编码规则的 UTF-8 编码。使用 Python 内置指令 chr()和 ord()可以查看字符的编码。字符串是由零个或多个字符组成的有限序列，使用 encode()和 decode()函数可以实现字符串和 btypes 之间的转换。文本数据是由字符串组成的存储数据。我们简单重申一下有关字符串的概念：

➤ 字符串的长度：字符串中字符的数目n；

➤ 空字符串：零个字符构成的串，长度为0，可以表示为" "；

➤ 子串：字符串中任意个连续的字符组成的子序列；

➢ 字符串的前缀：起始于位置 0、长度为 k 的子串；

➢ 字符串的后缀：终止于字符串末尾位置（n-1）、长度为 k 的子串；

➢ 字符串之间的比较：由组成字符串的字符之间的字符编码来决定。而字符编码指的是字符在对应字符集中的序号。

有关文件编码问题的读取，请参考资源文件夹中的<ch7_2>代码。

7.2.2　str 对象属性和方法

Pandas 通过定义在 Index 或 Series 上的 str 属性，来处理类型为 object 或 string 的文本数据，接上例代码。

```
[in] df['费用类型'].str
[out]<pandas.core.strings.accessor.StringMethods at 0x14e26c18b80>
[in] df['费用类型'].str.startswith('办公').head(2)
[out]0    True
     1    False
     Name: 费用类型, dtype: bool
```

在 pandas 的 str 对象方法中，多数与 Python 标准库中的 str 模块方法同名且功能一致。另外，绝大多数对于 object 和 string 类型的序列使用 str 对象方法产生的结果是一致的。

应当尽量保证每一个序列中的值都是在字符串的情况下才使用 str 属性，但这并不是必须的，其必要条件是序列中至少有一个可迭代（Iterable）对象，包括但不限于字符串、字典、列表。注意，对于可迭代对象，string 类型的 str 对象方法和 object 类型的 str 对象方法的返回结果可能是不同的。

1）字母型函数

字符串函数中有关字母型的概念是针对英文字符串而言的。upper()，lower()，title()，capitalize()和 swapcase() 这 5 个函数主要用于字母的大小写转化。

见表 7-3，我们以一个简单的 Series 为例，熟悉字母型函数的用法，代码如下。

```
s = pd.Series(['industry(工业)', 'CN', 'a scale ', 'FinancialApp'])
```

表7-3　　　　　　　　　　　　字母型函数的用法

函数说明	代码如下	执行结果
upper()函数将字符全部转换为大写，lower()函数相反	s.str.upper()	0　　　　INDUSTRY 1　　　　　　　CN 2　　　　A SCALE 3　　FINANCIALAPP dtype: object
title()函数返回单词第一个字母的大写字符串，capitalize 则首字母大写	s.str.title()	0　　Industry（工业） 1　　　　　　　Cn 2　　　　A Scale 3　　Financialapp dtype：object
swapcase ()函数返回大小写互换的字符串	s.str.swapcase()	0 INDUSTRY（工业） 1　　　　　　　Cn 2　　　　A SCALE 3　　FINANCIALAPP dtype：object

2）pd.to_numeric()函数

pd.to_numeric()函数能够对字符格式的数值进行快速转换和筛选。前述我们讲过其errors参数选项。见表7-4，我们以一个简单的Series为例，说明pd.to_numeric()函数的用法，代码如下。

```
s = pd.Series(['10', '2.1', '2e5', '<>'])
```

表7-4　　　　　　　　　　　　　pd.to_numeric()的用法示例

参数errors选项	代码	执行结果
'raise'直接报错	pd.to_numeric(s, errors='raise')	… ValueError: Unable to parse string "<>" at position 3
'coerce'设为缺失	pd.to_numeric(s, errors='coerce')	0　　　　　　10.0 1　　　　　　2.1 2　　　　200 000.0 3　　　　　　NaN dtype: float64
'ignore'保持原有字符串	pd.to_numeric(s, errors='ignore')	0　　　　　　10 1　　　　　　2.1 2　　　　　　2e5 3　　　　　　<> dtype: object

3）统计型函数

count()和len()函数的作用分别是返回出现正则模式的次数和字符串的长度。关于正则表达式，我们在下节讲述，这里只展示函数功能。

见表7-5，我们以一个简单的Series为例，列示count()和len()函数的用法，代码如下。

```
s = pd.Series(['**', 'B***', 'Ab$'])
```

表7-5　　　　　　　　　　　　count()和len()函数的用法示例

函数	代码	执行结果
count()函数	s.str.count('*')[1]	0　　2 1　　3 2　　0 dtype: int64
len()函数	s.str.len()	0　　2 1　　4 2　　3 dtype: int64

4）格式型函数

格式型函数的第一类函数被用于数据清洗、空格等字符消除，包括去除两侧空格strip()、右侧空格rstrip()和左侧空格lstrip()。这些函数在数据清洗时是有用的，特别是列名含有非法空格的时候。

第二类为填充型函数pad()，其可以选定字符串长度、填充的方向和填充内容，等效

---

① 字符串'*'，首先是转'*'为'*'，再将'*'转为正则表达式，解释为'*'。

于 rjust（），ljust（），center（）。

见表 7-6，我们以 2 个简单的 Series 为例，说明函数的用法，代码如下。

```
my_index = pd.Index(['列A','列B ',' 列C '])
my_code = pd.Series([1, 323, 600618]).astype('string')
```

表7-6　　　　　　　　　　　　　　格式型函数示例

函数说明	代码	执行结果
strip()函数	my_index.str.strip().str.len()	Int64Index([2, 2, 2], dtype='int64')
rstrip()函数	my_index.str.rstrip().str.len()	Int64Index([4, 2, 3], dtype='int64')
lstrip()函数	my_index.str.lstrip().str.len()	Int64Index([2, 4, 4], dtype='int64')
pad()函数	my_code.str.pad(6,'left','0')	0　　　000001 1　　　000323 2　　　600618 dtype：string
rjust()函数	my_code.str.rjust(6,'0')	0　　　000001 1　　　000323 2　　　600618 dtype：string
zfill()函数 与 pad 类似	my_code.str. zfill (6)	0　　　000001 1　　　000323 2　　　600618 dtype：string

7.3　正则表达式基础

进行文本处理和搜索时，正则表达式是 Python 中一个强大且不可或缺的工具。本节介绍正则的基础语法。

7.3.1　正则表达式概述

正则表达式（regular expression）在计算机科学中有着广泛的应用，尤其在文本处理领域。在编程语言、文本编辑器、数据库等软件中，都可以使用正则表达式来进行文本模式匹配和处理。

正则表达式是一种文本模式，包括普通字符（例如，a—z 之间的字母）和特殊字符（元字符），描述匹配字符串的特定模式，用来查找、替换、验证和提取文本数据等。简单地说，正则表达式是一个特殊的字符序列，其用于检查一个字符串是否与某种模式匹配。

一般的搜索和替换操作要求提供与预期的搜索结果匹配的确切文本。那么为什么还要使用正则表达式？因为文本分为静态文本和动态文本，我们操作之前可能不知道确切的文本形式。通过使用正则表达式，可以做到：

➢数据验证。通过测试字符串，得到需要的字符串模式。如电话号是有模式的由数字组成的固定位数的字符串；

　　➤匹配替换。基于模式匹配提取子字符串，进而进行后续操作；

　　➤替换文本。可以使用正则表达式识别文档中的特定文本，并删除或者替换文本。

　　Python内置的re模块提供了丰富的正则表达式操作。该模块包含多个函数，用于编译、匹配、搜索、替换等操作。

　　我们使用re.findall()函数来演示正则表达式基础语法。re模块的findall（）函数用于匹配所有出现过但不重叠的模式，语法格式如下：

```
re.findall(pattern,    #正则表达式
          string,     #待匹配的字符串
          flags=0)    #控制标志位,如是否区分大小写,多行匹配等。
```

　　该函数在字符串中找到正则表达式所匹配的所有子串，并返回一个列表，如果有多个匹配模式，则返回元组列表；如果没有找到匹配的，则返回空列表。

7.3.2　正则表达式语法

1）正则表达式的构造

　　正则表达式是由普通字符和特殊字符（称为"元字符"）组成的文字模式（pattern），如图7-1所示。

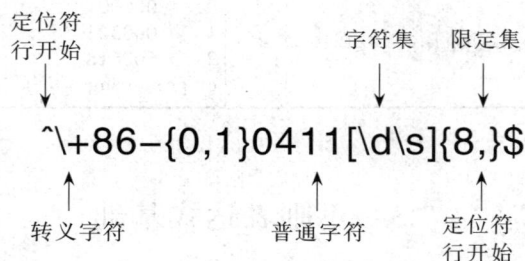

図7-1　正则表达式示意图

（1）普通字符

　　普通字符包括没有被指定为元字符的所有可打印和不可打印字符。可打印字符包括字母、数字、标点符号和一些其他符号，示例代码如下。

```
[in]  text='公司经营范围:\n\t 主\t 营:制造、销售\n\t 兼\t 营:\v\\原辅\材料\\机械设备'
      re.findall(r'经营',text)
[out] ['经营']
```

　　表7-7列示了部分不可打印字符的转义序列。

表7-7　　　　　　　　　　　不可打印字符的转义序列（部分）

转义字符	描述	转义字符	描述
\cx	匹配由 x 指明的控制字符 \cM 匹配一个 Control-M	\f	匹配一个换页符
\n	匹配一个换行符	\r	匹配一个回车符
\s	匹配任何空白字符 包括空格、制表符、换页符等	\t	匹配一个制表符

非打印字符的匹配,接上例代码。

[in] print(text)
　　　re.findall(r'\s',text)
[out] 公司经营范围:
　　　　主　营:制造、销售
　　　　兼　营:\原辅\材料\机械设备
　　　['\n', '\t', '\t', '\n', '\t', '\t', '\x0b']

（2）元字符

在正则表达式中，通常使用一些特殊的字符来描述模式，这些特殊的字符称为元字符。常用的元字符包括：

. [ ] *+?{ }()l\^$

不同的元字符代表不同的含义。要匹配这些元字符，需要转义字符【\】①。在下文中，我们将详细介绍正则表达式的各种基础元字符及其应用。

2）正则表达式基础语法

（1）元字符【.】

元字符【.】匹配除换行符【\n】之外的任何单字符。例如正则表达式——'.营'，表示任意字符后面跟着一个"营"字，接上例代码。

[in] re.findall('.营',text)
[out] ['经营', '\t营', '\t营']

（2）匹配元字符

像【.】、【\】等是元字符。要匹配它们，需要使用【\.】和【\\】，接上例代码。

[in] re.findall(r'\\',text)
[out] ['\\', '\\', '\\']

【\】将下一个字符标记为一个特殊字符，或一个原义字符，或一个向后引用字符，或一个八进制转义符等。需要根据不同的定义去理解，这里不作过多阐述。

（3）限定符

限定符用来指定正则表达式的一个给定组件必须出现多少次才能满足匹配条件。限定符有*、+、?、{n}、{n,}、{n,m}共6种。请参考表7-8，示例代码如下。

s = 'Apple苹果!\n an Apple\np'

表7-8　　　　　　　　　　　　　　　　限定符的用法

字符	说明	示例
*	匹配前面的子表达式零次或多次，等价于{0,}	[in] re.findall(r'p.*',s) [out] ['pple苹果!', 'pple', 'p']
+	匹配前面的子表达式一次或多次，等价于{1,}	[in] re.findall(r'p.+',s) [out] ['pple苹果!', 'pple']
?	匹配前面的子表达式零次或一次，等价于{0,1}	[in] re.findall(r'p.?',s) [out] ['pp', 'pp', 'p']

---

① 为方便表述，本节我们引用中文【】，在正文中特别表示元字符。

续表

字符	说明	示例
{n}	n是一个非负整数， 匹配前面的子表达式n次	[in] re.findall(r'p.{2}',s) [out] ['ppl', 'ppl']
{n,}	n是一个非负整数，至少匹配n次	[in] re.findall(r'p.{2,}',s) [out] ['pple 苹果!', 'pple']
{n，m}	m和n均为非负整数，其中n <= m，最少匹配n次且 最多匹配m次	[in] re.findall(r'p.{2,3}',s) [out] ['pple', 'pple']

对于一般限定符的搜索都是"贪婪"的，即会尽可能多地匹配文字。通过在 *、+ 或 ？限定符之后放置 ?，将该表达式从"贪婪"表达式转换为"非贪婪"表达式，或者完成最小匹配。示例代码如下。

[in] s = '经营情况(2007 年 11 月 30 日为基准日),1.主营:制造、销售;2.兼营:原辅材料，机械设备'

  re.findall('.*营',s) # *限定符,贪婪

[out] ['经营情况(2007 年 11 月 30 日为基准日),1.主营:制造、销售;2.兼营']

我们通过上例，得到一个匹配结果，一个由字符串组成的列表，是"贪婪"搜索。接上例代码。

[in] re.findall('.*?营',s) # *? 限定符,懒惰

[out] ['经营', '情况(2007 年 11 月 30 日为基准日),1.主营', ':制造、销售;2.兼营']

而这次，我们得到3个匹配结果，3个由字符串组成的列表，是"懒惰"搜索。

（4）字符集和否定字符集

字符集也称为字符类，是匹配的方括号中包含的任意字符。其分两种情况：① [ ]，匹配方括号中包含的任意字符；② [^]，系否定字符类，匹配方括号中不包含的任意字符。详细举例见表7-9。

表7-9   **字符集的用法**

字符	说明	示例
[xyz]	字符集合。匹配所包含的任意一个字符	[in] re.findall(r'[ac]', 'abc') [out] ['a', 'c']
[^xyz]	负值字符集合。匹配未包含的任意字符	[in] re.findall(r'[^abc]', 'plain') [out] ['p', 'l', 'i', 'n']
[a-z] [0-9]	字符范围。匹配指定范围内的任意字符	[in] re.findall(r'[a-c]{2}', 'aadffaabbbbd') [out] ['aa', 'aa', 'bb', 'bb']
[^a-z] [^0-9]	负值字符范围。匹配不在指定范围内的 任意字符	[in] re.findall(r'[^a-c]{2}', 'aadffaabbbbd') [out] ['df']

注意两个事项：一是字符集匹配单个字符；二是【^】一定要为方括弧的首个字符，否则其为原义字符。

正则表达式为常用的字符集和常用的正则表达式提供了简写。简写字符集见表7-10。

表7-10 　　　　　　　　　　　　　　　　简写字符集

简写	描述	字符集
\w	匹配所有字母、汉字和数字的字符等	[a-zA-Z0-9_]
\W	匹配非字母和数字的字符	[^\w]
\d	匹配数字	[0-9]
\D	匹配非数字	[^\d]
\s	匹配空格符	[\t\n\f\r\p{Z}]
\S	匹配非空格符	[^\s]

示例代码如下。

[in] s = '经营情况(2007 年 11 月 30 日为基准日),1. 主营 : 制造、销售 ;2. 兼营 : 原辅材料,机械设备'

　　　re.findall('[\W]',s)

[out] ['(', ')', ',', '.', ':', '、', ';', '.', ':', ',']

（5）字符组

字符组是一组写在圆括号内的子模式（…），如（xyz），按照确切的顺序匹配字符 xyz。如果把量词放在一个字符组之后，它会重复整个字符组。还可以使用元字符【|】，表示"或"关系，接上例代码。

[in] re.findall(r'(经|主)营',s)

[out] ['经', '主']

注意，s 中的"兼营"并没有匹配。另外，返回字符组的内容，而不是匹配的所有字符。因此，字符组也称为捕获组。

（6）定位符

在正则表达式中，使用定位符检查匹配符号是否是起始符号或结尾符号。插入符号【^】用于检查匹配字符是否是输入字符串的第一个字符；【$】符号用于检查匹配字符是否是输入字符串的最后一个字符，接上例代码。

[in] re.findall(r"^经|\d{2}|设备$",s)

[out] ['经', '20', '07', '11', '30', '设备']

（7）断言

在使用正则表达式时，有时我们需要捕获的内容前后必须是特定内容，但又不捕获这些特定内容，这时需要带有断言的正则表达式。断言是非捕获组内容。

①正向先行断言。正向先行断言格式如下：

x(?=y)

其中：x 和 y 都是正则表达式，表示匹配 x 后需要满足条件 y，即认为第一部分的 x 表达式的后面必须是先行断言 y 表达式。返回的匹配结果仅包含与第一部分表达式匹配的文本。要在一个括号内定义一个正向先行断言，则先行断言表达式要写在括号中的等号后面（? =…），示例代码如下。

[in] s = '经营情况(2007 年 11 月 30 日为基准日),1.主营:制造设备、销售;2.兼营:原辅材料,机械设备'

　　　　re.findall(r"\d{1}(?=\.)",s)

[out] ['1', '2']

[in] re.findall(r"\d+(?=[年月日])",s)

[out] ['2007', '11', '30']

② 负向先行断言。负向先行断言格式如下：

x(?!y)

负向先行断言则表示匹配 x 后不满足条件 y，即当需要指定第一部分 x 表达式的后面不跟随某一内容 y 时，要使用负向先行断言。负向先行断言使用否定符号！，而不是等号 =，即（?! …），接上例代码。

[in]　　re.findall (r"\d+ (?! \.) ", s)

[out] ['2007', '11', '30']

[in] re.findall(r"(?<!\d)\d{1}(?![年月日 0–9])",s)

[out] ['1', '2']

③ 正向后行断言。正向后行断言格式如下：

(?<=y)x

正向后行断言中，x 和 y 的位置是有要求的，x 只能在 y 的右边。正向后行断言用于获取跟随在特定模式之后的所有匹配内容。正向后行断言表示为（? <=…），接上例代码。

[in] re.findall(r"(?<=\()(\w+)(?=\))",s)

[out] ['2007 年 11 月 30 日为基准日']

[in] re.findall(r"(?<=\w\()(\d+)(?=[年月日])",s)

[out] ['2007', '11', '30']

④ 负向后行断言。负向后行断言格式如下：

(?<!y)x

负向后行断言中，x 只能在 y 的右边，用于获取不跟随在特定模式之后的所有匹配的内容，接上例代码。

[in] re.findall(r"(?<!\w\()\d+",s)

[out] ['1', '2']

（8）修饰符

修饰符也称为标记，正则表达式的修饰符用于指定额外的匹配策略。修饰符不写在正则表达式里，位于表达式之外，语法格式如下：

/pattern/flags

例如，m 修饰符被用来执行多行的匹配。正如我们前面讨论过的 (^, $)，其使用定位符来检查匹配字符是从输入字符串开始还是结束。但是我们希望每一行都使用定位符，所以我们就使用 m 修饰符。例如正则表达式 /at(.)?$/m，其表示：小写字母 a，后跟小写字母 t，匹配除了换行符以外任意字符零次或一次。而且因为 m 修饰符，正则表达式匹配字符串中每一行的末尾。修饰符还有 i，g，s 等，我们在 7.4.6 详细介绍。

（9）使用反向引用

在正则表达式中，\n（n 为整数）可以用来引用前面捕获组中匹配的内容，例如匹配重复的单词：'\b(\w+)\b\s+\1\b'。

7.4　文本数据处理的操作

本节主要讲述常用的 Series/Index.str 对象的拆分、合并、匹配、提取和替换等操作。

7.4.1　拆分

split() 函数按照能够匹配的子串将 Series/Index 分割后返回列表或 Series/DataFrame，语法格式如下：

```
s.str.split( pat,                #字符串 | 正则表达式 | None
        n=-1,                #-1 指全部拆分,整数为输出列的数量
        expand=False,    # True 表示拆分为 DataFrame/MultiIndex列
        regex = None))
```

式中：regex 值为 True 决定 pat 是正则表达式，否则为字面字符串。但是 regex 值为 None 时，pat 是否为正则表达式取决于 pat 值的长度，只有其长度为 1 时视为字面字符串，否则为正则表达式，示例代码如下。

```
[in]  s = pd.Series(['2022年10月1日星期六',\
            '2023年09月19日星期二', '2023年12月28日星期六'])
      s.str.split(r'[年月日]',expand=True)
[out]
```

	0	1	2	3
0	2022	10	1	星期六
1	2023	09	19	星期二
2	2023	12	28	星期六

```
[in]  s.str.split(r'[年月日]')
[out]0      [2022, 10, 1, 星期六]
     1      [2023, 09, 19, 星期二]
     2      [2023, 12, 28, 星期六]
     dtype: object
```

7.4.2　合并

合并操作有 2 个函数，分别是 str.join() 和 str.cat()。

1）str.join() 函数

str.join() 表示用某个连接符把 Series 中的字符串列表连接起来，如果列表中出现了非

字符串元素，则返回缺失值。s.str.join（sep）只有1个参数sep，为合并所需的分隔符字符串，示例代码如下。

```
[in]  s1 = pd.Series([['2022年10月1','星期六'],\
            ['2023年09月19', '星期三'], ['2023年12月28', '星期六']])
      s1.str.join('日')
[out]0    2022年10月1日 星期六
     1    2023年09月19日 星期二
     2    2023年12月28日 星期六
     dtype: object
```

2）str.cat()函数

str.cat()按照给定分隔符合并Series/Index，语法格式如下：

```
s1.str.cat(others=None,   #合并对象,逐项合并
           sep=None,        #合并连接符
           na_rep=None,   # 缺失的替代字符
           join='left') -> 'str | Series | Index'
```

式中：others参数为None时，对Series/Index的所有元素按照分隔符合并。join参数，连接形式默认为索引键left，也可以为right，outer，inner，示例代码如下。

```
[in]  s1 = pd.Series(['2022年10月1日','2023年09月19日',
                '2023年12月28日'])
      s2 = pd.Series(['星期六','星期二', '星期六'])
      s1.str.cat(s2,sep=' ')
[out]0    2022年10月1日星期六
     1    2023年09月19日星期三
     2    2023年12月28日星期六
     dtype: object
[in]  s2 = pd.Series(['星期六','星期二', '星期六'],index=[1,2,3])
      s1.str.cat(s2,sep=' ',join='outer')
      s1.str.cat(s2, sep='_', na_rep='???', join='outer')
[out]0    2022年10月1日_???
     1    2023年09月19日_星期六
     2    2023年12月28日_星期二
     3         ???_星期六
     dtype: object
```

7.4.3 匹配

1）str.contains()函数

str.contains()返回了每个字符串是否包含正则模式的布尔序列，语法格式如下：

```
s.str.contains(pat,
            case=True, #是否区分大小写
```

```
                flags=0,
                na=None, #匹配不成功,缺失值的填充
                regex=True)
```

示例代码如下。

```
[in] s = pd.Series(['2022年10月1日星期六',
                '2023年09月19日星期二','2023年12月28日星期六'])
        s.str.contains('1\d月')
[out]0    True
     1    False
     2    True
     dtype: bool
```

2）str.startswith()和 str.endswith()函数

str.startswith()和 str.endswith()返回了每个字符串以给定模式开始或结束的布尔序列，它们都不支持正则表达式，但是给定模式可以是字符串元组，表示"或"的关系，示例代码如下。

```
[in] s.str.startswith(('2021','2022'))
[out]0    True
     1    False
     2    False
     dtype: bool
[in] s.str.endswith(('星期六','星期天'))
[out]0    True
     1    False
     2    True
     dtype: bool
```

3）str.match()函数

如果需要用正则表达式来检测开始或结束字符串的模式，可以使用 str.match()，其返回了每个字符串起始处是否符合给定正则模式的布尔序列，语法格式如下：

```
s.str.match(pat, case=True, flags=0, na=None)
```

正向开始模式匹配，示例代码如下。

```
[in] s = pd.Series(['2022年10月1日星期六','2023年09月19日星期二','2023年12月
28日星期六'])
        s.str.match(r'.*9月')
[out]0    False
     1    True
     2    False
dtype: bool
```

反向结束模式匹配，接上例代码。

```
[in] s.str[::-1].str.match('六|日|天')# 反转后匹配
```

```
[out]0    True
     1    False
     2    True
     dtype: bool
```

同样，也能通过在 str.contains()的正则中使用【^】和【$】来实现，接上例代码。

```
[in] s.str.contains(r'^.*9月')
[out]0    False
     1    True
     2    False
     dtype: bool
[in] s.str.contains(r'[六|日|天]$')
[out]0    True
     1    False
     2    True
     dtype: bool
```

返回索引的匹配函数还有 str.find（）与 str.rfind（），其不支持正则匹配。其分别返回从左到右和从右到左第一次匹配的位置的索引，未找到则返回-1，接上例代码。

```
[in] s.str.find('10月')
[out]0     5
     1    -1
     2    -1
     dtype: int64
[in] s.str.rfind('19日')
[out]0    -1
     1     8
     2    -1
     dtype: int64
```

7.4.4 提取

str.extract()函数提取操作，是一种返回具体元素操作，首先是匹配操作，再根据匹配的结果提取捕获组内容并返回，语法格式如下：

```
s.str.extract(pat: 'str',
              flags: 'int' = 0,
              expand: 'bool' = True) -> 'DataFrame | Series | Index'
```

示例代码如下。

```
[in] s = pd.Series(['2022年10月1日星期六','2023年09月19日星期二', '2023年12月28日星期六'])
     pat = '(\d+年)(\d+月)(\d+日)(星期.)'
     s.str.extract(pat)
```

[out]

	0	1	2	3
0	2022年	10月	1日	星期六
1	2023年	09月	19日	星期二
2	2023年	12月	28日	星期六

上例中，输出的 DataFrame 的行列索引为默认的整数，也可以通过 pat 参数设置自定义列名，形式为在捕获组开始位置:? P<列名>，接上例代码。

[in] pat = '(?P<年>\d+年)(?P<月>\d+月)(?P<日>\d+日)(?P<星期>星期.)'

　　　　s.str.extract(pat)

[out]

	年	月	日	星期
0	2022年	10月	1日	星期六
1	2023年	09月	19日	星期二
2	2023年	12月	28日	星期六

str.extractall()不同于 str.extract()只匹配一次，其会把所有符合条件的模式全部匹配出来。提取的多个结果，以多级索引的方式存储。

str.findall()的功能类似于 str.extractall()，区别在于前者把结果存入列表中，而后者处理为多级索引，每个行只对应一组匹配，而不是把所有匹配组合成列表。

7.4.5　替换

Series/Dataframe 的 str.replace()和 replace()并不是一个函数，在使用字符串替换时，应当使用前者。

1）replace()函数

replace()函数是对 Series/Dataframe 某一个或匹配的值的整个值的替换，而 str.replace()是部分或整体替换。Series/Dataframe 的 replace()函数语法格式如下：

```
s.replace(to_replace=None,      #任意类型的被替换的对象
        value=<no_default>,        #替换的值
        inplace: 'bool' = False,    #返回设置
        limit: 'int | None' = None,  #填充设置
        regex: 'bool' = False,       #是否支持正则表达式
        method: ['pad', 'ffill', 'bfill'] |None   #填充方式
        ) -> 'Series | None'
```

示例代码如下。

[in] s = pd.Series(['2022年10月1日星期六','2023年09月19日星期二', '2023年12月28日星期六'])

　　　　s.replace('2022年10月1日星期六','2023年10月1日星期一')

[out]0　　2023年10月1日星期一

　　　1　　2023年09月19日星期二

```
2     2023 年 12 月 28 日星期六
dtype: object
```

2）str.replace()函数

Series/Dataframe 的 str.replace()函数进行的是某一个或匹配的值的部分值的替换，语法格式如下：

```
s.str.replace( pat: 'str | re.Pattern',     #字符串或正则表达式
              repl: 'str | Callable',        #字符串或可调用对象返回的字符串对象
              n: 'int' = −1,                 #替换的数量设置
              case: 'bool | None' = None,    #是否区分字母大小写
              flags: 'int' = 0,              #正则设置
              regex: 'bool | None' = None))  #是否为正则表达式
```

示例代码如下。

```
[in]  s = pd.Series(['2022 年 10 月 1 日星期六','2023 年 09 月 19 日星期二', '2023 年 12 月 28 日星期六'])
      s.str.replace(r'星期[六|日|天]', '×××', regex=True)
[out]0     2022 年 10 月 1 日×××
     1     2023 年 09 月 19 日星期二
     2     2023 年 12 月 28 日×××
     dtype: object
```

当需要对不同部分进行有差别的替换时，可以利用捕获组子组的方法，group（k）代表匹配到的第 k 个子组，示例代码如下。

```
[in]  pat = '(?P<年>\d+年)(?P<月>\d+月)(?P<日>\d+日)(?P<星期>星期.)'
      def my_func(m):
          year = m.group('年')[:4]+date['年']
          month = m.group('月')[:-1]+date['月']
          day = m.group('日')[:-1]+date['日']
          week = weekofday[m.group('星期')]
          return ' '.join([year, month,day,week])
      s.str.replace(pat, my_func, regex=True)
[out]0     2022y 10m 1d Sat
     1     2023y 09m 19d Tue
     2     2023y 12m 28d Sat
     dtype: object
```

7.4.6 flags 参数

flags 参数是用来指定正则表达式操作的额外选项。下面列出了常用的 flags 及其用法。

● re.I / re.IGNORECASE：忽略大小写，示例代码如下。

```
[in]  re.match('App', 'app,Acc', re.I)
[out]<re.Match object; span=(0, 3), match='app'>
```

- re.M / re.MULTILINE： 多行匹配，示例代码如下。

[in] re.search('^App', 'app,Acc\nAPP,axx', re.I | re.M)

[out]<re.Match object; span=(0, 3), match='app'>

- re.S / re.DOTALL： 可以匹配包括\n在内的任意字符，示例代码如下。

[in] re.match('.*', 'app,Acc\nAPP,axx', re.S)

[out]<re.Match object; span=(0, 15), match='app,Acc\nAPP,axx'>

- re.U / re.UNICODE： 使用 Unicode 字符集而不是 ASCII 字符集，示例代码如下。

[in] re.match('\\w+', '你好,Hello!', re.U)

[out]<re.Match object; span=(0, 2), match='你好'>

【财务应用与实践】

上市公司基本信息文本数据处理

我们通过<公司基本信息 .csv >数据集，深入体会文本数据处理的一般性操作。首先导入数据集，代码如下。

[in] df = pd.read_csv('..\data\ch7\公司基本信息 .csv',encoding='gbk')

df.sample(5)

[out]

	股票代码	公司简称	注册地址
3494	600642	申能股份	上海市闵行区虹井路159号5楼
4129	603111	康尼机电	江苏省南京市栖霞区经济技术开发区恒达路19号
4183	603188	亚邦股份	江苏省常州市武进区牛塘镇人民西路105号
725	2142	宁波银行	浙江省宁波市鄞州区宁东路345号
2068	300413	芒果超媒	湖南省长沙市金鹰影视文化城

1.股票代码补全

pd.read_csv()在智能读入<公司基本信息 .csv>时，会把 [股票代码] 列视为 int64 数据类型，这样会把深交所的主板公司和中小板公司代码的 0 前缀删除，就像上图中，"永顺泰"的公司代码应该为 001338，被错误地读为 1338。我们把这类公司的前缀补全，代码如下。

[in] df['股票代码'] = df['股票代码'].astype('string').str.pad(6,'left','0')

df.sample(5)

[out]

	股票代码	公司简称	注册地址
1569	003012	东鹏控股	广东省清远市清城区高新技术开发区陶瓷工业城内
4813	688110	东芯股份	上海市青浦区赵巷镇沪青平公路2855弄1-72号B座12层A区1228室
2455	300814	中富电路	广东省深圳市宝安区沙井街道和一社区和二工业区兴业路8号
3461	600609	金杯汽车	辽宁省沈阳市沈河区万柳塘路38号
1972	300316	晶盛机电	浙江省绍兴市上虞区通江西路218号

2.提取上市公司注册地的省、市、区，形成新的列

［注册地址］列省、市、区有特别之处，自治区和直辖市应属于省一级，需要特殊处理。

首先，把省级地址分拆，代码如下。

```
[in]  pat = '(\w+?[省市区])'
      def my_p(m):
          new = m.group(1)[:-1]+'P'
          return new
      s = df['注册地址'].str.replace(pat, my_p, n=1,regex=True)
      display(s)
[out]
```

```
0                        广东P深圳市罗湖区深南东路5047号
1                   广东P深圳市盐田区大梅沙环梅路33号万科中心
2                 广东P深圳市盐田区综合保税区金马创新产业园B栋九层
3        广东P深圳市福田区梅林街道梅都社区中康路126号卓越梅林中心广场(南区)卓悦汇B2206A
4                   广东P深圳市罗湖区深南东路2017号华乐大厦3楼
                        ...
5454            辽宁P锦州市太和区经济技术开发区锦港大街一段1号
5455                  上海P浦东新区商城路660号
5456       海南P三亚市天涯区三亚湾路228号三亚湾皇冠假日度假酒店(仅限办公使用)
5457            湖北P黄石市经济技术开发区金山大道东6号
5458              上海P浦东新区源深路1088号5楼501室
Name: 注册地址, Length: 5459, dtype: object
```

我们可以得到［所在省］列的值，代码如下。

```
[in]  df['所在省']= (s.str.split(r'P',n=1)).str[0]
      直辖市 = ['北京','上海','天津','重庆']
      df['所在省'] = df['所在省'].map(lambda x: x+'市' if x in 直辖市 else x+'省')
```

其次，我们处理［所在市］的值。首先，我们观察到直辖市没有［所在市］列，这样会给我们的分拆带来点麻烦，代码如下。

```
[in] s2 = (s.str.split(r'P',n=1)).str[1]
     display(s2)
[out]
```

```
0                        深圳市罗湖区深南东路5047号
1                   深圳市盐田区大梅沙环梅路33号万科中心
2                 深圳市盐田区综合保税区金马创新产业园B栋九层
3        深圳市福田区梅林街道梅都社区中康路126号卓越梅林中心广场(南区)卓悦汇B2206A
4                   深圳市罗湖区深南东路2017号华乐大厦3楼
                        ...
5454            锦州市太和区经济技术开发区锦港大街一段1号
5455                  浦东新区商城路660号
5456       三亚市天涯区三亚湾路228号三亚湾皇冠假日度假酒店(仅限办公使用)
5457            黄石市经济技术开发区金山大道东6号
5458              浦东新区源深路1088号5楼501室
Name: 注册地址, Length: 5459, dtype: object
```

我们按照字符"市"对［所在市］进行拆分，代码如下。

```
[in]  dftemp = s2.str.split(r'市',n=1,expand=True)
      display(dftemp)
[out]
```

	0	1
0	深圳	罗湖区深南东路5047号
1	深圳	盐田区大梅沙环梅路33号万科中心
2	深圳	盐田区综合保税区金马创新产业园B栋九层
3	深圳 福田区梅林街道梅都社区中康路126号卓越梅林中心广场(南区)卓悦汇B2206A	
4	深圳	罗湖区深南东路2017号华乐大厦3楼
...	...	...
5454	锦州	太和经济技术开发区锦港大街一段1号
5455	浦东新区商城路660号	None
5456	三亚	天涯区三亚湾路228号三亚湾皇冠假日度假酒店(仅限办公使用)
5457	黄石	经济技术开发区金山大道东6号
5458	浦东新区源深路1088号5楼501室	None

从执行的结果可以看出，直辖市的上市公司把［所在区］分到了［所在市］，我们的函数进行了处理，代码如下。

```
[in]  for index,row in dftemp.iterrows():
          if row[1] is None:
              row[1]= row[0]
              row[0]=None
      display(dftemp)
[out]
```

	0	1
0	深圳	罗湖区深南东路5047号
1	深圳	盐田区大梅沙环梅路33号万科中心
2	深圳	盐田区综合保税区金马创新产业园B栋九层
3	深圳 福田区梅林街道梅都社区中康路126号卓越梅林中心广场(南区)卓悦汇B2206A	
4	深圳	罗湖区深南东路2017号华乐大厦3楼
...	...	...
5454	锦州	太和区经济技术开发区锦港大街一段1号
5455	None	浦东新区商城路660号
5456	三亚	天涯区三亚湾路228号三亚湾皇冠假日度假酒店(仅限办公使用)
5457	黄石	经济技术开发区金山大道东6号
5458	None	浦东新区源深路1088号5楼501室

最后，我们拆分dftemp［1］得到［所在区］列的值，代码如下。

```
[in]  df['所在市'] = dftemp[0]
      df['所在区'] = dftemp[1].str.split('区').str[0]+'区'
[out]
```

	股票代码	公司简称	注册地址	所在省	所在市	所在区
2143	300488	恒锋工具	浙江省嘉兴市海盐县武原街道海兴东路68号	浙江省省	嘉兴	海盐县武原街道海兴东路68号区
595	002012	凯恩股份	浙江省丽水市遂昌县妙高街道凯恩路1008号	浙江省省	丽水	遂昌县妙高街道凯恩路1008号区
2615	300982	苏文电能	江苏省常州市武进区江苏武进经济开发区长帆路3号	江苏省省	常州	武进区
4763	688056	莱伯泰科	北京市顺义区天竺空港工业区	北京市省	None	顺义区
789	002206	海利得	浙江省海宁市马桥镇经编产业园区内	浙江省省	海宁	马桥镇经编产业园区

【本章小结】

从字符、字符串、字符序列，再到文本文件，文本数据处理比较烦琐。本章是以 Pandas str 对象为主要内容，讲述 Pandas 文本处理的基础用法。熟练掌握这些应用会提升文档处理和办公自动化水平。文本数据的处理，尤其是基于正则表达式的操作较为复杂，本章学习的内容是较为基础的，较深的内容需要借助其他第三方模块，如中文分词、词性标注、自然语言处理等，需要以后不断学习拓展。

【本章习题】

即测即评 7

一、单项选择题

1. 下列不是 Pandas 数据的是（　　　）。

A. object   B. datetime64   C. category   D. list

2. 下列关于 Pandas 数据的说法，不正确的是（　　　）。

A. object 可以转化为 string

B. dtypes 属性为序列或数据帧的数据类型

C. astype 方法可以改变序列的数据类型

D. object 和 string 是同一种数据类型

3. 下列代码的执行结果是（　　　）。

```
s = pd.Series([100, 88, 999])
s.astype('string').str[1][1]
```

A.'0'   B.'9'   C.'8'   D.'1'

4. 下列有关字符串的说法，正确的是（　　　）。

A. chr()能够把任意整数解释成字符

B. decode()方法能把任意编码转化为字符串

C. Python 默认的字符编码为 GBK

D. encode()方法能够把任意字符串转化为对应的编码

5. re.findall('[^ac]', 'abc') 的执行结果是（　　　）。

A.['^a ']   B.['b']   C.['^ab']   D.['a']

6. 下列有关 str 对象的说法，错误的是（　　　）。

A. str 属性定义在 Index 或 Series

B. str 对象方法和 str 的方法完全一致

C. object 或 string 数据类型都有 str 属性

D. str 对象方法有时返回一个 DataFrame

7. 下列代码的执行结果是（　　　）。

```
re.findall(r'大连市(.{2,3}区)(.{2,3}[街|路])(\d+号)','大连市沙河口区尖山街217号')
```

A. [('沙河口', '尖山', '217')]

B. [('区', '街', '号')]

C. [('沙河口区', '尖山街', '217号')]

D. [('大连市沙河口区', '尖山街', '217号')]

8. 下列代码的执行结果是（　　）。

my_index = pd.Index([' abc', 'abc ', ' abc '])

my_index.str.rstrip().str.len()

A. Int64Index([3, 3, 5], dtype='int64')

B. Int64Index([4, 3, 3], dtype='int64')

C. Int64Index([4, 3, 4], dtype='int64')

D. Int64Index([5, 3, 4], dtype='int64')

9. 下列代码的执行结果是（　　）。

s = pd.Series(['D','U','F','E'])

s.str.pad(7,'both','*')[2]

A. '***D***'　　　　　B. '***U***'　　　　　C. '***F***'　　　　　D. '***E***'

10. pd.to_numeric 方法能够对字符格式的数值进行快速转换和筛选，以下不是参数 errors选项的是（　　）。

A. 'downcast'　　　　　B. 'raise'　　　　　C. 'coerce'　　　　　D. 'ignore'

二、判断题

1. Pandas 有一种类别数据类型 category，用于对分类值进行编码。　　　　　　　（　　）

2. 正则表达式是由普通字符和元字符组成的文字模式。　　　　　　　　　　　　（　　）

3. 普通字符都是可打印字符。　　　　　　　　　　　　　　　　　　　　　　　（　　）

4. 在正则表达式中，特殊字符称为转义字符。　　　　　　　　　　　　　　　　（　　）

5. 正则表达式中匹配前面的子表达式零次或一次，使用元字符*或{0,1}。　　　　（　　）

6. 正则表达式语法中的"贪婪"搜索，指的是尽可能快速地搜索最短的匹配文字。

（　　）

7. 转义字符集与正则表达式的简写字符集等价。　　　　　　　　　　　　　　　（　　）

8. flags 参数是用来指定正则表达式操作的额外选项。　　　　　　　　　　　　　（　　）

9. re 的拆分和查找操作只能从左到右，不支持从右到左。　　　　　　　　　　　（　　）

10. re 只能处理一行文本数据，多行处理需要借助其他工具。　　　　　　　　　　（　　）

三、程序题

1. 正则表达式

re.compile（）函数的用法，代码如下。

```
[in]  import re
    pattern = re.compile(r'\d+')
    result = pattern.findall('中国999,创新777')
    print(result)
[out][ '999', '777']
```

请学习 re.compile 语法，效仿以上代码，查阅资料，了解中国资本市场上市公司股票代码的编码规则。请在多行文本中编写pattern，以匹配上市公司股票代码，并将结果分别命名为：深市主板，深市中小板，上市主板，上市科创板。

2. str对象

df为数据帧，代码如下。

```
[in] df = pd.DataFrame([['机器设备(5)','1 280万','120万'],
                        ['房屋及建筑物(3)','8.89亿','2亿'],
                        ['交通工具(12)','99万','2万']],
                        columns=['固定资产(数量)','原值','累计折旧'])
```

请根据要求作如下操作：

（1）将［固定资产（数量）］列中的［数量］改为独立列存储。

（2）编写函数，将［原值］，［累计折旧］两列转化为数字列。

3. 文本数据综合处理

读取数据资源文件夹中的<公司基本信息_习题.csv>文件，代码如下。

```
[in] df = pd.read_csv('..\data\ch7\公司基本信息_习题.csv',encoding='gbk')
     display(df.sample(5))
```

[out]

	股票代码	公司简称	注册地址	办公地址
2965	600028	中国石化	北京市朝阳区朝阳门北大街22号	北京市朝阳区朝阳门北大街22号
2448	300807	天迈科技	河南省郑州市中原区高新区莲花街316号10号楼106-606号房、108-608号房	河南省郑州市中原区高新区莲花街316号10号楼106-606号房、108-608号房
1202	2621	美吉姆	辽宁省大连市甘井子区高新技术产业园区七贤岭爱贤街33号	北京市朝阳区安家楼50号院A3号楼
3573	600721	百花医药	新疆维吾尔自治区五家渠市青湖南路1025号新华苑小区综合楼B段-11	新疆维吾尔自治区乌鲁木齐市天山区中山路南巷1号
110	503	国新健康	山东省青岛市黄岛区峨眉山路396号44栋401户	北京市朝阳区西坝河西里甲18号

请根据要求作如下操作：

（1）考察上市公司注册地址，与办公地址是否一致，并用适当图形展示。

（2）对［注册地址］与［办公地址］不一致的上市公司进行文本分析。根据结果创建一个新的数据集，对公司地址不一致的上市公司进行分类，如双总部、异省搬迁、省搬迁等，并用适当图形展示。

第 8 章
时间序列数据处理

本章的主要内容是时间序列的数据处理。Pandas 为时间点、时间跨度、时间差和时间偏置内置了不同类型的数据对象。我们从构建这些对象讲起，介绍它们的属性和方法应用，进而深入讲解 Series 和 DataFrame 时间序列数据类型用法。

本章学习目标

（1）了解时间序列分析的应用场景；
（2）掌握 Datetimes 数据类型的属性和方法；
（3）掌握 Timedeltas 数据类型的属性和方法；
（4）掌握 dt 对象的属性和方法；
（5）熟悉时间偏置 DateOffset 对象和窗口函数；
（6）利用 Pandas 进行简单的时间序列分析。

8.1　时间序列概述

时间序列是按时间顺序索引的一系列数据点。最常见的时间序列是在连续的等间隔时间点上获得的序列，例如 A 股沪深 300 指数的日收盘价。时间序列分析的主要目的是根据已有的历史数据对未来进行预测。

多数财务数据是以时间序列的形式给出的。根据观察时间的不同，时间序列中的时间可以是年份、季度、月份或其他任何时间形式。

不像一般数值明确的进制，可以采用通用的数学规则，时间的特殊之处在于其具有周期性。比如时间分、秒、时是 60 进制，而 24 小时为 1 天，1 周又有 7 天，1 个月又有 28 到 31 天，还有季度和年等。因此时序量是极为特殊的一类数据。

有关时间序列的应用场景，分为以下 4 种情况：

（1）时间点。系特定的时刻，记录时间维度具体的一个位置。如"2023-10-9 09：00：00"时间点可以表示国庆节之后第一个交易日股票开盘的时刻。

（2）时间差。对两个时间点做差就得到了时间差。时间差可以是几年、几个月、几天、几分、几秒，甚至小到纳秒。因为是时间差值，因此既可以是正数，也可以是负数。

（3）时间跨度。系以时间来计量的迭代单位，时间记录迭代步长，以时间来计量的呈规律变化的一种时间差。如会计报表以月、季度和年为时间周期周而复始地进行披露。

（4）时间偏置。日期偏置是一种和日历相关的特殊时间差，是由时间计量的不同单位进制造成的特殊时间差。例如，如何求2023年10月第一个周一的日期？以及如何求2023年9月10日后的第30个工作日是哪一天？两者的求解都需要时间偏置解决。

为解决以上应用场景问题，Pandas提供了若干时间类型对象。我们这里重点介绍时间戳和时间差。

8.2　时间点

应对时间点（date times）问题，Pandas提供Timestamp、DatetimeIndex、datetime64[ns]3种数据类型。Timestamp对象是时间点元素类型，表示确切的一个时间点；由Timestamp对象组成的序列是DatetimeIndex对象；DatetimeIndex对象可以作为Pandans的一个Series或者DataFrame的一列，数据类型为datetime64[ns]。

8.2.1　Timestamp的构造与属性

Pandas提供Timestamp（时间戳）以构造时间戳对象。单个时间戳的生成利用pd.Timestamp()实现，示例代码如下。

```
[in]  ts = pd.Timestamp('2023/10/1 07:08:06')
      print(ts)
[out]Timestamp ('2023-10-01 07:08:06')
```

上例中，pd.Timestamp()构造了一个Timestamp对象，该对象为特殊的字符串，格式为：

$$\underbrace{\underset{\text{year}}{2023}-\underset{\text{month}}{11}-\underset{\text{day}}{30}}_{\text{date}} \quad \underbrace{\underset{\text{hour}}{08}:\underset{\text{minute}}{55}:\underset{\text{second}}{300}}_{\text{time}}$$

Timestamp由date（日期）和time（时间）组成；其中：日期又由year、month和day组成；时间由hour、minute和second组成。一般而言，常见的日期格式都能被成功地转换，例如，'2023/10/1'、'2023-10-1'、'10/1/2023'、'2023.10.1'都会得到相同的转换结果。

通过Timestamp对象的year，month，day，hour，minute，second可以获取如下数值，接上例代码。

```
[in]  print(ts.year,ts.month,ts.day,ts.hour,ts.minute,ts.second)
[out]2023 10 1 7 8 6
```

在pandas中，时间戳的最小精度为纳秒ns，由于使用了64位存储，可以表示的时间范围大约可以计算如下：

$$时间范围 = \frac{2^{64}}{10^9 \times 60 \times 60 \times 24 \times 365} \cong 585(年)$$

因此，可以将用整型或浮点型表示的时间转换为时间戳，示例代码如下。

[in] pd.Timestamp(1691045248,unit='s')

[out]Timestamp('2023-08-03 06:47:28')

8.2.2　Datetime序列

一组时间戳可以组成时间序列 DatetimeIndex。通过 to_datetime() 和 date_range() 函数生成时间序列，即把时间戳格式的对象转换成 datetime64[ns] 类型的时间序列，示例代码如下。

[in] pd.to_datetime(['2023-5-1', '2023-7-1', '2023-10-1'])

[out] DatetimeIndex(['2023-05-01', ···, dtype='datetime64[ns]', freq=None)

上例中，由于传入的是列表，而非 Series，因此返回的是 DatetimeIndex。如果想要转为 datetime64［ns］的序列，需要显式用 Series 转化，示例代码如下。

[in] tss = pd.to_datetime(['2023-5-1', '2023-7-1', '2023-10-1'])

　　　pd.Series(tss)

[out]0　　2023-05-01

　　1　　2023-07-01

　　2　　2023-10-01

　　dtype: datetime64[ns]

类似于 range() 和 np.arange() 函数，pd.date_range() 是一种生成连续间隔时间的方法，语法格式如下：

```
pd.date_range(start=None,      #开始时间
              end=None,        #结束时间
              periods=None,    #时间戳个数
              freq=None,       #时间偏置,默认单位 day
              **kwargs         #时区等
           ) -> 'DatetimeIndex'periods
```

注意，式中 4 个参数中，3 个参数确定了，那么剩下的 1 个就随之确定了，示例代码如下。

[in] pd.date_range('2023-1-1','2023-3-1', freq='10D')

[out]DatetimeIndex(['2023-01-01', '2023-01-11', '2023-01-21', '2023-01-31',

　　　　　　　　'2023-02-10', '2023-02-20'],

　　　　　　　　dtype='datetime64[ns]', freq='10D')

8.2.3　时序类型dt对象

Pandas 在时序类型的序列上定义了 dt 对象来完成时间序列的相关操作。这些操作可以大致分为 3 类：dt 属性、时间戳判定、dt 取整操作。

1）dt属性

dt对象时间分量值属性包括：date，time，year，month，day，hour，minute，second，microsecond，nanosecond，dayofweek，dayofyear，weekofyear，daysinmonth，quarter等，如daysinmonth表示月中的天数，示例代码如下。

```
[in] s = pd.Series(pd.date_range('2023-1-1','2023-3-1', freq='10D'))
     s.dt.day
[out]0      1
     1      11
     2      21
     3      31
     4      10
     5      20
     dtype: int64
```

2）时间戳判定

dt对象时间戳判定包括测试是否为月/季/年的第一天或者最后一天等，如is_leap_year，is_month_end，is_month_start，is_quarter_end，is_quarter_start，is_year_end，is_year_start等，示例代码如下。

```
[in] s.dt.is_month_start
[out]0      True
     1      False
     2      False
     3      False
     4      False
     5      False
     dtype: bool
```

3）dt取整操作

dt取整操作包含round(), ceil(), floor()函数，它们的公共参数为freq，常用的值包括：H（小时）、min（分钟）、S（秒），即以完成时间点的不同方式取整。例如，(pd.Series(pd.Timestamp('2023-09-21 00:12:43.15225'))).dt.ceil('1H')的结果为'2023-09-21 01：00：00'。

8.2.4　dt索引和切片

在时间序列分析过程中，一般时间戳序列可以作为索引使用。如果想要选出某个子时间戳序列，一种方法是利用dt对象的布尔条件；另一种方式是利用切片，其常用于连续时间戳。见表8-1，其给出动态索引和切片的一些示例。示例中使用的DataFrame以2023年的日期为索引，数据为小于整数365的随机数（365×3），列标签为['a','b','c']，赋值给变量df。

表8-1　　　　　　　　　　　　　　　　dt索引和切片示例

示例代码	输出		
df = pd.DataFrame(np.random.randint(365,size=(365,3)), columns=['a','b','c'], index=pd.date_range('2023-01-01','2023-12-31')) df.head()	**2023-01-01** 173 197 251 **2023-01-02** 12 288 245 **2023-01-03** 244 23 6 **2023-01-04** 331 177 360 **2023-01-05** 351 65 321		
#所有月初或月末的数据 idx = df.index df[(idx.is_month_start | idx.is_month_end)].head()	**2023-01-01** 173 197 251 **2023-01-31** 307 156 343 **2023-02-01** 246 135 192 **2023-02-28** 362 11 86 **2023-03-01** 12 359 233		
#所有的周末 df[idx.dayofweek.isin([5,6])].head()	**2023-01-01** 173 197 251 **2023-01-31** 307 156 343 **2023-02-01** 246 135 192 **2023-02-28** 362 11 86 **2023-03-01** 12 359 233		
#2023年7月所有的数据 df.loc['2023-07'].head()	**2023-07-01** 321 221 227 **2023-07-02** 311 11 273 **2023-07-03** 359 178 13 **2023-07-04** 191 201 250 **2023-07-05** 143 19 205		
#2023年7月到2023年8月8日所有的数据 df.loc['2023-07':'2023-08-8'].head()	**2023-07-01** 321 221 227 **2023-07-02** 311 11 273 **2023-07-03** 359 178 13 **2023-07-04** 191 201 250 **2023-07-05** 143 19 205		

表8-1只是给出了dt对象切片的部分示例。索引DatetimeIndex可以精确到微秒、纳秒级，体现了dt对象的强大功能，可以应用于交易的实时数据处理、证券市场的量化交易等。

8.3 时间差

对两个时间戳（timestamp）做差就得到了时间差（time deltas），Pandas中用Timedelta对象来表示。类似于DatatimeIndex，一系列的时间差就组成了TimedeltaIndex，而TimedeltaIndex置于DataFrame或Series中，其类型为timedelta64［ns］。

8.3.1 创建Timedelta对象

时间差可以理解为两个时间戳的差，这里也可以通过pd.Timedelta（）来构造，示例代码如下。

```
pd.Timestamp('20200102 08:00:00') - pd.Timestamp('20200101 07:35:00')
```

也可以通过pd.Timedelta()构造，示例代码如下。

```
pd.Timedelta(days=1, minutes=25) #需要注意是minutes，不是minute。或
pd.Timedelta('1 days 25 minutes') #字符串生成
```

8.3.2 Timedelta序列

对于时间差序列的生成，需用pd.to_timedelta()方法，其类型为timedelta64［ns］，示例代码如下。

```
td1 = pd.date_range('2023-1-1','2023-3-1', periods=10)
td2 = td1 + pd.Timedelta(days=1, minutes=45)*np.random.randint(10,size=10)
ts = pd.to_timedelta(pd.Series(td2-td1))
```

时间差序列也可以用timedelta_range()方法，参数与date_range()类似，示例代码如下。

```
pd.timedelta_range('1m', '1000m', freq='1h')
pd.timedelta_range('0h', '1000h', periods=9)
```

8.3.3 时间差dt对象

Timedelta序列，同样定义了dt对象，接上例代码。

```
td_dt = (pd.Series(td2-td1)).dt
```

Timedelta的dt对象定义的属性包括days，seconds，mircroseconds，nanoseconds等，与DatatimeIndex的dt对象类似。

8.3.4 Timedelta的运算

时间点是定距尺度数据，但是时间差却是比例尺度数据，可以进行加、减、乘、除运算。这里不再赘述。

8.4　时间偏置

时间偏置（dateoffset）类似于时间差，但它使用日历中时间日期的规则，而不是直接进行时间性质的算术计算。我们重点介绍 Offset 对象和偏置字符串。

8.4.1　offset 对象

offset 对象通过 pd.offsets 来定义。当使用加法（+）运算时，获取离其最近的下一个日期；当使用减法（−）运算时，获取离其最近的上一个日期。我们通过示例来理解其运算规则，示例代码如下。

```
[in]  pd.Timestamp('20231006') + pd.offsets.WeekOfMonth(week=0,weekday=0)
[out]Timestamp('2023-11-06 00:00:00')
```

示例中的加法，表示对未来计算偏置；pd.offsets.WeekOfMonth（week=0，weekday=0），WeekOfMonth 是计算未来月份的周。其中：week=0 表示第一周；weekday=0 表示星期一。因此，偏置日期计算是"2023 年 10 月 6 日"下一个月的第一个周一，且日期为"2023 年 11 月 6 日"。通过示例我们可以发现：offsets 是使当前的时间移动到目的时间的偏移，也就是要移动的时间段。"+"是向未来的时段偏移。"−"是向过去方向偏移，示例代码如下。

```
[in]  pd.Timestamp('20231001') − pd.offsets.WeekOfMonth(week=0,weekday=0)
[out] Timestamp('2023-09-04 00:00:00')
```

8.4.2　偏置字符串

pd.date_range()函数可以生成连续的日期时间序列，语法格式如下：

```
pd.date_range(start=None, end=None, periods=None, freq=None, tz=None, normalize=False,
name=None, inclusive='both', *, unit=None, **kwargs)
```

式中：freq 取值可用 offset 对象，称为频率字符串，是 dateoffset 对象及其子类。频率字符串较为复杂，我们这里只介绍简单的示例。

（1）获取 2000 年所有月初的日期序列，代码如下

```
pd.date_range('2000','2000.12', freq='MS') #等同于 freq=pd.offsets.MonthBegin()
```

（2）获取 2000 年所有月末的日期序列，代码如下

```
pd.date_range('2000','2001', freq='M')   #等同于 freq=pd.offsets.MonthEnd()
```

（3）获取 2000 年所有周一的日期序列，代码如下

```
#等同于 freq=pd.offsets.WeekOfMonth(weekday=0)
pd.date_range('2000','2000.12.31', freq='W-MON')
```

8.5 窗口函数

窗口函数与聚合函数的功能相似，但又有所区别。窗口函数可以为每行数据进行一次计算，因为窗口函数指定了数据窗口大小，可以在这个滑动窗口里进行计算并返回一个值；而聚合函数只返回一行或对分组下的所有数据进行统计。

8.5.1 滑动窗口函数

窗口函数就是一个可以在滑动窗口实现各种统计操作的函数。一个滑动窗口是一个移动变化的小区间，所以窗口函数可以在不断变化的小区间里实现各种复杂的统计分析。Pandas rolling()函数的语法格式如下：

```
DataFrame.rolling(window,            # 时间窗口的大小,int或offset
                 min_periods=None,   # 每个窗口内至少包含的观测值的数量
                 center=False,       # 把窗口的标签设置为居中
                 on=None,            #指定dataframe要计算滚动窗口的列
                 **kwords)
```

式中：window参数如果是int类型，数值表示计算统计量的观测值的数量，即向前几个数据；如果是offset类型，则表示时间窗口的大小。

一般在使用了移动窗口函数rolling()之后，需要配合使用相关的统计函数，比如sum()，mean()，max()等。使用最多的是mean()函数，可生成移动平均值。

8.5.2 时序的滑动窗口

所谓时序的滑窗函数，即把滑动窗口用 freq 关键词代替。将偏移量传递给rolling（）函数，并使其根据传递的时间窗口生成可变大小的窗口。函数作用于每个时间点，以及偏移量的时间增量内出现的所有先前值。我们制作一个随机数时间序列作为示例，代码如下。

```
[in] idx = pd.date_range('20210101', '20231231', freq='B') # 工作日序列
    #1~2之间的等差数列抛物线
    x = pd.Series(np.linspace(1,2,len(idx))**2+1.5,index=idx)
    data = np.random.randn(len(idx)) + x   # x 正态分布的随机数+x
    ts = pd.Series(data,index=idx)          # 得到时间序列
    tr= ts.rolling('30D').mean()            # 得到滑动窗口时间序列
```

x为1~2之间的等差数列抛物线序列，ts为x+(0,1)正态的序列，tr为ts的偏置为30天的滑动窗口。我们分别画出它们的图像，接上例代码。

```
[in] fig,ax = plt.subplots(1,3,figsize = (10,4))
    ts.plot(ax=ax[0],title="无滑动窗口")
    tr.plot(ax=ax[1],title="滑动窗口")
    x.plot(ax=ax[2],title="x**2+1.5")
    plt.show()
```

[out]

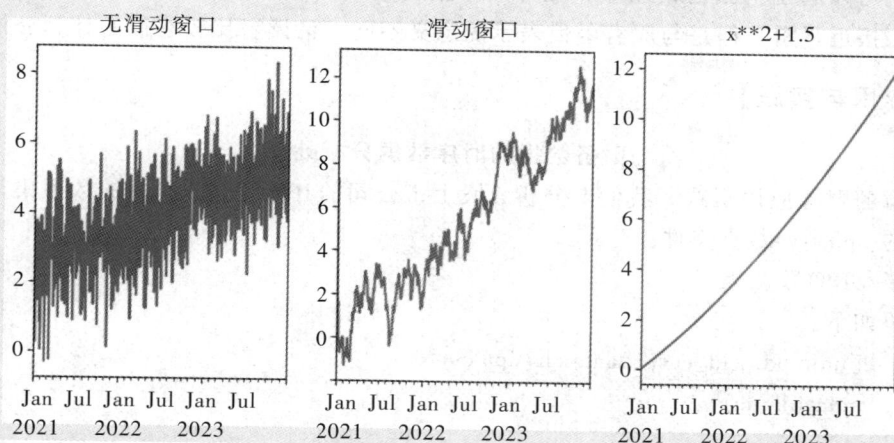

　　观察输出图片，我们发现 ts 未经平滑，由于数据点密集，方差很大，很难观察图形的规律。经过滑动窗口的平滑，我们可以看出其很接近抛物线 "x**2+1.5"。

8.5.3　时序的扩张窗口

　　扩张窗口又称累计窗口，可以理解为一个动态长度的窗口，其窗口的大小就是从序列开始处到具体操作的对应位置，其使用的聚合函数会作用于这些逐步扩张的窗口。综上，我们得到扩张窗口的时间序列 te，接上例代码。

[in] te= ts.expanding().mean()　　#得到扩张窗口时间序列

　　te 是序列 ts 从头到该时间点数据值的累计平均。我们再绘制出 ts，te 和 x 的对比图，接上例代码。

```
[in] fig,ax =  plt.subplots(1,3,figsize = (10,4))
     ts.plot(ax=ax[0],title="无滑动窗口",sharey=True)
     te.plot(ax=ax[1],title="滑动窗口",sharey=True)
     x.plot(ax=ax[2],title="x**2+1.5",sharey=True)
     plt.show()
```

[out]

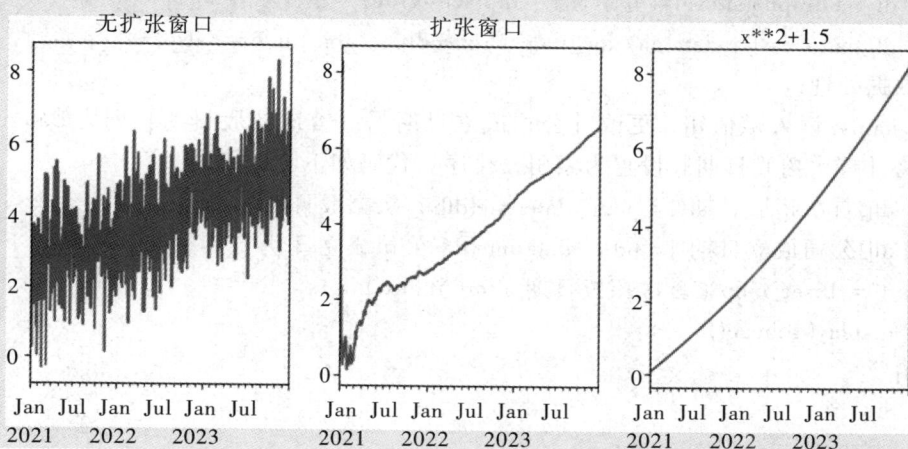

我们可以看出扩张窗口图形，在开始位置有很大振幅的波动，但是很快就平滑下来，最后无限接近平滑，但是与原有函数表示的意义不同，请读者比较它们的计算公式。

【财务应用与实践】

财务数据的时序数据分析处理

本章的财务应用实践，我们要分析 A 股上市公司的 IPO 情况，使用的数据集为资源文件夹中的<ipo.csv>数据文件。

1. 导入 IPO 数据集

代码如下。

```
[in] df_na = pd.read_csv('..\data\ch7\ipo.csv')
     display(df_na)
```

[out]

	股票代码	上市日期	证券简称	公司成立日期	首次招股日期	发行价	发行数量	募集资金	最新行业代码	最新行业
0	166	2015/1/26	申万宏源	1996/9/16	2015/1/25	4.86	8.140985e+09	NaN	J67	资本市场服务
1	333	2013/9/18	美的集团	2000/4/7	2013/9/17	44.56	6.863234e+08	NaN	C38	电气机械及器材制造业
2	1201	2021/4/28	东瑞股份	2002/3/27	2021/4/14	63.38	3.167000e+07	2.007245e+09	A03	畜牧业
3	1202	2021/4/29	炬申股份	2011/11/10	2021/4/19	15.09	3.224200e+07	4.865318e+08	G58	装卸搬运和运输代理业
4	1203	2021/5/10	大中矿业	1999/10/29	2021/4/20	8.98	2.189400e+08	1.966081e+09	B08	黑色金属矿采选业
...	...	...	...	...	...	...	...	...	...	...
3577	873223	2022/6/9	荣亿精密	2002/3/7	2022/5/23	3.21	4.358500e+07	1.216590e+08	C34	通用设备制造业
3578	873305	2022/12/21	九菱科技	2002/11/18	2022/12/9	11.72	1.120000e+07	1.312640e+08	C33	金属制品业
3579	873339	2022/11/17	恒太照明	2013/11/20	2022/11/7	6.28	2.220000e+07	1.394160e+08	C38	电气机械及器材制造业
3580	873527	2022/10/27	夜光明	2005/8/12	2022/10/10	10.99	1.349270e+07	1.482848e+08	C26	化学原料及化学制品制造业
3581	873593	2023/4/13	鼎智科技	2008/4/16	2023/3/29	30.60	1.330780e+07	3.541032e+08	C38	电气机械及器材制造业

该数据集是资本市场 A 股 IPO 统计数据，反映资本市场首次发行股票募集资金的情况。

2. 数据清洗

考查数据集，清除缺失数据，以字符编码'gbk'存储新数据集为<ipo_na.csv>，代码如下。

```
[in] df_na .info()
     df_na.dropna(subset='募集资金',inplace=True)
     df_na.to_csv('..\data\ch7\ipo_na.csv',encoding='gbk',index=False)
```

3. 数据处理

ipo_na.csv 读入赋值 df，更改［公司成立日期］，［首次招股日期］列为 Datetime 数据类型。将［首次招股日期］设置为索引，排序，代码如下。

```
[in] df['首次招股日期'] = pd.to_datetime(df['首次招股日期'])
     df['公司成立日期'] = pd.to_datetime(df['公司成立日期'])
     df = df.set_index('首次招股日期').sort_index()
     display(df.head())
```

[out]

首次招股日期	股票代码	上市日期	证券简称	公司成立日期	发行价	发行数量	募集资金	最新行业代码	最新行业
2010-03-19	2379	2010/3/31	宏创控股	2000-08-11	33.0	19500000.0	6.435000e+08	C32	有色金属冶炼及压延加工业
2010-03-19	2380	2010/3/31	科远智慧	1993-05-27	39.0	17000000.0	6.630000e+08	I65	软件和信息技术服务业
2010-03-19	2378	2010/3/31	章源钨业	2000-02-28	13.0	43000000.0	5.590000e+08	C32	有色金属冶炼及压延加工业
2010-03-23	601101	2010/3/31	昊华能源	2002-12-31	29.8	110000000.0	3.278000e+09	B06	煤炭开采和洗选业
2010-03-24	2382	2010/4/2	蓝帆医疗	2007-09-25	35.0	20000000.0	7.000000e+08	C35	专用设备制造业

4. 数据可视化

考查每年募集资金的情况——募资金额和 IPO 数量，并用柱状图和箱线图展示，代码如下。

```
[in] df['首次年'] = df.index.to_series().dt.year
     df_year = df.groupby('首次年').agg({'募集资金':'sum','股票代码':'count'})
     df_year['募集资金'] = df_year['募集资金']/1000000000.0  # 单位改成 10 亿
     df_year.columns=['募集资金','IPO 数量']
     fig,ax = plt.subplots(1,2,figsize=(12,5))
     df_year.plot(kind='bar',ax=ax[0])
     ax[0].set_xlabel('资本市场 IPO 募资规模(十亿)')
     df_year.plot(kind='box',ax=ax[1])
     plt.show()
```

[out]

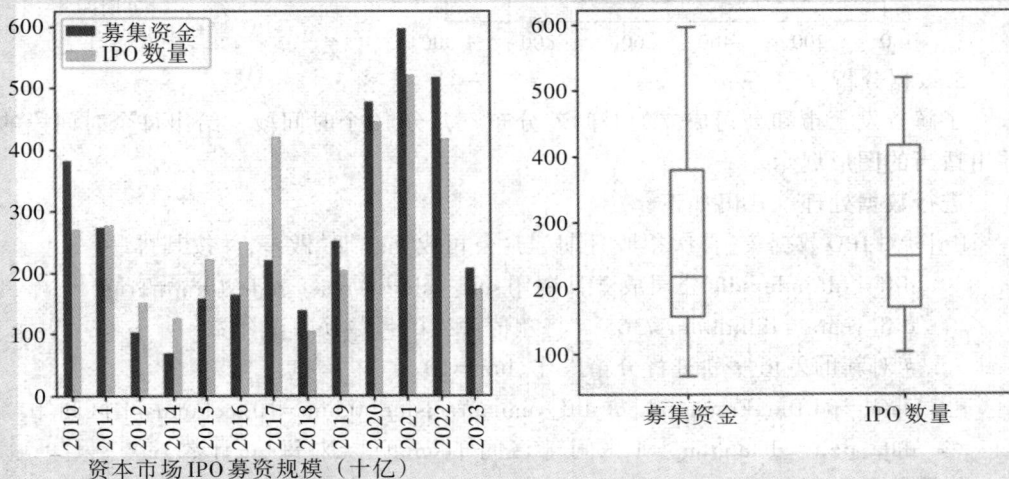

资本市场 IPO 募资规模（十亿）

考查资本市场 IPO 一般集中在每周的哪几天，并用柱状图和饼图展现出来，代码如下。

```
[in] # 得到周 IPO Series
     df['weekday'] = df.index.to_series().dt.dayofweek
     df_weekday = df.groupby('weekday')['发行数量'].count()
     df_weekday.index = ['星期一','星期二','星期三','星期四','星期五']
     fig,ax = plt.subplots(1,2,figsize=(12,5))
     df_weekday.plot(kind='barh',align='center', color='g',
```

```
                    alpha=0.5, edgecolor="black",ax=ax[0])
    ax[0].set_title('IPO数量')
    df_weekday.plot(kind='pie', colormap = plt.get_cmap('Greens'),
                    autopct='%3.1f%%',
                    ax=ax[1])
    ax[1].set_title('IPO比例')
    ax[1].set_ylabel('')
    plt.show()
```
[out]

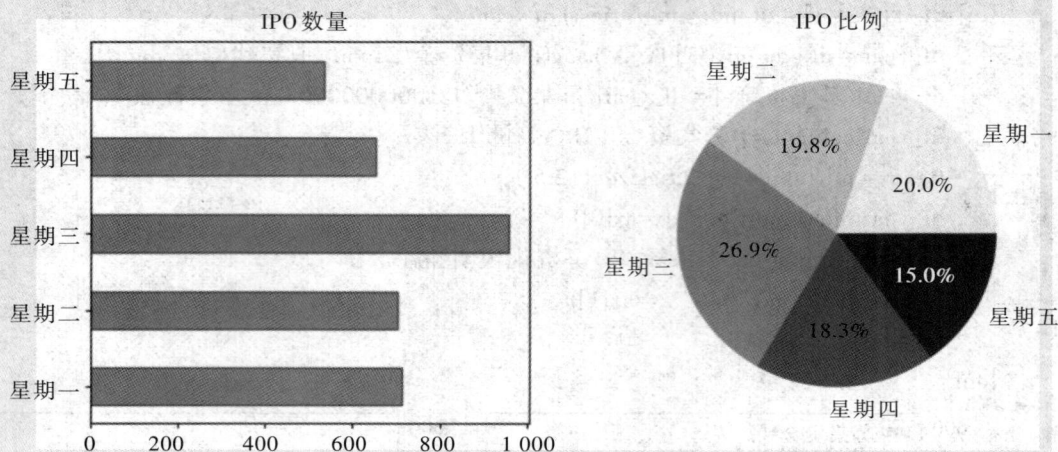

5.数据分析

　　了解首发上市和公司成立的时间差分布,并分10个时间段,给出每个时间段的数量,并用适当的图形展示。

　　进行数据处理,代码如下。

```
[in] #对IPO数据集'首次招股日期'与'公司成立日期'做差,并按其排序
    diff = (df.index-df['公司成立日期']).sort_values().reset_index(drop=True)
    diff_years = diff.dt.days/365  #将差值序列的天数换算成年数 s
    # 对新的差值序列进行分箱操作,bins=10
    data = pd.DataFrame(pd.cut(diff_years,precision=0,bins=10),columns=['区间'])
    data_delt = data.groupby('区间')['区间'].count()  # 对每bin计数
```

作图代码如下。

```
[in] fig,ax = plt.subplots(1,2,figsize=(12,5))
    data_delt.plot(kind='barh',ax=ax[0])
    diff_years.plot(kind='box',ax=ax[1])
```

[out]

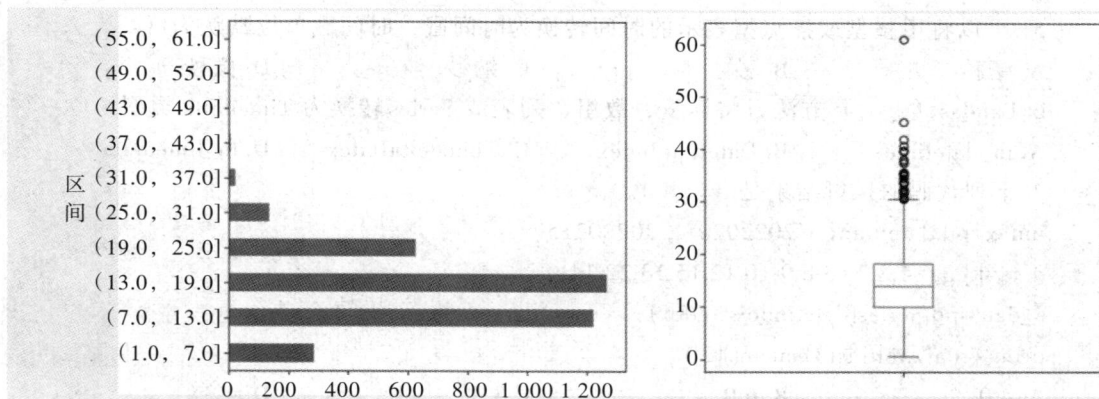

【本章小结】

本章主要介绍了时间序列的特殊数据处理。时间序列是财经数据分析的重要内容，因此 Pandas 对其有较丰富的对象属性和方法。我们重点介绍 Datatime 和 Timedeltas 对象，它们组成的序列 DatetimeIndex 和 TimedeltaIndex，以及它们在 Series 和 DataFrame 的数据类型 datetime64［ns］和 timedelta64［ns］。dt 对象与 str、cat 等对象非常类似，但函数参数较为复杂。本章内容较为综合，需要实践练习才能渐渐掌握，逐步熟悉。

【本章习题】

即测即评 8

一、单项选择题

1. DatetimeIndex 是由（　　　）对象组成的序列。

A. datetime64［ns］　　B. Timestamp　　　　C. Datetimes　　　　D. timeIndex

2. 下列代码的执行结果是（　　　）。

```
s=pd.Series({'日期':'10-Feb-23'})
s=pd.to_datetime(s)
print(s.dt.month)
```

A. 日期 10-2-23　　　B. 日期 Feb　　　　　C. 日期　　　　　　D. 错误

3. 通过 date_range()方法可以创建某段连续的时间或者固定间隔的时间段，（　　　）不是该函数的参数。

A. start　　　　　　　B. end　　　　　　　C. period　　　　　D. freq

4. 下列代码的执行结果是（　　　）。

```
s = pd.Series(['2020-02-14 02:14:00'])
s = pd.to_datetime(s)
print(s.dt.day.values)
```

A. 02-14　　　　　　　B.［14］　　　　　　C. 14　　　　　　　D. 错误

5. 可以将用整型或浮点型表示的时间转换为时间戳，时间戳单位默认为（　　　）。

A. 毫秒　　　　　　　B. 秒　　　　　　　C. 纳秒　　　　　　　D. 微秒

6. Pandas（　　　）方法，将标量、数组、列表或 Series 转换为 Timedelta 类型。

A. to_datetime　　　B. DatetimeIndex　　C. TimedeltaIndex　　D. to_timedelta

7. 下列代码的执行结果是（　　　）。

```
index=pd.date_range('20220201','20220215')
data=[3,3,6,4,2,20,3,8,9,10,12,15,13,22,14]
s_data=pd.Series(data,index=index)
print(s_data.rolling(3).mean()[2])
```

A. 4.0　　　　　　　B. 6.0　　　　　　　C 3.　　　　　　　D. 4.33

8. pd.to_datetime()函数能够智能地进行常见日期格式转换，将'2023/10/1'转换为（　　　）。

A.［'2023-10-01'］　　　　　　　　　B.［'2023-01-10'］

C.［'2023/01/10'］　　　　　　　　　D.［'2023/10/01'］

9. 下列有关 dt 对象的索引和切片的说法，正确的是（　　　）。

A. dt 对象的索引和切片与 list 相同

B. 时间序列分析过程中，一般不把时间戳序列作为索引使用

C. DatetimeIndex 数据类型可精确到分钟

D. dt 对象切片操作的引用可以不在索引序列之中

10. 下列代码的执行结果是（　　　）。

```
index=pd.date_range('20230501','20230515')
data=[3,6,4,5,2,1,3,9,9,10,12,15,13,22,14]
s_data=pd.Series(data,index=index)
print(s_data.rolling(3,min_periods=1).mean()[1])
```

A. 3.0　　　　　　　B. 6.0　　　　　　　C. 4.0　　　　　　　D. 4.5

二、程序题

1. resample()方法

（1）重采样 resample()方法，可以把时间序列数据集从一个时间频率 f1 转换为另一个时间频率 f2，分为降采样和升采样。阅读执行以下代码，理解降采样的意义。

```
index = pd.date_range('10/10/2023', periods=9, freq='min')
series = pd.Series(range(9), index=index)
print(series)
print(series.resample('6min').sum())
```

（2）利用 resample()方法，对【财务应用与实践】数据集<data\ch8\ipo.csv>按年和季度统计募资金额和 IPO 数量，并用柱状图和箱线图展示。

2. 股票交易布林线——日度布林线、月度布林线

股票交易 Boll 指标是三条线，分别代表布林指标的上、中、下这三条轨道。其中：中轨线=N 日的移动平均线；上轨线=中轨线+两倍的标准差；下轨线=中轨线-两倍的标准差。投资者可以根据这三条轨道来分析个股。

数据集<data\ch8\科大讯飞 .csv>为科大讯飞日交易数据，请完成以下工作：

（1）对数据集进行初步观察，并用图片展示其分布情况；

（2）计算后一天和前一天收盘价的差值，并存入新的列（使用 shift（）函数）；

（3）基于 30 个交易日对数据滑动窗口取均值（收盘价），并作图（所有的线呈现在一张图片中）；

（4）基于 6 个月对数据滑动窗口取均值（收盘价）。

第 9 章
数据分析与机器学习

前面 8 章学习的都是数据分析的基础知识。本章学习计算机系统如何分析预测和决策，这是基于模型的数据分析——智能化数据分析，是指运用统计学、模式识别、机器学习、数据抽象等数据分析工具从数据中发现知识的分析方法。我们学习基本的机器学习概念、原理和简单应用，为后续深入学习奠定基础。

本章学习目标

（1）理解人工智能的概念和研究范畴；
（2）了解机器学习的概念和方法；
（3）掌握简单的机器学习的算法，及 Python 编程；
（4）利用简单的机器学习的算法进行财务数据分析。

9.1 人工智能

在进行数据分析和建模的过程中，我们可以使用机器学习和人工智能技术来自动化和优化数据处理和分析过程，提高数据分析的效率和准确性。智能化的数据分析系统是商业数据分析的发展方向。

9.1.1 人工智能概述

20 世纪 50 年代，图灵首次提出"机器思维"的概念。他提出一项测试，以确定计算机能否进行"思考"：如果一台计算机的行为、反应和互动像一个有意识的个体，那么它应该被视为有意识，亦即提出了"机器能思维"的观点。

人工智能（artificial intelligence，AI）是由申农（Claude Shannon）等在 1956 年的一次会议上提出来的。一般认为，人工智能是任何类似于人的智能或高于人的智能的机器或算法的统称。

9.1.2 人工智能学派

随着人工智能的发展，形成了 3 大学派：符号主义、连接主义和行为主义。

1）符号主义

符号主义（symbolicism）的观点为：人工智能起源于数理逻辑，人类认知的基础是符号，认知过程是符号表示上的一种运算。

符号主义是基于符号运算的人工智能学派，其认为知识可以用符号来表示，认知可以通过符号运算来实现，如专家系统等。如图9-1所示，专家系统需要把事实和问题变成符号输入系统，使专家知识或由机器获取的知识形成基于规则的知识库，求解算法（推理）引入规则与事实进行匹配，从而完成对问题的求解。

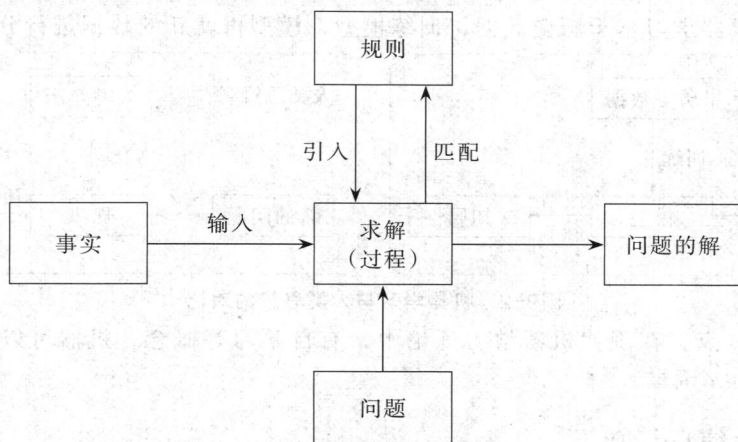

图9-1　基于知识的问题求解

2）连接主义

连接主义（connectionism）的观点为：人工智能起源于仿生学，特别是人脑模型，人类认知的基础是神经元，认知过程是神经元联结活动的过程。

连接主义认为思维过程是神经元的联结活动过程，而不是符号运算过程，人工智能需要构造模拟大脑结构的神经网络系统。神经网络深受连接主义的推崇。由于算法的不断进步，算力飞速加强，数据日益增长，神经网络系统应用得到长足的发展。

3）行为主义

行为主义（actionism）的观点为：人工智能起源于控制论，智能取决于感知和行为，是对外界复杂环境的适应，而不是推理。

行为主义是一种行为模拟，构造具有进化能力的智能系统，如仿生的机器狗。

事实上，随着人工智能研究和应用的深入，三个学派往往相互结合，形成综合集成的人工智能系统。

9.2　机器学习

机器学习是人工智能的热点，也是近年来发展最快的技术领域。机器学习已经渗透到各个应用领域。数据分析师采用机器学习能够在数据处理和分析过程中获得更高效、准确和智能化的结果。本节主要介绍机器学习的基础概念和原理。

9.2.1 机器学习的概念

符号主义需要基于人类认知的规则，连接主义需要基于数据处理的物理模型假设空间，而行为主义需要行为结果与行为环境的交互。这些人工智能领域，本质上都是从数据到知识的映射。从原始数据中获取有用知识的能力被称为机器学习（machine learning）。

人类善于从以往的经验中总结规律，当遇到新的问题时，可以根据之前的经验来预测未来的结果，从而作出决策。如图9-2所示，人类是从经历中总结规律，利用这些规律求解新的问题；机器学习基于历史数据，训练模型，模型再就新的数据进行分析预测。

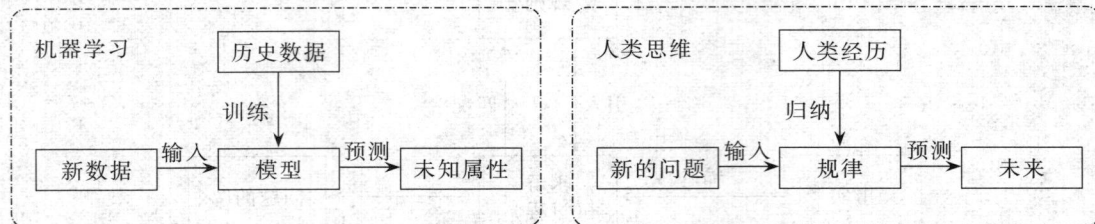

图9-2 机器学习与人类思维的对比

这里补充一点，在现代机器学习理论中，有自学习等概念，机器可以自己得到"经验"，如AlphaZero围棋。

9.2.2 数据、信息与知识

机器学习的目的在于通过描述事物的数据得到指导实践的知识。为了深刻理解机器学习的概念，我们首先要领会数据、信息和知识的含义和关系。

1）数据

数据泛指对客观事物的数量、属性、位置及其相互关系的抽象表示，以便于用人工或自然的方式进行保存、传递和处理。数据是比较基础的一个概念，是形成信息、知识和智能的源泉，是机器学习的"原料"。换句话说，机器模型需要数据"喂养"，才能"成熟"。

数据集往往是表示一类事物的数据集合，见表9-1，其表示上市公司某时点的财务状况。我们用大写的X来表示。

表9-1　　　　　　　　　　　　数据集示例

	股票代码	统计日期	资产	负债	所有者权益
1	000001	2023-06-30	4178622000000.00	3827225000000.00	351397000000.00
2	000004	2022-12-31	1494490266.24	90033219.05	1404457047.19
3	000005	2021-12-31	3121423378.81	1542107807.54	1579315571.27
4	000006	2022-12-31	15745320850.65	8575092304.85	7170228545.8
5	000006	2023-12-31	15434760023.28	7596761855.69	7837998167.59

我们把表9-1分为2个部分：

（1）"属性"（attribute）或"特征"（feature）：表9-1的首行为列标签，反映事项在某个方面的表现或性质——属性。属性的数量m，也称数据具有的维度m，即每个样本具有m个数值，其会构成一个向量，那么每个样本都存在一个描述属性值序列，称为"特征向量"（feature vector），一般表示为列向量：

$$x_i:(x_{i1}, x_{i2}, x_{i3}, \cdots, x_{im})^T$$

（2）数值矩阵：由属性的值组成的空间为"样本空间"（sample space）。n 个样本的 m 维数值，会构成一个 m×n 的矩阵，即 m 维的向量表示样本 i 的 m 个属性的值，x_{ij} 表示第 i 个样本第 j 个特征的值，共 n 个样本。表 9-1 为描述上市公司的数据集，该公司的特征为：{股票代码，统计日期，资产，负债，所有者权益}，其中第 2 个样本的特征向量为 x_2：

$$x_2:('000004','2019-12-31',1494490266.24,90033219.05,1404457047.19)^T$$

我们一般化表示，n 个样本的 m 维特征数据集 X 为一个矩阵：

$$\begin{bmatrix} x_{11} & x_{12} & \cdots & x_{1m} \\ x_{21} & x_{22} & \cdots & x_{2m} \\ \vdots & \vdots & \ddots & \vdots \\ x_{n1} & x_{n2} & \cdots & x_{nm} \end{bmatrix}^T$$

2）信息

信息可以理解成对不确定性的消除的度量。信息是经过加工处理的、有一定含义的、对决策有价值的数据。表 9-1 中的数据表明，股票代码为 000004 的上市公司，其 2019 年末的资产远大于负债，我们可以得到其净资产为正。这样就消除了其在净资产这一特征上的不确定性，即给投资者带来有价值的信息。

3）知识

数据是信息的载体，本身无确切含义。知识可以理解为信息与信息之间的关联。通过对信息使用归纳、演绎的方法可得到知识。在表 9-1 中，我们发现：

所有者权益 = 资产 - 负债

样本的特征"所有者权益"与特征"资产"和"负债"存在这种关联关系：如果得到"资产"和"负债"两个特征的值，就可以得到特征"所有者权益"的值。这种关联关系就是知识。

机器学习就是通过表 9-1 数据规律的学习，得到样本属性之间的关系，进而再有新的公司出现，就会利用这一知识。

我们把这一过程一般化：

（1）获取数据集 X，即已知样本特征数据集为：

$$\begin{bmatrix} x_{11} & x_{12} & \cdots & x_{1m} & y_1 \\ x_{21} & x_{22} & \cdots & x_{2m} & y_2 \\ \vdots & \vdots & \ddots & \vdots & \vdots \\ x_{n1} & x_{n2} & \cdots & x_{nm} & y_n \end{bmatrix}^T$$

其中：(x_i, y_i) 为样本 i 的特征向量；y_i 为第 i 个样本 x_i 特征 Y 的值。对于 n 个样本，有 Y 的特征值如下：

Y：$(y_1, y_2, \cdots, y_n)$

（2）提出问题：特征向量 Y 与 X 有怎样的关系？

（3）通过一个训练学习过程，我们得到关联映射 g：

$x_i \rightarrow y_i$，即：$(x_{i1}, x_{i2}, \cdots, x_{im}) \rightarrow y_i$

（4）有新的样本 X′，我们可以依据映射 g，得到：

$x_i' \rightarrow y_i'$

9.2.3　机器学习的过程

机器学习过程：将"经验"（数据集）加载到特定的假设空间中，通过某一算法得到一个对事物（问题）的认知（模型），如图9-3所示。

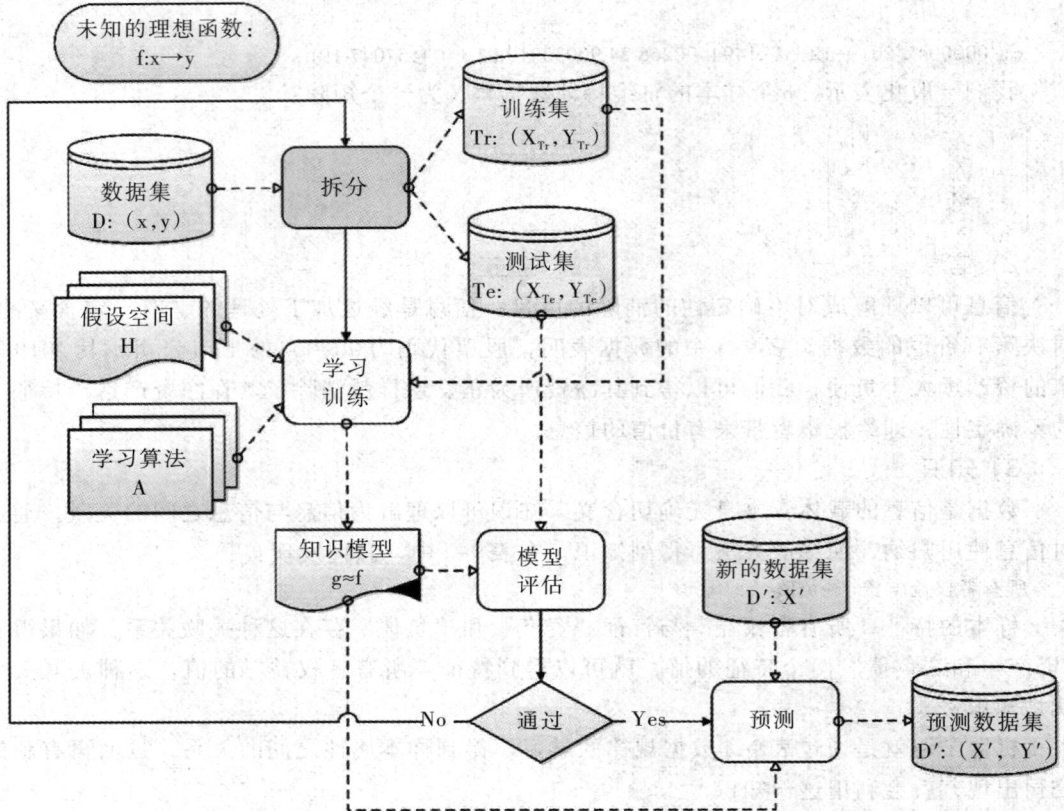

图9-3　机器学习过程示意图

1）机器学习前提

机器之所以能够学习，是有数学原理支持的。简单地说，就是数学证明通过大量描述事物的数据，可以发现其中的规律。我们把要发现的规律视为一种假设，图9-3中"未知的目标函数假设"，即机器学习的假设前提。通过事物的描述（X），存在一个理想化的映射（f）：X → Y。X是已知样本的样本空间，Y是样本的一个新特征空间。这个假设的存在是我们进行机器学习的前提。这里涉及机器学习的理论问题，不作过多阐述。

2）获取数据

有了1）的前提，我们首先要得到尽可能多且全面的事物描述数据（X），并通过经验或过去的事实了解已知事物的特征（Y）的值，即数据集D：（X，Y）。X为目标函数（g）的左侧特征值，Y为目标函数映射的特征向量。Y值的获取具有多种途径，因此演化出多种机器学习的方法，如有监督机器学习、无监督机器学习、强化学习、自学习等。

3）数据预处理

数据在学习之前，要满足学习算法的要求，如数据变换、数据标准化等。这里，我们只讨论数据拆分这一步骤。通常会把数据分成 2 部分（有时也分为 3 部分，训练集、测试集和验证集），即训练集（training set）和测试集（testing set）。训练集被用来训练模型，测试集是在模型的训练之后评估模型的好坏。数据拆分有很多方法，如 K 折交叉检验（K-fold cross-validation）——大致思想是把数据集分成 K 份，每次取一份作为测试集，取余下的 K-1 份作为训练集。

4）学习训练

除了训练数据集，学习训练需要另外 2 个要素：假设空间和算法。

（1）假设空间：我们根据已有的认知，使用某种思维框架把理想的函数 f 所在的空间表示出来，即假设空间 H：X→Y。这一假设是对于事物的一种专业判断，是人们利用已有知识来试图无限接近事物的真实规律。如线性关系、多项式关系等，为使用显性数学表达式表示的数学模型；又如神经网络、支持向量机等隐性的数学结构——物理模型。H 可以理解为 X→Y 的"形态"空间，空间中具体模型的形式可能有无限多个。

（2）算法：算法 A 可以理解为从假设空间 H 中，找到一个最优或次优的模型的数学方法。算法求解的条件是：得到模型 g，使得 g（X）=$\hat{Y}$ 无限接近 f（X）=Y，即从假设空间中找到一个模型 g，使得映射得到的 $\hat{Y}$ 与已知事实的 Y 的差异尽可能小。基于此，机器学习一般可以转换为最小化问题求解[①]。

目标模型 g 是 H 众多模型中的一个，学习训练过程是把训练数据加载到 H 中，通过 A 得到 g。其训练过程为：

➤假设空间初始化：选择假设空间，如线性回归、非线性回归、KNN、决策树等。每类模型都需要设置假设空间超参数，如非线性激活函数、神经网络隐藏层的层数和神经元数量、KNN 的 K 值等，使假设空间为一个具体映射 H_0；

➤初始模型设置：有了基于超参数的假设空间 H_0，还需要一个具体模型，也就是说给定初始参数，在 H_0 中选一组参数具体化模型 g_0。这一组参数，将线性模型参数 W_0——（1，1，…，1）作为初始值，或者采用一组随机数；

➤学习训练：一般需要构建一个损失函数 L（x）来度量模型预测值与真实值的"距离"，计算这种距离的方法很多，如最小二乘法、交叉熵函数等；再选择优化算法，构建一个使损失函数 L（x）不断收敛变小的函数 λ（X，θ），就是调整假设空间 H 的参数（θ）使 L（x）逐渐变小，能够收敛到一定的范围，得到目标函数 g 的一组参数 $\hat{\theta}$，即数学表达式：

$$\hat{\theta} = \arg_{\theta} \min L(X,\theta)$$

其过程为：加载数据 X 到 g_0（X），得到一组 $\hat{Y}$；使用算法进行迭代学习，调整模型参数 θ，使得损失 L_{θ}（x）收敛到指定的范围内，得到一个假设空间 H 内一个满足要求的 $\hat{\theta}$，此刻的模型即为模型 g。

经过训练之后，就得到一个训练模型，需要使用测试数据对模型进行评估。

5）模型评估

模型 g 在训练集上表现很好，即预测值与真实值的差异趋近最小。但是未必在测试集

---

① 一般理解成最小化，不是所有的算法都能做到最小化，有时是局部最小化等。

上有同样的表现。使用算法 A 学习 X 得到的 g，可能有缺陷[①]。如果模型 g 在测试集上表现不佳，则要回到前面重新学习训练。通过了测试，模型就能用于预测分析了。

6）预测

预测就是有新的数据 X' 加载到模型上，得到预测目标向量 Y' 的过程。

9.2.4　机器学习的分类

机器学习基于专业领域的假设空间和数据集描述，不同的问题会有不同的学习方式。机器学习一般分为以下几种类型：

1）监督学习

监督学习（supervised learning）也称有监督学习，通常可以用于分类（classification）和回归（regression）问题。它的主要特点是，所有的数据都有与之相对应的标签（label）。比如我们想做一个评估企业债券等级的模型，那么我们的数据集是大量的企业财务指标（数据）对应企业债券的等级数据（标签）。

监督学习在建模过程中，是将模型的预测结果与训练集数据的标签（真实值）作对比，采用一个目标函数（损失函数），如果预测结果与实际结果不符，调整模型参数或结构，直到模型的预测结果达到预期的准确率。

2）无监督学习

无监督学习（unsupervised learning）通常可以用于解决聚类（clustering）的问题。无监督学习中，所有的数据都是没有标签的，可以使用机器学习的方法让数据自动聚类。

由于缺乏足够的先验知识，人工标注类别比较困难，或进行人工类别标注的成本太高，所以我们希望计算机能够分类，或至少提供一些帮助。根据类别未知（没有被标记）的训练样本解决模式识别中的各种问题，称为无监督学习。

无监督学习的典型应用是客户市场划分。企业面对海量的销售信息，使用无监督学习的方法就可以自动对客户进行市场分割，将客户分到不同的细分市场中，从而有助于我们对不同细分市场的客户进行更有效的销售或者广告推送。又如，投资者在分析上市公司战略时，只有企业日常经营的数据，若要清晰知道企业的经营战略，需要进行聚类分析。

3）半监督学习

半监督学习（semi-supervised learning）是监督学习和无监督学习相结合的一种学习方式，主要用来解决使用少量带标签的数据和大量没有标签的数据进行训练和分类的问题。此类算法首先试图对没有标签的数据进行建模，然后再对带有标签的数据进行预测，从而检验模型。

监督学习和半监督学习都需要人工标注好的数据。如果我们把机器学习看成通过不断做题学习新知识的人，那么监督学习做的都是有标准答案的题（这里的标准答案来自数据标注员）；而无监督学习做的是没有答案的题（像很出名的 AlphaZero，就是自行对弈学

①　这种缺陷来自多个方面：a.训练集 X 不能完全代表事物本身，或数量不足；b.人类认知有限，事物的规律 f 不在假设空间 H 内；c.算法 A 本身有问题，得到的 g 不是一个合适的解。这里涉及拟合、欠拟合和超级参数等概念。问题虽然不复杂，但是受篇幅的限制，不作详细介绍。

习，不需要学习人类的棋局）；至于半监督学习则介于两者之间，做的一部分是有标准答案的题，剩下的是没有答案的题。

4）其他学习方法

强化学习（reinforcement learning）是智能体（agent）以"试错"的方式进行学习。通过与环境进行交互获得的奖赏来指导智能体的行为，并使智能体获得最大的奖赏，从而达到模型训练的目的。

集成学习（ensemble learning），一般先产生一组"个体学习器"，再用某种策略将它们结合起来。结合策略主要有平均法、投票法等。集成学习潜在的思想是即便某一个弱分类器得到了错误的预测，其他的弱分类器也可以将错误纠正过来。接触集成学习就会知道，其核心是"三个臭皮匠顶个诸葛亮"的思想。

迁移学习（transfer learning）是一种机器学习模型再利用的方法，就是把为任务 A 得到的模型作为初始点，重新使用在为任务 B 开发的模型中。

结构学习（structured learning）就是输入或输出的是有结构的数据，比如说语句、列表、树和边界框（bounding box）。在结构学习中，我们需要学习的是一个函数 F，它的输入是一种形式，输出是另外一种形式，比如输入的是你的语音，输出的是对应的文本；又如输入的是中文文字，输出的是英文等。

深度学习（deep learning），其基础是神经网络。神经网络算法框架是一种网络结构，即神经元的分层布局。以往受到计算机算力的约束，神经网络算法中神经元的数量不能太多，且网络层数不能太多。随着神经网络理论的发展，计算机算力的提升，人们研究出多种高效深层的网络模型。相对而言，深度学习就是利用网络层数很多的神经网络进行学习，如卷积神经网络（convolutional neural network，CNN）、长短时记忆网络（long short term memory network，LSTM）、深度残差网络（deep residual network）、自然语言处理（nlp）的 Transformer 模型等都属于深度学习，又如处理 ChatGPT-3 的模型有数千层神经网络，模型参数千亿个。

关于以上学习方法，我们这里只是给出简单概念，在以后学习中逐渐深入。当前，机器学习是人工智能的热点，学习方法和方式层出不穷，还在不断演化之中。

9.2.5　大数据、人工智能与机器学习

数据库技术解决传统数据处理问题，从而形成多数的管理信息系统应用。大数据技术则解决海量数据带来的数据装不下、存不了、算不了等相关问题。机器学习架构在大数据的基础之上，没有大数据 "喂养"的机器学习，机器将无法具备人的智能。深度学习是机器学习的升级版，深度学习具备海量的数据处理能力，且有更优更强的数据学习能力。

图 9-4 简单地解释了大数据、人工智能、机器学习、深度学习的关系。深度学习是基于多层神经网络的机器学习，机器学习是人工智能的一个种类，也是一个技术路径，而无论是人工智能，机器学习，还是深度学习，都依赖于大数据基础。图 9-4 中，AKO 的含义为"是一类"。

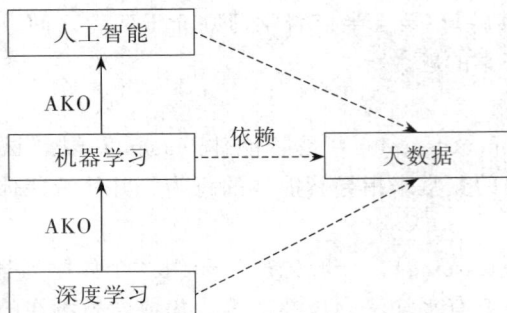

图9-4 大数据、人工智能、机器学习、深度学习的关系

摩尔定律，被称为计算机技术第一定律，是指集成电路（IC）上可容纳的晶体管数目每隔18个月左右便会增加一倍，性能也将提升一倍。摩尔定律是由英特尔（lntel）的名誉董事长戈登·摩尔（Gordon Moore）经过长期观察总结的经验。多年来，摩尔定律未被打破，计算机计算速度越来越快，处理能力变得十分强大，使得人工智能和机器学习受到计算和存储的约束越来越小，这样就使大数据、人工智能与机器学习相互呼应，相互促进，飞速发展。

通过机器学习的模式和方法，反过来看我们自己。我们的学习也需要反复练习，同时还要接触不同的事物、不同的观点、更多的人，向更有经验的人虚心学习。只有这样，才能成长为一个对社会有用的人。

9.3　sklearn

Python的优势之一是其具有广泛的库和生态系统，尤其是在机器学习领域。本节，我们学习通用的机器学习第三方学习库sklearn。

9.3.1　sklearn的简介

sklearn是基于Python语言的机器学习的工具，其建立在NumPy，SciPy，Matplotlib之上，用于数据挖掘、数据分析等。机器学习的开源工具还有很多，如PyTorch和Tensorflow等，它们有各自的优势，PyTorch和Tensorflow更注重神经网络和深度学习。

sklearn主要用于数据预处理、分类、回归、聚类和数据降维等。分类/回归是监督学习的方式；聚类是非监督学习的方式；降维一般用于特征转换、主成分分析等。

9.3.2　sklearn的使用

1）数据集

sklearn为各种机器学习算法提供了数据案例，本节采用大家常用的鸢尾花作为示例。参阅资源包中的<ch9_0>代码文件。

鸢尾花数据集在著名的统计学家和生物学家R.A Fisher于1936年发表的文章"*The use of multiple measurements in taxonomic problems*"中被使用，后来在证明分类的统计方法，尤其在机器学习领域常常被引用。

鸢尾花（iris）数据集，共有 4 个属性列和 1 个品种类别列：sepal length（花萼长度）、sepal width（花萼宽度）、petal length（花瓣长度）、petal width（花瓣宽度），单位都是厘米。3 个品种类别分别是 Setosa、Versicolour、Virginica，样本数量为 150 个，每类 50 个。数据集可从 Seaborn 第三方库以 csv 文件读取，也可在 sklearn 里面的 datasets 模块中引入，代码如下。

```
[in]    from sklearn.datasets import load_iris
        iris = load_iris()
```

load_iris 引入的 iris 数据集是一个字典结构，字典的详细情况请参考资源包<ch9_0>中的代码文件。我们可以把字典 iris 转化为 DataFrame，并把列名索引和分类标签翻译成中文，代码如下。

```
[in] iris.feature_names_cn = ['花萼长度','花萼宽度','花瓣长度','花瓣宽度']
     iris.target_names_cn = np.array(['山鸢尾','变色鸢尾','维吉尼亚鸢尾'])
     iris_data = pd.DataFrame( iris.data, columns=iris.feature_names_cn )
     iris_data['类别'] = iris.target_names_cn[iris.target]
     iris_data.sample(5)
[out]
```

	花萼长度	花萼宽度	花瓣长度	花瓣宽度	类别
23	5.1	3.3	1.7	0.5	山鸢尾
70	5.9	3.2	4.8	1.8	变色鸢尾
17	5.1	3.5	1.4	0.3	山鸢尾
1	4.9	3.0	1.4	0.2	山鸢尾
89	5.5	2.5	4.0	1.3	变色鸢尾

从图形上，也可以看出数据的基本情况，代码如下。

```
[in] data=iris_data.iloc[:,[0,2,4]]
     sns.pairplot(data,hue='类别',palette='husl')
     data=iris_data.iloc[:,[1,3,4]]
     sns.pairplot(data,hue='类别',palette='husl')
[out]
```

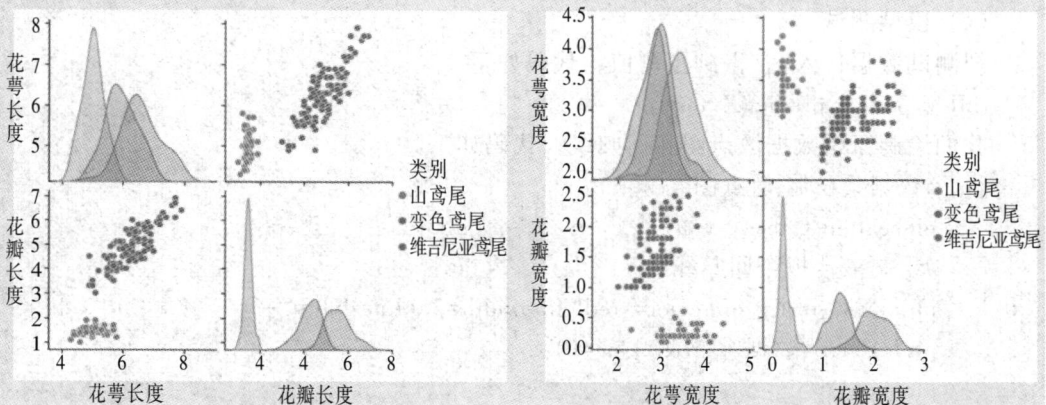

2）回归

我们采用一个简单的线性回归作为实例，来学习sklearn，并用于回归机器学习。

最简单的线性回归模型，即我们所熟知的一次函数，y=kx+b。这种线性函数描述了两个变量之间的关系，其函数图像是一条连续的直线。在我们这里，X是矩阵，函数则是多元线性回归模型，$Y = W^TX + b$，其中：Y，W为向量。

我们这里简化问题，利用iris花瓣长度的数据进行线性回归，预测花瓣宽度，即X样本为花瓣长度数据，是一个1×n矩阵；而Y为花瓣宽度数据，是一个长度为n的向量。参阅资源包< ch9_301_regression>中的代码文件。

（1）数据准备

首先，引入sklearn的数据拆分器，并将数据拆分为训练集和测试集，代码如下。

```
[in] from sklearn.model_selection import train_test_split
     X = [[i] for i in iris_data['花瓣长度']]  # sklearn变成二维数据
     Y = [[i] for i in iris_data['花瓣宽度']]  #同上
     X_train, X_test, y_train, y_test = train_test_split(X, Y, random_state=0)
```

train_test_split拆分默认的75%为训练集，25%为测试集。

（2）选择模型

引入linear_model模型，即线性回归函数，并设置H为别名（呼应前文）。将H的线性回归模型实例化为h，代码如下。

```
[in] from sklearn import linear_model as  H
     h = H.LinearRegression()
```

（3）模型训练

将X_train，y_train "喂入" h，得到学习结果g，代码如下。

```
[in] g = h.fit(X_train, y_train)
     print("W 值为:",g.coef_)
     print("b 截距值为:",g.intercept_)
[out]W 值为: [[0.4198152]]
     b 截距值为: [-0.37058412]
```

g是一个线性函数：

g：y = 0.4198152 x − 0.37058412

（4）模型测试

把测试数据传入g，得到预测值，代码如下。

```
[in] y_pre = g.predict(X_test)
```

我们绘制原始数据散点图和回归线，代码如下。

```
[in] #数据集绘制,散点图
     plt.scatter(X_test,y_test)
     #绘制最佳拟合回归线
     plt.plot(X_test,y_pre,color="red",linewidth=3.0,linestyle="-")
     plt.legend(["数据","预测"],loc=0)
     plt.show()
```

[out]

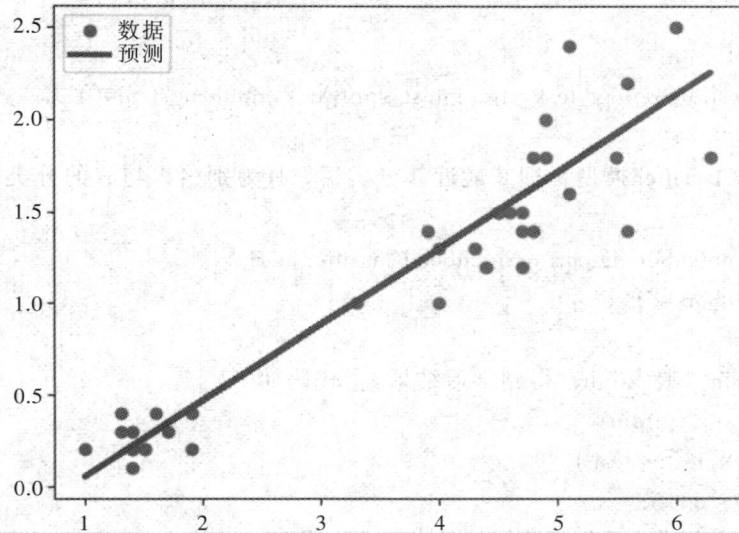

（5）评估模型

metrics 是 sklearn 的模型评估模块，sklearn.metrics 对线性回归的评价指数包括均方误差（mean_squared_error），和回归的决定系数 R^2，代码如下。

```
[in] from sklearn.metrics import mean_squared_error
     from sklearn.metrics import r2_score
```

可以输出模型 g 的评估指标，代码如下。

```
[in] print("均方误差:",mean_squared_error(y_test, y_pre))
     print("决定系数 R^2:",r2_score(y_test,y_pre))
[out]均方误差: 0.05212862079193859
     决定系数 R^2: 0.8931453922584154
```

3）分类

我们采用一个简单的 K 最近邻分类算法，简称 KNN（K-Nearest-Neighbor），作为实例来学习 sklearn，并用于分类。

K 最近邻分类算法中，K 指代的是离样本最近的 k 个邻居。KNN 算法的基本原理为：以所有已知类别的样本 X 作为参照来计算未知样本 X'与所有已知样本的距离，然后从中选取与未知样本距离最近的 K 个已知样本，将未知样本 X'与 K 个最邻近样本中所属类别占比较多的归为一类。简单理解即是遵循根据距离判定、少数服从多数的投票法则（majority-voting）。特殊情况下，可以采用对样本取"权值"的方法来改进。"距离"的计算有很多数学方法，如曼哈顿街区距离、汉明距离、余弦距离、切比雪夫距离、马氏距离等。

我们利用 iris 的［花萼长度］，［花萼宽度］，［花瓣长度］，［花瓣宽度］数据，预测花的种类。参阅资源包< ch9_302_classification>中的代码文件。

（1）数据准备

首先，引入 sklearn 的数据拆分器，并将数据拆分为训练集和测试集，代码如下。

```
[in] from sklearn.model_selection import train_test_split
     X = iris.data
     Y = iris.target
     X_train, X_test, y_train, y_test = train_test_split(X, Y, random_state=0)
```

（2）选择模型

引入 KNeighborsClassifier 模型，即 K 最近邻分类器，H 为别名。将 H 的分类器实例化为 h，代码如下。

```
[in] from sklearn.neighbors import KNeighborsClassifier as H
     h = H(n_neighbors=5)
```

（3）模型训练

将 X_train，y_train "喂入" h，得到学习结果 g，代码如下。

```
[in] g = h.fit(X_train, y_train)
     print(g.score(X_test,y_test))
[out]0.9736842105263158
```

通过 g.score（）的方法，我们得到 g 在训练集上的表现：准确率为97%，代码如下。

（4）模型测试

把测试数据传入 g，得到预测值，代码如下。

```
[in] y_pre = g.predict(X_test)
     print("分类结果:{}".format(list(zip(y_test,y_pre))))
[out]分类结果:[(2, 2), (1, 1), … (0, 0), (1, 2)]
```

我们通过原始标签和分类结果的对比可看出，只有最后一个分类是错误的： (1，2)。

（5）评估模型

sklearn.metrics 对 KNN 的评价指数是精确度 accuracy_score，以及分类报告 classification_report，代码如下。

```
[in] from sklearn.metrics import accuracy_score
     from sklearn.metrics import classification_report
     print("预测精度:",accuracy_score(y_test, y_pre))
     print(classification_report(y_test, y_pre))
[out]预测精度: 0.9736842105263158
```

	precision	recall	f1-score	support
0	1.00	1.00	1.00	13
1	1.00	0.94	0.97	16
2	0.90	1.00	0.95	9
accuracy		0.97	38	
macro avg	0.97	0.98	0.97	38
weighted avg	0.98	0.97	0.97	38

关于准确率（preision）、召回率（recall）、f1 得分（f1-score）等指标，这里不作详细叙述，请读者自己查阅有关资料。

（6）深入讨论

首先，我们考查一下哪些点存在分类错误，系什么原因，代码如下。

```
[in] wrong_index = (X_train[y_train !=g.predict(X_train)])
        .index.append((y_test[y_test != g.predict(X_test)]).index)
     iris_data.loc[wrong_index]
[out]
```

	花萼长度	花萼宽度	花瓣长度	花瓣宽度	类别
106	4.9	2.5	4.5	1.7	维吉尼亚鸢尾
72	6.3	2.5	4.9	1.5	变色鸢尾
77	6.7	3.0	5.0	1.7	变色鸢尾
83	6.0	2.7	5.1	1.6	变色鸢尾

```
[in] rong_data = iris_data.loc[wrong_index]
```

分类错误的是 106 等 4 个样本。我们用散点图绘制图形，使用较大的深红色标记分类错误的点，代码如下。

```
[in] fig = plt.figure('Scatter example1', figsize=(10,6))
     ax1 = fig.add_subplot(121)
     for k,v in {'山鸢尾':'v', '变色鸢尾':'s', '维吉尼亚鸢尾':'o'}.items():
         x=iris_data[iris_data['类别']==k]['花萼长度']
         y=iris_data[iris_data['类别']==k]['花萼宽度']
         ax1.scatter(x, y,marker=v, alpha=0.4,label=k)
         x_wrong=rong_data[rong_data['类别']==k]['花萼长度']
         y_wrong=rong_data[rong_data['类别']==k]['花萼宽度']
         ax1.scatter(x_wrong,y_wrong,marker=v,s=100,c="r",alpha=1,label='')
         ax1.set_xlabel('花萼长度')
         ax1.set_ylabel('花萼宽度')
         ax1.legend()
         ax2 = fig.add_subplot(122)
     for k,v in {'山鸢尾':'v', '变色鸢尾':'s', '维吉尼亚鸢尾':'o'}.items():
         x=iris_data[iris_data['类别']==k]['花瓣长度']
         y=iris_data[iris_data['类别']==k]['花瓣宽度']
         ax2.scatter(x, y,marker=v, alpha=0.4,label=k)
         x_wrong=rong_data[rong_data['类别']==k]['花瓣长度']
         y_wrong=rong_data[rong_data['类别']==k]['花瓣宽度']
         ax2.scatter(x_wrong,y_wrong,c="r",marker=v,s=100,alpha=1,label='')
     ax2.set_xlabel('花瓣长度')
     ax2.set_ylabel('花瓣宽度')
     ax2.legend()
     plt.show()
```

[out]

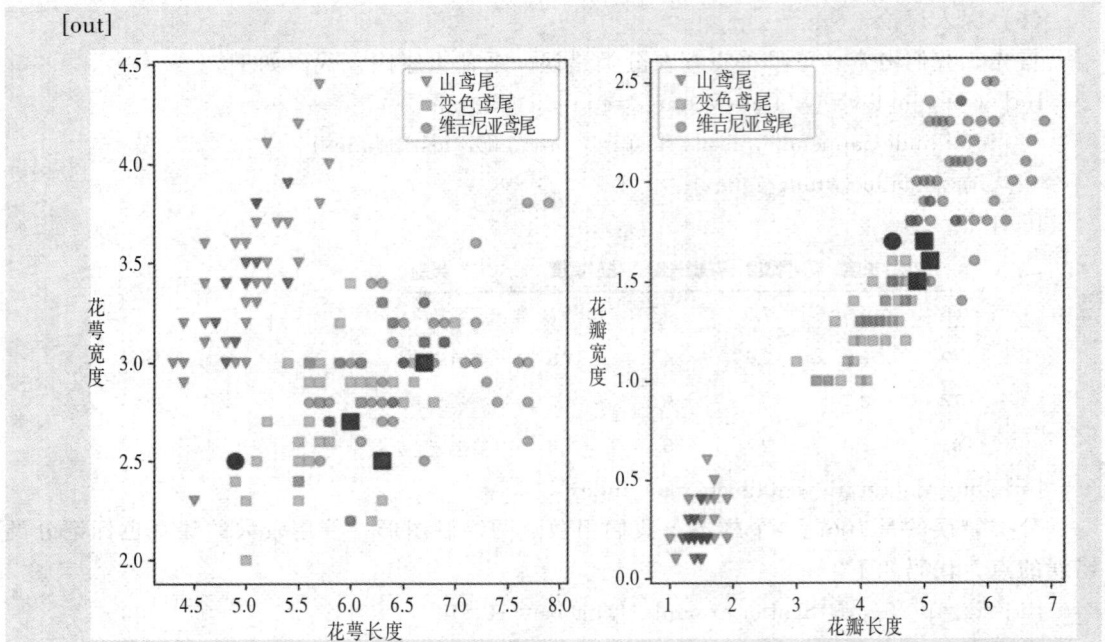

可以看出分类错误的点，在花瓣长度和宽度上的边界不清，以它们为圆心圈5个点，得到的多数是另外一类标签。

我们可以改进一下算法，尝试不同的k值，看看是否会提高分类的准确率，代码如下。

```
[in] X_train, X_test, y_train, y_test = train_test_split(X, Y)
     for k in range(1,11,2):
         h = H(n_neighbors = k)
         g = h.fit(X_train, y_train)
         y_pre = g.predict(X_test)
         acc = accuracy_score(y_test, y_pre)
         print( f'当K值是{k}时,预测准确率是 {acc}')
[out]当K值是1时,预测准确率是 0.9473684210526315
     当K值是3时,预测准确率是 0.9473684210526315
     当K值是5时,预测准确率是 0.9473684210526315
     当K值是7时,预测准确率是 0.9473684210526315
     当K值是9时,预测准确率是 0.9210526315789473
```

k值不同，模型g就不同，因此得到不同的预测准确率。

4）聚类

聚类（clustering）：把相似的数据划分到一起，具体划分的时候并不关心数据的标签，目标就是把相似的数据聚合为一类。聚类是一种无监督学习算法。

K-means是解决聚类问题的经典算法，也适用于文本聚类。其算法的步骤如下：

（1）设置类别数量k，即希望将数据集经过聚类得到的类别数量

（2）设置迭代结束条件（一般为某一阈值s）

（3）在数据样本中，随机选择 k 个数据点作为质心

（4）迭代学习

① 对数据集每个点作如下操作：

a. 计算与 K 个质心的距离（一般选取欧式距离）；

b. 得到与样本点距离最近质心的类别 k_i；

c. 标记这个数据样本属于类别 k_i；

② 依据①分好的 K 个类别，找到每个类别 k_i 所属的数据点的中心点，并作为新 k_i 的质心；

③ 如果新的质心和旧的质心的距离小于阈值 s，即质心的位置趋于稳定，则终止迭代，否则返回（4）。

（5）得到聚类结果

我们利用 iris 的 [花萼长度]，[花萼宽度]，[花瓣长度]，[花瓣宽度] 数据进行聚类分析，参阅资源包< ch9_303Cluster >中的代码文件。

（1）数据准备

因为无监督学习没有标签，也就没有数据拆分步骤，代码如下。

```
[in] X = iris.data[:, 0:4] #前 4 列数据用于学习
```

（2）选择模型

引入 KMeans 模型，H 为别名。将 H 实例化为 h，并初始化 K 为 3，代码如下。

```
[in] fromsklearn.cluster import KMeans as H
     # 构建算法模型
     K = 3  # 假设聚类为 3 类,默认分为 8 个 簇
     g = H(n_clusters=K) # n_clusters 参数表示分成几个簇
```

（3）模型训练

将 X "喂入" h，得到学习结果 g，代码如下。

```
[in] g.fit(X)
```

可以通过 g 的属性 labels，cluster_centers 的值，得到分类结果，代码如下。

```
[in] label_pred = g.labels_ # labels_属性表示每个点的分簇号、簇编号的数组
     centroids = g.cluster_centers_  #
```

labels_ 属性表示每个点的分簇号的数组，cluster_center 属性用来获取簇的质心点，得到一个二维数组。

（4）模型评价

聚类评价指标较为复杂，这里不作介绍。我们通过图示对比真实分类和聚类后的结果，代码如下。

```
[in] iris_data['label_pred']=label_pred
     fig = plt.figure('Scatter example1', figsize=(10,6))
     ax1 = fig.add_subplot(121)
     for k,v in {'山鸢尾':'v', '变色鸢尾':'s', '维吉尼亚鸢尾':'o'}.items():
         x=iris_data[iris_data['类别']==k]['花萼长度']
         y=iris_data[iris_data['类别']==k]['花萼宽度']
         ax1.scatter(x, y,marker=v, alpha=0.4)
```

```
ax1.legend(['山鸢尾', '变色鸢尾', '维吉尼亚鸢尾'])
ax1.set_title("数据集实际分类")
ax2 = fig.add_subplot(122)
for k,v in {1:'v', 0:'s', 2:'o'}.items():
    x=iris_data[iris_data['label_pred']==k]['花萼长度']
    y=iris_data[iris_data['label_pred']==k]['花萼宽度']
    ax2.scatter(x, y,marker=v, alpha=0.4,label='')
ax2.scatter(centroids[:,0],
    centroids[:,1],c='red',marker='o',s=100,label='质心')
ax2.set_title("K-Means算法聚类结果")
ax2.legend()
```

[out]

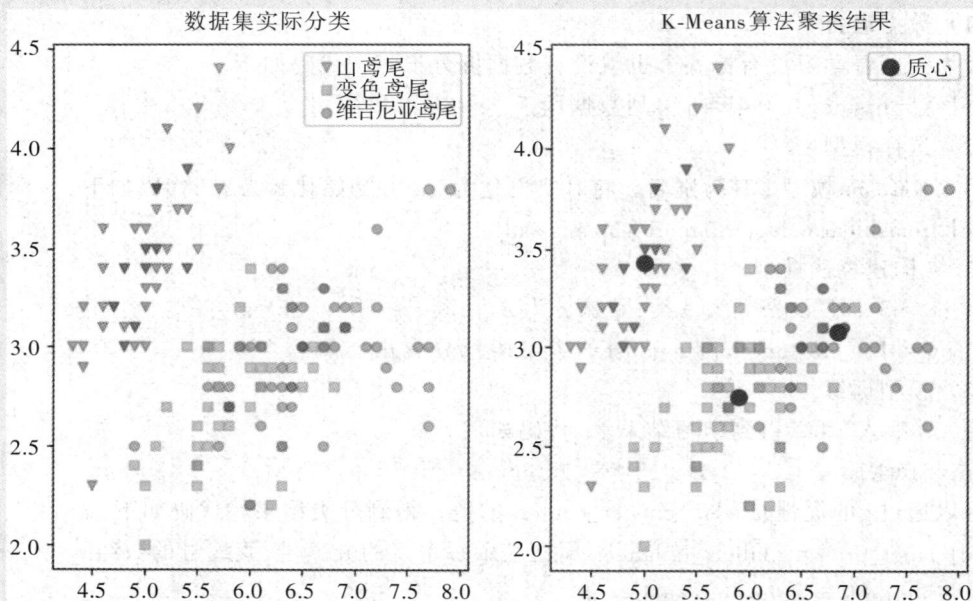

以上我们讲述了最为简单的机器学习算法。机器学习的原理不复杂，但是机器学习的数据拆分、假设空间、算法等有很多种类，这些种类可以进行组合、融合等操作。因此，在机器学习具体实践中，需要学习的内容还有很多。

【财务应用与实践】

基于上市公司年报财务指标的机器学习

我们通过数据处理，整理了A股上市公司三个行业的杜邦分析数据作为数据集，进行本章的财务应用与实践。参阅资源包<ch9_实践-回归>中的代码等文件。

1. 杜邦分析数据集

导入数据资源包<data\ch9\杜邦分析_new.csv>中的数据文件，并考查其数据分布，代码如下。

```
[in] df = pd.read_csv(r'..\data\ch9\杜邦分析_new.csv',
            dtype={'股票代码':str},encoding='gb18030')
```

```
display(df.sample(5))
```

[out]

	股票代码	统计日期	净资产收益率	权益乘数	销售净利率	总资产周转率	净利润/利润总额	利润总额/息税前利润	息税前利润/营业总收入	行业名称B	行业代码B
423	000514	2007-12-31	0.1326	1.7034	0.2885	0.2699	0.8496	0.8762	0.3879	房地产业	K70
6976	603936	2022-12-31	0.0215	1.8458	0.0270	0.4324	0.8736	0.7935	0.0400	计算机、通信和其他电子设备制造业	C39
2254	002349	2022-12-31	0.0915	1.3457	0.1349	0.5042	0.8485	1.0640	0.1495	医药制造业	C27
2084	002262	2021-12-31	0.1764	1.1550	0.2027	0.7536	0.8714	1.0115	0.2300	医药制造业	C27
5491	600488	2019-12-31	0.0505	1.7509	0.0498	0.5784	0.7240	0.8860	0.0980	医药制造业	C27

我们用图形展示一下基本数据，代码如下。

[in] grid = sns.FacetGrid(df,col='行业代码 B',sharey=True,aspect=1)

grid.map(sns.scatterplot, '净资产收益率', '权益乘数')

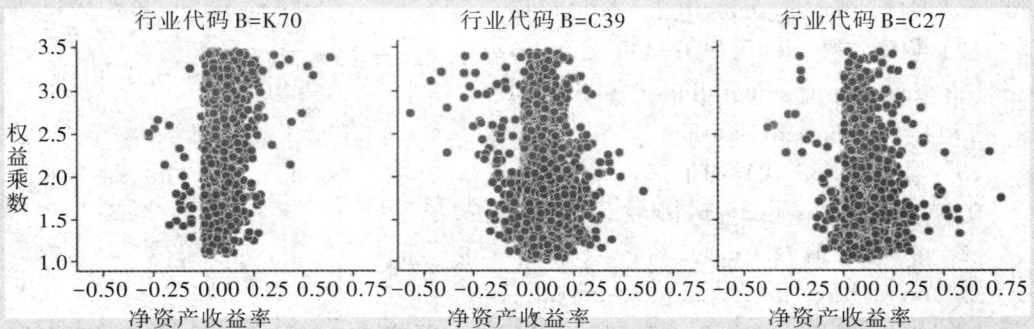

以上得到 3 个行业上市公司净资产收益率与权益乘数的分布情况，代码如下。

[in] joint = sns.jointplot(x=df['净资产收益率'],y=df['总资产周转率'],hue=df['行业代码 B'],data=df)

joint.set_axis_labels(xlabel='净资产收益率',ylabel='总资产周转率')

joint = sns.jointplot(x=df['净资产收益率'],y=df['息税前利润/营业总收入'],hue=df['行业代码 B'],data=df)

joint.set_axis_labels(xlabel='净资产收益率',ylabel='息税前利润/营业总收入')

[out]

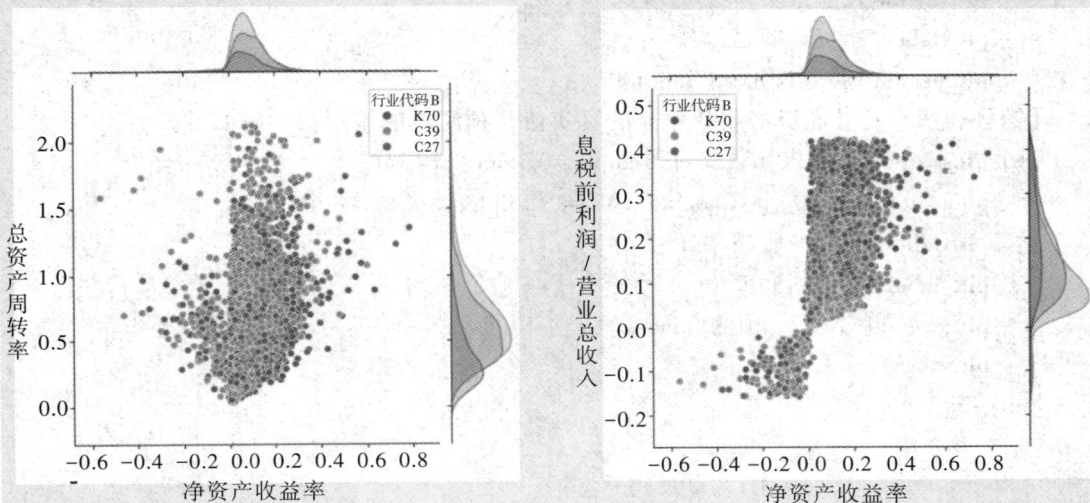

以上得到3个行业上市公司［净资产收益率］与［总资产周转率］，［息税前利润/营业总收入］的散点图。

2. 回归预测

我们使用线性回归，通过［权益乘数］，［销售利润率］等6个属性，预测［净资产收益率］。

（1）数据准备，代码如下

```
[in] from sklearn.model_selection import train_test_split
     X = df.iloc[:,[3,4,5,6,7,8]]
     Y = df.iloc[:,2]
     X_train, X_test, y_train, y_test = train_test_split(
     X, Y, random_state=0)
```

（2）模型选择，代码如下

```
[in] from sklearn import linear_model  as H
     h = H.LinearRegression()
```

（3）学习训练，代码如下

```
[in] g = h.fit(X_train, y_train)
     print("W 值为:",g.coef_)
     print("b 截距值为:",g.intercept_)
[out] W 值为: [0.02337581 0.5071558  0.13703506 0.00946801 0.00621047 0.22155912]
     b 截距值为: -0.13151489200877942
```

（4）模型验证

我们得到在验证集上的预测值 y_pre，代码如下。

```
[in] y_pre = g.predict(X_test)
```

［权益乘数］，［净资产收益率］的真实值与预测值的差别，代码如下。

```
[in] plt.scatter(y_test,X_test.iloc[:,3],alpha=0.3,marker='v')
     plt.scatter(y_pre,X_test.iloc[:,3],color="r",alpha=0.3,marker='o')
     plt.xlabel('权益乘数')
     plt.ylabel('净资产收益率')
     plt.legend(["数据","预测"],loc=0)
```

［销售利润率］，［净资产收益率］的真实值与预测值的差别，代码如下。

```
[in] plt.scatter(y_test,X_test.iloc[:,5],alpha=0.3,marker='v')
     plt.scatter(y_pre,X_test.iloc[:,5],color="r",alpha=0.3,marker='o')
     plt.xlabel('净资产收益率')
     plt.ylabel('销售利润率')
     plt.legend(["数据","预测"],loc=0)
     plt.show()
[out]
```

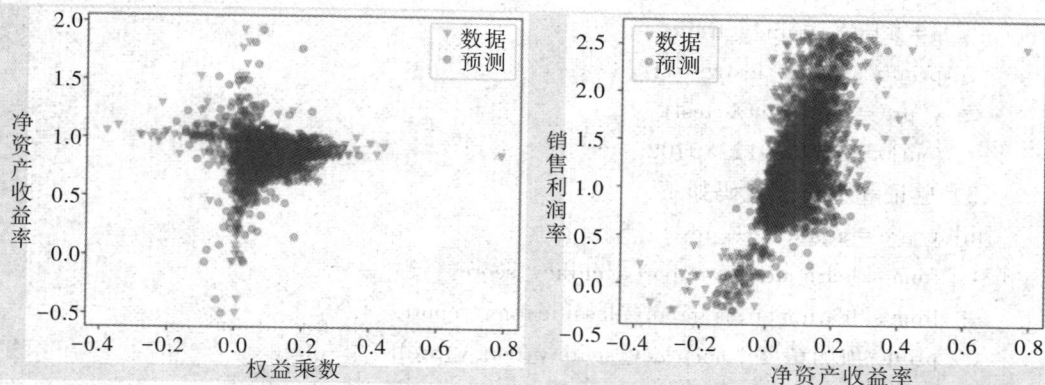

（5）模型评价，代码如下

```
[in] from sklearn.metrics import mean_squared_error
     from sklearn.metrics import r2_score
     print("均方误差:",mean_squared_error(y_test, y_pre))
     print("决定系数 R^2:",r2_score(y_test,y_pre))
[out]均方误差: 0.0017927124587969905
     决定系数 R^2: 0.6948589137432251
```

通过上例，我们看到此模型的预测结果不是很理想。这说明机器学习不是万能的，数据或者模型都需要进行深入研究。

3. 分类问题

数据有 3 个行业，可以分为 3 类，也可以归为 2 类。资源包中有分 3 类的代码，分类的准确率不高。根据样本数据的行业特征，我们在这里演示分为 2 类的情况。请分别参考资源包的 < ch_9_实践-分类_2类>和<ch_9_实践-分类_3类>程序代码。

依据杜邦分析的财务指标，利用机器学习的 K 最近邻模型进行行业分类：

（1）数据准备

我们选择 2023 年三个行业的杜邦分析数据，代码如下。

```
[in] df = pd.read_csv(r'..\data\ch9\杜邦分析_new.csv',dtype={'股票代码':str},encoding=
'gb18030')
     df['统计日期']=pd.to_datetime(df['统计日期'])
     df = df[df['统计日期'].dt.year==2019]
```

这次，我们将数据分成两类：K70 和 ['C27'，'C39']，代码如下。

```
[in] from sklearn.model_selection import train_test_split
     X = df.iloc[:,[2,3,4,5,6,7,8]]
     Y = df.iloc[:,10]
     Y = Y.map(lambda x: x if x not in ['C27','C39'] else 'C')
     X_train, X_test, y_train, y_test = train_test_split(X, Y, random_state=0)
```

（2）模型选择和学习，代码如下

```
[in] from sklearn.neighbors import KNeighborsClassifier as H
     h = H(n_neighbors=5)
```

```
g = h.fit(X_train, y_train)
print(g.score(X_test,y_test))
y_pre = g.predict(X_test)
[out]0.9385964912280702
```

（3）验证和评价，代码如下

```
[in] y_pre = g.predict(X_test)
from sklearn.metrics import accuracy_score
from sklearn.metrics import classification_report
print("预测精度:",accuracy_score(y_test, y_pre))
print(classification_report(y_test, y_pre))
[out]预测精度: 0.9385964912280702
```

	precision	recall	f1-score	support
C	0.95	0.99	0.97	105
K70	0.75	0.33	0.46	9
accuracy			0.94	114
macro avg	0.85	0.66	0.71	114
weighted avg	0.93	0.94	0.93	114

（4）模型参数选择

我们选择不同的 K 值，代码如下。

```
[in] X_train, X_test, y_train, y_test = train_test_split(X, Y)
for k in range(10, 20,2):
    h = H(n_neighbors = k)
    g = h.fit(X_train, y_train)
    y_pre = g.predict(X_test)
    acc = accuracy_score(y_test, y_pre)
    print( f'当 K 值是{k}时,预测准确率是 {acc}' )
[out]当 K 值是 10 时,预测准确率是 0.9473684210526315
当 K 值是 12 时,预测准确率是 0.9473684210526315
当 K 值是 14 时,预测准确率是 0.9473684210526315
当 K 值是 16 时,预测准确率是 0.9385964912280702
当 K 值是 18 时,预测准确率是 0.9385964912280702
```

通过超参数设置，我们可以看到，该算法的预测准确率都很高，为什么？这是非常深入的问题，值得我们在以后的学习中反复讨论。

【本章小结】

前8章学习的都是非常重要的基础知识。本章介绍的知识一开始是偏理论的，然而读者会觉得越学越简单。机器学习和人工智能是比较大的专题，本章学习的内容是最基本的应用。通过学习，我们知道人工智能和机器学习入门简单，尤其是模型化之后，更容易应用。但是要深入了解，需要学习的东西还有很多。数据分析者的大部分时间和精力都消耗在数据处理上，熟练掌握本书的基础应用，可使我们具备数据分析基础，并打开广阔的进步空间。

【本章习题】

即测即评 9

一、单项选择题

1. 下列选项中，只有（　　）不属于人工智能研究学派。

A. 现实主义　　　　　B. 符号主义　　　　　C. 连接主义　　　　　D. 行为主义

2. 在机器学习中，经过预处理的数据集，我们通常会把其数据分成 3 部分，不包含（　　）。

A. 训练集　　　　　B. 验证集　　　　　C. 学习集　　　　　D. 测试集

3. 有关人工智能的叙述，错误的是（　　）。

A. 神经网络系统需要较强的计算机算力

B. 专家系统是模拟人类专家的大脑的计算机系统

C. "机器狗"是行动主义人工智能

D. 知识表示是人工智能基础

4. 下列有关数据的叙述，错误的是（　　）。

A. 数据分为结构化数据和非结构化数据

B. 数据是形成信息、知识和智能的源泉

C. 非结构化的数据是大数据

D. 机器学习依赖数据来训练模型

5. 下列有关数据、信息和知识的叙述，错误的是（　　）。

A. 数据是符号化的描述

B. 信息是对不确定性的消除

C. 知识越多的人越有智慧

D. 知识是信息与信息之间的关联

6. 下列没有监督机器学习的步骤或方法的是（　　）。

A. 数据预处理　　　　　B. 训练　　　　　C. 可视化　　　　　D. 验证

7. （　　）不是机器学习类型。

A. 模型学习　　　　　B. 无监督学习　　　　　C. 有监督学习　　　　　D. 迁移学习

8. 下列有关大数据、人工智能、机器学习、深度学习的关系的叙述，错误的是（　　）。

A. 深度学习是基于多层神经网络的机器学习

B. 人工智能是机器学习的一个分支领域

C. 大数据往往是机器学习和人工智能的基础

D. 机器学习和人工智能对计算机算力要求较高

9. 监督学习能够实现（　　）功能。

A. 分类　　　　　　　B. 聚类　　　　　　　C. 矢量化　　　　　　D. 数据降维

10. 下列（　　）不是机器学习的应用。

A. PyTorch　　　　　B. sklearn　　　　　C. Tensorflow　　　　D. iPython

二、判断题

1. 数据是指对客观事件进行记录并可以鉴别的符号。（　　）

2. 结构化数据要比非结构化数据多得多。（　　）

3. 专家系统和机器学习都是人工智能的专业领域。（　　）

4. 机器学习与人类学习有很多类似之处。（　　）

5. 无监督学习通常可以用于分类以及回归问题，其特点是所有的数据都有与之相对应的标签。（　　）

6. 聚类是通过无监督或半监督学习来求解问题。（　　）

7. sklearn 是基于 Python 语言的机器学习的工具。（　　）

8. 摩尔定律是物理学中有关半导体的规律。（　　）

9. 半监督学习是一种介于监督学习和无监督学习之间的一种机器学习。（　　）

10. 把数据分成训练集和测试集是无监督学习的要求。（　　）

三、程序题

导入数据资源包<data\ch9\杜邦分析_new.csv>中的数据文件，完成以下数据分析任务：

1. 分别整理出"科大讯飞［002230］"和"万科 A［000002］"两家上市公司的杜邦分析数据。模仿【财务应用与实践】对数据进行线性回归分析，并查阅资料，使用同样的数据进行非线性回归。

2. 整理出"C27"行业上市公司的杜邦分析数据。模仿【财务应用与实践】对数据进行线性回归分析，并用适当可视化回归结果。

3. 整理出数据集 2012 年和 2022 年的数据，对两个数据集分别作如下操作：

（1）k 为 2 和 3 做聚类分析，以可视化呈现结果；

（2）模仿【财务应用与实践】对数据进行分类机器学习，以可视化呈现结果；

（3）对（1）和（2）的结果进行比较分析，并进行可视化呈现。

参考文献

［1］甄阜铭. 大数据与智能会计［M］. 大连：东北财经大学出版社，2023.

［2］丁世飞. 人工智能［M］. 3版. 北京：清华大学出版社，2022.

［3］李航. 统计学习方法［M］. 2版. 北京：清华大学出版社，2019.

［4］吴卿，骆诚，韩建平. Python编程：从入门到精通［M］. 北京：人民邮电出版社，2020.

［5］吕晓玲，黄丹阳. 数据科学统计基础［M］. 北京：中国人民大学出版社，2021.

［6］厄兹代米尔 S，苏萨拉 D. 特征工程入门与实践［M］. 庄嘉盛，译. 北京：人民邮电出版社，2019.

［7］耿远昊. Pandas数据处理与分析［M］. 北京：人民邮电出版社，2022.